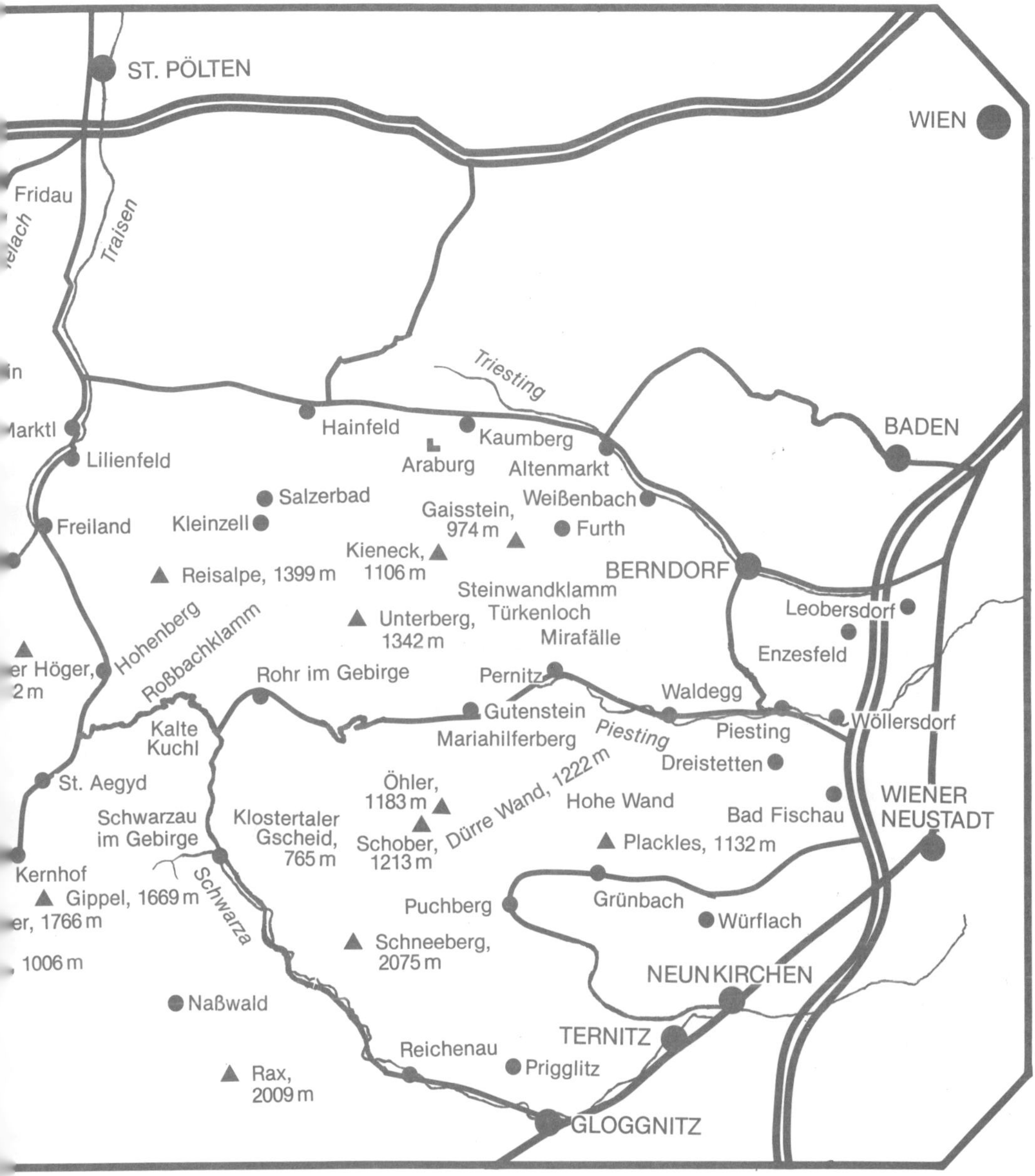

ST. PÖLTEN

WIEN

Fridau

Traisen

Triesting

BADEN

Marktl

Hainfeld    Kaumberg
Lilienfeld     Araburg    Altenmarkt

Salzerbad     Weißenbach
Freiland     Kleinzell     Gaisstein,     Furth
                                974 m
                    Kieneck,
Reisalpe, 1399 m    1106 m
                                        BERNDORF
                    Steinwandklamm
                Unterberg,    Türkenloch     Leobersdorf
                    1342 m     Mirafälle
er Höger,                                        Enzesfeld
Hohenberg
2 m        Roßbachklamm
                Rohr im Gebirge     Pernitz
                                        Waldegg
        Kalte                 Gutenstein              Piesting
        Kuchl            Mariahilferberg  Piesting           Wöllersdorf
St. Aegyd                  Öhler,                          Dreistetten
                            1183 m                Dürre Wand, 1222 m
    Schwarzau      Klostertaler           Hohe Wand     Bad Fischau     WIENER
    im Gebirge     Gscheid,    Schober,                                NEUSTADT
                    765 m      1213 m              Plackles, 1132 m
Kernhof
    Gippel, 1669 m                           Grünbach
er, 1766 m                  Puchberg                 Würflach
                Schwarza
1006 m                      Schneeberg,
                            2075 m                    NEUNKIRCHEN
        Naßwald
                                            TERNITZ
                    Reichenau        Prigglitz
        Rax,
        2009 m                         GLOGGNITZ

*Das Voralpenbuch*

Karl Lukan

# DAS VORALPENBUCH

Kulturhistorische Wanderungen
zwischen der Hohen Wand und dem Sonntagsberg

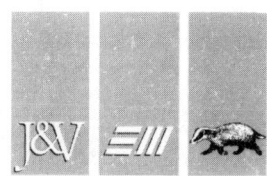

3. Auflage 1995

ISBN 3-224-17601-6

Fotos: Fritzi Lukan
Karte: Franz Horvath
© 1995 by J & V · Edition Wien · Dachs-Verlag Ges.m.b.H., Wien
© 1986 by Jugend und Volk Verlagsgesellschaft m.b.H., Wien
Alle Rechte vorbehalten.
Satz: B. Leingärtner, Nabburg
Druck und Bindung: M. Theiss Ges.m.b.H., Wolfsberg
95 02 04/30/3

# INHALT

*Der Lassingfall. Ansichtskarte aus dem Jahre 1912*

# LUFTLINIE – NUR EIN WENIG MEHR ALS HUNDERT KILOMETER…

Wo der Wienerwald endet, beginnen die Niederösterreichischen Voralpen. Und der Schneeberg – ein Zweitausender – ist schon ein Stück vom Hochgebirge. Zwischen der Hohen Wand und dem Sonntagsberg liegt nur eine Luftlinie von wenig mehr als hundert Kilometer – aber was gibt es nicht alles in diesem Voralpenland zu sehen und zu erleben!

☐

Der Rauhe Kamm am Ötscher ist für jeden trittsicheren und schwindelfreien Bergsteiger im Sommer ein genußvoller Felsensteig. Im Winter ist er eine hochalpine Tour . . .

Wir hatten im Sommer den berühmten Biancograt in der Bernina gemacht und fühlten uns daher auch noch im folgenden Winter als zünftige Eismänner. Für eine Winterbegehung des Rauhen Kammes hielten wir Steigeisen für unnötig… »Ein Eispickel genügt! Der Ötscher ist ja nicht einmal zweitausend Meter hoch!«

Tja, und dann gab es Anfang März noch einen grimmigen Frost, und die Steilwand unter dem Gipfel war eine beinharte und spiegelglatte Eisfläche. Wir haben gut an die zweihundert Stufen schlagen müssen. Der Biancograt war eine Genußtour gewesen gegen diesen Tschoch!

Im nächsten Jahr, Anfang März, hatten wir natürlich Steigeisen mit. Aber diesmal gab es am Rauhen Kamm so herrlichen, trittigen Firn, daß wir uns wie auf einem Morgenspaziergang im winterlichen Wiener Stadtpark fühlten.

Und wieder ein Jahr später waren Steigeisen und Eispickel ebenfalls nur unnötiger Ballast. Was wir an diesem Tag gebraucht hätten, wären Schneereifen gewesen… Krapfenstecher, wie diese vorsintflutlichen Alpinausrüstungsstücke auch genannt werden. Denn diesmal gab es so viel flaumig lockeren Pulverschnee, daß wir oft bis zu den Achseln darin einsanken. Zehn Stunden lang wühlten wir uns an diesem Tag durch die Schneemassen bis zum Gipfel hinauf. Zehn Stunden sind 600 Minuten. Und fast in jeder dieser Minuten haben wir gedacht, daß es eigentlich eine Viecherei ist, bei solchen Verhältnissen auf den Ötscher zu gehen…

Zu gehen?

Gekrochen sind wir stellenweise, auf dem Bauch gekrochen!

Im nächsten Frühjahr wollte ein Freund mitkommen, der den winterlichen Rauhen Kamm noch nicht kannte und dem wir von diesem Abenteuer erzählt hatten. »Ich will heuer in die Westalpen. Mir kann es gar nicht hart genug sein!« sagte er.

Aber da brauste in der Nacht vor unserer Begehung ein Föhnsturm über das Bergland, und am nächsten Morgen zogen wir über den Rauhen Kamm, sozusagen mit den Händen in den Hosentaschen. Wir fühlten uns ein bisserl lächerlich mit dem Eispickel in der Faust... es gab weit und breit kein Eis zu pickeln!

Das gab es dann umso ausgiebiger im darauffolgenden Jahr. Da hatten wir wieder einmal – leichtsinnig geworden – die Steigeisen daheim gelassen...

□

Die »Teufelskanzel« bei Freiland ist ein klotziger Felsturm, der hoch und imponierend über der nach Kernhof führenden Straße steht. Sie hat die Form eines Pilzes, ist also in ihrem oberen Teil überhängend.

Für die Kletterer von St. Pölten und Umgebung ist die Teufelskanzel ein Übungsfelsen, und heute führen schon einige Dutzend Kletterrouten durch die Wände – hauptsächlich äußerst schwierige Kletterreien.

Es gibt aber auch einen leichteren Weg auf den Turm. Doch das will keiner glauben, der zum erstenmal unter diesem steinernen Schwammerl steht. Wo sollte über diese Überhänge eine leichte Route möglich sein?

Sie ist ein Geheimweg. Und ich fand den Felsen bald für eine sichere Wette ausbaufähig: Ich wettete mit jedem Kletterer, der ihn noch nicht kannte, um einen Liter Wein, daß er den leichtesten Anstieg nicht finden würde. Und ich gewann immer, und bald wurde die Teufelskanzel für mich sozusagen zum »Weinstein«. Bis dann eines Tages die Höhlenforscher am Fuße des Turmes mit roter Farbe ihre Höhlenkatasternummer hinpinselten...

Der Schmäh dieses Geheimweges ist nämlich eine Höhle, deren von unten nicht sichtbares Einstiegsloch unter den Überhängen ist und das Ausstiegsloch bereits oberhalb. Man bezwingt also dieses Schwammerl in seinem Inneren. Eine Gaudi ist es jedesmal, wenn ein Kletterer die steile Einstiegswand hochgestiegen ist und sich dann, Kopf voraus – anders geht es nicht –, in das kleine Loch hineinzwängt... der Kopf verschwindet, der Rumpf, zwei zappelnde Beine sind noch zu sehen, und dann ist der ganze Mensch verschwunden.

Diese Teufelskanzel ist nicht nur ein imponierendes Felsgebilde, ihr »Höhlenweg« ist auch ein origineller Anstieg, der in den ganzen Alpen kein Gegenstück hat. Würde die Teufelskanzel in den Dolomiten stehen, wäre sie ein hochberühmter Torre. Sie befindet sich aber in den Niederösterreichischen Voralpen...

☐

> »Man hat ihre Gipfel nicht mit dem Jubel des Eroberers betreten, man sitzt oben und schaut hinaus ins Weite und still in sich hinein.«
>
> *Der Bergsteiger Julius Kugy über Voralpenberge*

Man hat mir schon viel vom Öhler-Schoberkamm erzählt – als von einer an Romantik kaum mehr zu überbietenden Voralpenwanderung... der einmalige Anblick des Hochschneeberges, der weite Ausblick auf die unzähligen Voralpengipfel. Der alte Führer Prohaska vom Gebirgsverein hatte mich aber auch gewarnt: »Auf diesem Grat hat schon so mancher vergessen, auch auf den Weg zu schauen – und dann hat ihn der Teixel derwischt!«

Mich hat er nicht erwischt, der Teixel. Ich konnte gar nicht vergessen, auf den Weg zu schauen, weil es keine Aussicht gab. Im Nebel und leichten Nieselregen fühlte ich mich um das Beste betrogen.

Umso schöner war dann das Wetter, als ich wieder einmal den Kamm ging. Und wieder war ich enttäuscht: Die Aussicht war zwar da, aber nichts, gar nichts mehr von der zauberhaften Stimmung von damals im Nieselregen, als die Nebelfetzen um die bleichen Felsen und über die vom Blitz zertrümmerten Baumwipfel dahinzogen.

Seither bin ich noch oft den Öhler-Schoberkamm gegangen und – seltsamerweise war dabei das Wetter immer schön. Jetzt wünsch ich mir sogar schon, daß das Wetter wieder einmal so schlecht ist wie damals, als ich den Kamm zum erstenmal gegangen bin...

Solche verrückten Wünsche hat ein Bergsteiger im Hochgebirge nicht. Nur auf den nahen und nicht so hohen Voralpenbergen darf er auch sein Gemüt ein wenig spazierengehen lassen. Und auf den Voralpenbergen erlebt er besonders intensiv, wiesehr verschieden sich ein Berg präsentieren kann... im Frühling, im Sommer, im Herbst und im Winter, wenn der Himmel blau ist oder dunkle Wolken über ihn ziehen. Er liebt die Voralpenberge, weil sie immer anders und doch immer für ihn da sind.

☐

Am alten Mariazeller Wallfahrtsweg über den Mäuerlberg (1031 m) bei Puchenstuben soll einst – so erzählt die Sage – ein Wirtshaus gestanden sein. In diesem Wirtshaus tanzten einmal Wallfahrer in der Christnacht (nach einer anderen Version am Karfreitag), anstatt in die Kirche zu gehen. Aber dann öffnete sich um Mitternacht plötzlich die Erde und das Wirtshaus mitsamt den Tänzern versank. Die Grube ist noch heute zu sehen – sie ist eine Doline.

Man sagte einst, daß die Seelen der versunkenen Tänzer erst dann wieder erlöst sein werden, wenn die Grube mit Steinen zugeschüttet ist. Und so schleppten die braven Wallfahrer später immer wieder Steine mit hinauf auf den Mäuerlberg und warfen sie in die Grube. Dieser Brauch des Steinetragens (Bußsteine) und Steinedeponierens (man denke an die biblische Strafe des Steinigens in einer Grube für ein Vergehen) ist noch ein Relikt der Megalithkultur und reicht nachweisbar bis in das 4. Jahrtausend v. Chr. zurück. Die Grube am Mäuerlberg ist aber nie voll geworden, weil – so erzählt man ebenfalls – der Wirt von Puchenstuben die Steine immer wegführte und zum Kalkbrennen verwendete.

Auch heute ist die Grube noch nicht voll, weil es jetzt unterhalb des alten Wallfahrerweges eine neue Straße gibt, auf der die Wallfahrer in komfortablen Reisebussen nach Mariazell fahren und niemand mehr Steine in die »Tanzgrube« wirft. Eine dicke Moosschicht bedeckt schon die obersten Steine, und auch in die kleine Kapelle neben der Grube stellt niemand mehr frische Blumen. Immermehr sinkt auch die Sage vom »Versunkenen Wirtshaus« bei den Puchenstubenern ins Vergessen…

Vor dem Aufstieg zum Mäuerlberg fragten wir an einer Wegteilung einen jungen Mann. »Bittschön, welcher Weg führt hinauf zum »Versunkenen Wirtshaus?« – »Leute, da geht ihr in die falsche Richtung!« antwortete er. »Da oben gibt's weit und breit kein Wirtshaus!«

☐

Nicht nur zu einem »Versunkenen Wirtshaus« will ich den Leser dieses Buches führen, sondern auch zu Götzensteinen und einer Teufelsbrücke, in einen Großen Urwald wie auch nach St. Johann in der Wüste, zu den geheimnisvollen Felsbildern des Königsberges und den faszinierenden Wandmalereien im Josefsberger Pfarrhof und sonst noch zu allerlei am Wegrand in Niederösterreichs Voralpen.

Wir selber mußten auf der Suche nach weniger bekannten Zielen auch einige Irrwege gehen…

Zum Beispiel bei der Kartäuserhöhle über Gaming (siehe Seite 147). Wir haben geglaubt, daß in Gaming jeder weiß, wo diese Kartäuserhöhle mit den alten Mönchsinschriften ist. Aber die meisten Gaminger wußten nur, »daß sie irgendwo da oben sein soll«. Nur einer konnte präzisere Auskunft geben: »Unterhalb der letzten Kurve der neuen Forststraße auf dem Schwarzenberg!«

Nachdem wir stundenlang und zuletzt sogar bei strömendem Regen das Gelände unterhalb der letzten und vorletzten und sogar vorvorletzten Kurve vergeblich abgesucht hatten, gaben wir auf.

Unser Ratgeber hatte die letzte »große« Kurve gemeint – und die befindet sich schon einen Kilometer vor der Gegend, in der wir wie verirrte Hühner herumspaziert sind!

Beim nächsten Versuch fanden wir die Höhle. Wir tappten den steilen Schlund tiefer und tiefer bis zu seinem Ende und sahen wohl einige neuere »Verewigungen«, aber keine alten Mönchsinschriften. Eine Pleite!

Erst wieder daheim erfuhren wir, daß von unserem vermutetem Höhlenende ein ganz enger Schluf in die eigentliche Inschriftenhalle führt. Als wir dann zum drittenmal nach Gaming kamen, kannte man uns bereits: »Ihr seid ja die Leut', die in einer Höhle nach etwas Geschriebenem suchen!« – Als wir dann tatsächlich in der Inschriftenhalle standen, wollten wir das nach unseren Irrwegen kaum glauben.

Wie schon gesagt: Zwischen der Hohen Wand und dem Sonntagsberg beträgt die Luftlinie nur ein wenig mehr als hundert Kilometer – aber was gibt es nicht alles in diesem Gebiet zu sehen und zu erleben…

# »TODESSTILLE HERRSCHTE IN DER GEGEND«

»Lange schon hegte ich den sehnlichsten Wunsch, eine Wanderung nach Gutenstein unternehmen zu können; allein Geschäfte, oder Mangel der hiezu nöthigen Zeit hinderten mich bisher, selben zu befriedigen. Endlich zeigte sich meinem Horizonte ein günstiges Gestirn; ich fand hinreichend Musse, dazu einen Freund, und die längstgewünschte Wanderung wurde, ohne Rücksicht der Zeit, den 27ten December des verflossenen Jahres angetreten.« – so erzählt J.C. Wagner in der Einleitung seines 1803 erschienenen Buches »Wanderung nach Gutenstein in Österreich unter der Enns«.

Die beiden Freunde waren dann von Wien aus hin und zurück sieben Tage unterwegs. Wagner hatte viel gezeichnet; wahrscheinlich war er schon von Anfang an entschlossen gewesen, über dieses abenteuerliche Unternehmen ein Buch zu schreiben und darin den Leser auch mit seinen »naturgetreuen Kupfern« zu erfreuen.

Am zweiten Tag überraschte die Wanderer zwischen Pernitz und Gutenstein die Nacht... »Todesstille herrschte in der Gegend, und nur zuweilen unterbrach sie das ferne Gebell eines Hundes, und so erreichten wir unter mancherley Gesprächen nach einer viertel Stunde einen Föhren-Wald, durch welchen die Strasse führt. Schauerlich war der Weg durch selben; wir dachten sicher auf Wölfe oder Bären zu stoßen, die sich in diesen Gegenden, besonders bey Rohr häufig befinden, und auf welche man uns die Zeit her vorbereitete; wir ließen uns aber dadurch von unsern Vorhaben nicht abwendig machen, und bewaffneten uns aus diesem Grunde, um uns in Fall der Noth vertheidigen zu können. Wir schritten also entschlossen mit entblößten Klingen, auf alles gefaßt, in dem dunkeln Walde fort, wo nur zuweilen ein Strahl des Mondes zwischen jungen Bäumen auf die Waffen fiel, die hell in die Dunkle blitzten.«

Zwei Angsthasen? Auch noch der Reiseschriftsteller Adolf Schmidl schreibt in seinem 1831 erschienenen Buch »Der Schneeberg und seine Umgebungen«: »Beinahe in jedem Forst erscheint Vater Petz, ist aber ziemlich gutartiger Natur«.

☐

Bis zum Jahre 1802 hatte Josef August Schultes, Professor der Zoologie und Technologie an der k.k. theresianischen Ritter-Akademie in Wien, im

Laufe von zehn Jahren sechs »Fußreisen« zum Schneeberg unternommen. Der Wunsch »seine Landsleute zu einer Lustreise nach dem Schneeberge zu überreden«, bewog ihn, seine Anmerkungen und Aufzeichnun-
gen zu sammeln, zu ordnen und in einem Buche herauszubringen: »Ausflüge nach dem Schneeberg in Unterösterreich – Ein Taschenbuch auf Reisen nach demselben« nannte er es.

Als Schultes unterwegs war, flohen noch in manchen Tälern, wo kaum
Fremde hinkamen, die Bewohner vor ihm – so »wie der Wilde den Euro-
päer flieht«.

Ein Mensch dieser Zeit erlebte die Alpenwelt noch intensiver. Über den
Waxriegel am Schneeberg schrieb Schultes: »Die feierliche Todesstille, die
nicht der Laut eines Vogels, nicht das Zirpen eines Heimchens unterbricht; die kalten, schaurigen Lüftchen, die über die Schneelehnen her-
wehen; die Nebelgestalten, die still und majestätisch aus den Abgründen
ringsumher heraufziehen gegen den Gipfel; kein Plätzchen, das hier
Schutz gewähren könnte gegen die Stürme eines nahenden Gewitters;
keine Spur eines nahen Menschen außer einer ärmlichen, verlassenen
Hütte, die mit ihrem Dache in einer fernen Vertiefung auf der Erde auf-
liegt; ein halbzerstörter Zaun von dürrem, weit hergeschleppten Reisige,
der vor Jahren die weidenden Rinder sichern sollte, vor dem Hinsturze in
den Abgrund, und der jetzt aufmerksam macht auf die Gefahren, die hier
den Untergang drohen, als er gegen dieselben sichert; zuweilen ein Rind,
das sich aus der Tiefe hierher verstiegen hat, und zu erschrecken und zu
fürchten scheint für den Fremdling, der sich in diese Alpenwüste verirrte;
die leblos emporsteigenden Gipfel schwarzer Berge, über die man weg-
sieht bis hin zur blauen Alpenkette in Steyermark, alles umher wirkt harmonisch zusammen, um das Schauerliche dieser Alpenwiese zu erhöhen.«

Im Jahre 1807 brach der geographisch-historisch-topographische
Schriftsteller Dr. Franz Sartori (1782-1832) zu einer »Reise durch Österreich, Salzburg, Berchtesgaden, Kärnthen und Steyermark« auf. Dabei erstieg er auch den Ötscher, und in seinem 1811 erschienenen Buch lesen
wir mit großem Erstaunen über die Ötscherhochfläche: »Die feyerliche
Todesstille, die nicht der Laut eines Vogels, nicht das Zirpen eines Heimchens unterbricht; die kalten schaurigen Lüftchen, die hier wehen; die
Nebelgestalten, die still und majestätisch aus den Abgründen rings umher herauf ziehen gegen den Gipfel; kein Plätzchen, das hier Schutz gewähren könnte gegen die Stürme eines nahenden Gewitters; keine Spur
eines nahen Menschen; die leblos empor starrenden Gipfel schwarzer
Berge, über die man hinweg sieht; alles, alles wirkt harmonisch zusammen, um das Schauerliche dieser Alpenwiese zu erhöhen.«

Da hat doch der Schlankel glatt den Schultes abgeschrieben! Ja, fast alle folgenden »Höhengedanken« hat Sartori dann ebenfalls von Schultes übernommen – bis zum Abschied vom Gipfel, der in beiden Büchern gleich lautet: »Die Welt ist uns nun zu enge geworden, und wir fühlen die Macht der Sehnsucht zurück nach den Alpen«.

Dabei war Sartori – wie man damals sagte – ein recht »gewandter Schriftsteller«, der Begründer und Herausgeber der »Annalen der österreichischen Literatur und Kunst« und der »Wiener Literatur-Zeitung« (1813 ff). Aber Begriffe wie »Urheberrecht« oder »Plagiat« gab's damals noch nicht...

Seht's, Leutln, so gemütlich war's anno dazumal, als die alpine Literatur noch in den Kinderschuhen steckte!

☐

War es anno dazumal aber wirklich so gemütlich?

»Meine erste Schneebergbesteigung im Jahre 1838« heißt eine Erinnerung, die Eduard Fischer von Rößlerstamm im Jahresbericht des Österreichischen Touristen-Clubs 1871 veröffentlichte; sie zeigt, daß es seinerzeit für Herrn Biedermeier gar nicht so einfach war, die Kaiser- und Residenzstadt Wien überhaupt zu verlassen. Jeder, der dies wollte und auch die Absicht hatte, auswärts zu nächtigen, brauchte dazu einen Passierschein, und der war gar nicht so leicht zu bekommen...

Fischer erzählte: »Jeder von uns machte sich nun mit einem Certifikat des Hausherrn versehen auf den Weg nach dem Petersplatze in der Stadt, um dort bei der löblichen Polizeidirektion den vorgeschriebenen Passierschein zu erwerben. Wer, so wie wir jungen Fremdlinge in Wien, sich keiner besonderen Bekanntschaft mit irgend einem der Herren Beamten zu erfreuen und dadurch eine Protektion zu erwarten hatte, konnte sich immerhin gefaßt machen, eine Stunde auf dem Amte zuzubringen. So erging es auch mir; doch ging diese Zeit nicht so ganz nutzlos verloren, denn sie diente dazu, um Erfahrungen ganz eigener Art über das damalige Polizeiwesen Österreichs zu machen. Ich will hier nur eines Falles gedenken, den ich in jener Stunde erlebte. Ein junger Mann von etwa 18 Jahren bewarb sich um einen Paß in das Ausland. Wohin wollen Sie reisen? frug ihn der betreffende Beamte, nachdem er sich Namen, Geburtsort, Alter, Charakter und Religion hatte herzählen lassen. In die Schweiz, war die aufrichtige, wenn auch schon mit dem Ausdrucke eines Angstgefühles gestammelte Antwort. Was wollen Sie in der Schweiz? herrschte der polizeiliche Inquisitor den Petenten an. Die dortige herrliche Natur bewundern, gab der junge Mann zur Antwort. Doch der Mann der Polizei, die in Altösterreich eine hervorragende Rolle in der Überwachung der Schritte strebsamer, nach dem Auslande sich sehnender junger Männer entwickelte, sprach sein Verdikt mit den mir unvergeßlichen Worten aus: »Wenn Sie Natur bewundern wollen, so können Sie dies auch hier thun, gehen Sie in die Brühl!« (Vorder- und Hinterbrühl bei Mödling)

Nach stundenlangem Warten bekam Fischer dann seinen Passierschein. Jetzt mußte er noch für den kommenden Samstag Stellwagenplätze nach Wiener Neustadt buchen. Jedoch: An diesem Samstag regnete es dann so heftig, daß unsere Gipfelstürmer die Fahrt schon am Wiener Stadtrand aufgaben und auf einen anderen, schöneren Tag verschoben. Und wieder mußte dann um einen neuen Passierschein angesucht und wieder mußten Plätze im Stellwagen vorausbestellt werden...

So war's in der guten, alten Zeit, wenn man einen Wiener Hausberg besteigen wollte.

☐

»Weg nach Mariazell« – Hie und da, tief drinnen in einem Wald oder in einem vergessenen Winkel, hat sich noch einer der alten »Mariazeller-Wegweiser« erhalten. Diese Holztafeln sind bemoost und vermorscht, und die eingebrannte oder eingeritzte Inschrift ist meist kaum noch lesbar. Aber wenn zwischen einer solchen Tafel und dem Ziel auch noch so viele Berge zu übersteigen und Täler zu durchschreiten waren – sie gaben den Pilgern das gute beruhigende Gefühl, auf dem richtigen Weg zu sein.

In unserem Voralpenland waren nicht die »Touristen« des 19. Jahrhunderts die ersten Fremden, sondern schon lange vor ihnen die Wallfahrer nach Mariazell. Und wenn auch die meisten Pilger den kürzesten und für die damalige Zeit besten Weg nahmen (der später »Via Sacra« genannt wurde), so sind doch schon recht viele Wallfahrergruppen auch quer durchs Gebirge ihre eigenen »Zellersteige« gegangen.

Von Ernst Karl Winter (1895-1959, Soziologe und auch Vizebürgermeister von Wien) stammt die Bezeichnung »Via Sacra« für die alten Wallfahrerstraßen von Wien bzw. St. Pölten über Lilienfeld – Türnitz – Annaberg nach Mariazell, die seinerzeit hauptsächlich von den Wienern und Bewohnern des nördlichen Niederösterreichs, wie auch von den Böhmen und Mährern begangen worden ist.

Einem romantischen Einfall folgend, wanderte Winter im Jahre 1923 auf dieser Straße zu Fuß von Wien nach Mariazell und war von diesem »historisch-mystischen« Erlebnis so beeindruckt, daß er bald danach (1926) ein Buch über »Die heilige Straße« herausbrachte, in dem er schrieb: »Die Wallfahrt zu Fuß, das Symbol der Rückkehr zum einfachen,

bescheidenen, stillen Lebenszuschnitt der Vergangenheit, sollte gleichzeitig ein feierlicher Protest werden gegen die maßlose Überschätzung
des Technischen in der Gegenwart und damit eine werktätig barmherzige
Hilfe für deren Opfer. Wer einmal erkannt hat, daß die soziale Frage aus
dem modernen Maschinengeist kommt, zusammenhängt mit der Ver-
selbständigung von Technik und Organisation und mit deren Loslösung
von der Persönlichkeit, ihrer Gewissenhaftigkeit und ihrem Charakter,
wer erst einmal einsieht, daß die Probleme der sozialen Ordnung im
Grunde nichts anderes sind als Fragen der Erlösung des Menschen von
dem zum Fetisch gewordenen Mechanismus der Sekten, Parteien und
Organisationen, der Banken, Fabriken und Maschinen, der wird, wenn er
seine Theorie in der Praxis verwurzeln will, notwendig dazu gedrängt,
diesem Maschinengeist der modernen Zivilisation dort vor allem Widerstand entgegenzusetzen oder besser gesagt, ihm auszuweichen, ihn zu
übersehen.«

Winters Buch wurde sofort ein Erfolg – aber es gelang ihm doch nicht,
seine Landsleute zu einem Fußmarsch auf den zu dieser Zeit noch staubi-
gen Landstraßen – und wenn's auch eine von ihm zur »Via Sacra« erklärte
war – zu begeistern.

Zu dieser Zeit (1924) erschien in der Zeitschrift »Wanderfreund« ein Bericht über eine Wanderung »Vom Leopoldsberg nach Mariazell«. Den
Verfasser Franz Koutny hatte eine kleine Bemerkung in Försters »Turi-
stenführer« dazu inspiriert, nämlich daß der Gippel jener Knotenpunkt
sei, »wo der 90 km lange, bis zur Donau reichende Ast des Kahlengebir-
ges vom Hauptkamm des nördlichen Kalkalpenzugs abzweigt«.

Koutny: »Mit dem Betrachten auf der Karte kam die Idee, diese Berge
einmal in einem Zuge zu begehen, ja, sie wurde noch weiter ausgestaltet
zur Kammwanderung von Wien bis Mariazell«.

Wir wollen ihm auf diesem originellen Weg folgen.

*Erster Tag:* Nach der Frühmesse in der Canisiuskirche (Wien IX), fuhr
Koutny mit der Straßenbahn nach Nußdorf und begann dann vom Leo-
poldsberg aus (dem letzten Ausläufer »seines Kammes«) die Wanderung
über den Troppberg bis nach Rekawinkel. (Respekt!)
*Zweiter Tag:* Über den Schöpfl nach Kaumberg. Nächtigung in einem
Heustadl.
*Dritter Tag:* Araburg-Kieneck-Unterberghaus.
*Vierter Tag:* Jochart-Kalte Kuchl (»Zeitlich genug war ich angekommen
und konnte unter der alten Linde mit Muße den Frieden der Landschaft
genießen.«)

*Fünfter Tag:* »War wohl der Höhepunkt dessen, was an Weg und Orientierung zu leisten war«. Hegerberg-Roßkopf-Gaisrücken-Preineckkogel-Gippelmauer-Gippelgscheidl.
*Sechster Tag:* Gippel-Göller-Knollenhals (Gscheid). »Über die erste und einzige Brücke auf der Wanderung gings zum Quartier.«
*Siebenter Tag:* Traisenberg-Tirolerkogel-Annaberghaus.
*Achter Tag:* Ein Sonntag. Abstieg nach Annaberg und Ruhetag.
*Neunter Tag:* Bei strömendem Regen Sulzberg-Sabel-Büchleralpe-Schindlkogel (»Eben sank hundert Schritte vor mir ein Baum unter Krachen um.«) – Schafkogel-Habertheuersattel-Bürgeralpe (»Nach neunstündiger Wanderung fand ich wieder einen Unterstand. Hier wurde gerastet und dann gings hinunter zur Mutter der Gnade.«)

Unser »Wanderfreund« hatte bewiesen, daß man von Wien nach Mariazell auch »oben gehen kann« und ohne eintönige Tal- und Straßenmärsche. Seine Wanderung war eine Entdeckungsreise ins zum Teil Unbekannte, eine Weitwanderung (ohne Kontrollstellen und Stempelei!) – und nicht zuletzt auch eine Wallfahrt.

Daß heute wieder immer mehr und mehr Fußwallfahrten nach Mariazell unternommen werden, kann nur zum Teil mit der modernen »Fitwelle« begründet werden. Der Hauptbeweggrund liegt in den von Winter bereits 1926 festgehaltenen Gedanken. Seine »Via Sacra« ist durch die Motorisierung zwar »unbegehbar« geworden, aber dafür sind jetzt die gut markierten und beschilderten neuen »Mariazellerwege« über die Berge entstanden, die von verschiedenen Teilen Österreichs aus zum Ziel führen. Aber das haben die Romantiker Winter und Koutny nicht mehr erlebt.

☐

Im Jahre 1852 stiegen fünf Freunde auf den Ötscher. Unterwegs blieb der eine stehen, um eine Pflanze näher zu betrachten, einen anderen interessierte mehr ein Käfer…
Und da war auf einmal auch die Idee, dieses verschiedenartige Wissen zusammenzulegen und gemeinsam ein »Ötscherbuch« herauszubringen. So bekam das Ötscherland seine erste Monographie:

> Der Ötscher und sein Gebiet,
> aus eigener Beobachtung und bisher unbenützten Quellen geschöpft
> von mehreren Freunden der Landeskunde
> und herausgegeben von M.A. Becker

Um »zu dem Schönen das Gute zu fügen«, beschlossen die Autoren, den Ertrag des Buches für den Bau einer Kirche in Neuhaus zur Verfügung zu stellen. 1854-56 wurde diese Kirche erbaut (siehe Seite 142) – allerdings ohne Ertrag des »Ötscherbuches«, weil es noch gar nicht fertig war.

Man hoffte aber, daß es rechtzeitig zur Eröffnung der Kaiserin-Elisabeth-Westbahn vorliegen würde. Ein guter Erscheinungstermin! War doch dann von der Station Pöchlarn aus das Ötscherland mit der Postkutsche »im Nu erreichbar geworden« (wie man damals sagte). 1858 wurde die Bahn eröffnet – das »Ötscherbuch« war noch immer nicht fertig geworden.

Es hätte ein handsames Büchlein werden sollen, aber als es dann 1859 und 1860 erschien, war es zu einem zweibändigen Werk mit fast 1000 Seiten Umfang angewachsen. Im Vorwort hatte M.A. Becker geschrieben: »Bekanntlich ist der Raum zwischen dem Denken und Wollen ein kürzerer als der zwischen dem Wollen und dem Vollbringen.«

□

Am 1. September 1885 wurde die vom Niederösterreichischen Gebirgsverein auf dem Türnitzer Höger (1372 m) erbaute Türnitzer-Hütte mit einer Bergmesse eröffnet, wobei an die 650 Festgäste gezählt wurden (von denen etwa 500 »vereinstreue« Leute dem damals nur so um die 1000 Mitglieder zählenden Gebirgsverein angehörten!). Man berichtete mit Stolz von der Schutzhütte: »Der allgemeine Hüttenraum enthält ein Pritschenlager mit Strohsäcken und Matratzen für 15 Herren, mit guten Kotzen versehen, das Damenzimmer ebensolche Lagerstätten für 5 Damen, aber mit feineren Kotzen.« Gute Kotzen, feinere Kotzen – es lebe der kleine Unterschied!

Kurz nach dieser feierlichen Schutzhütteneröffnung erschien dann im Vereinsblatt eine traurige Nachricht:

**Photographien der Türnitzer Hütte.** Die von Herrn Richard Jßler ausgeführte Aufnahme bei der Einweihung der Türnitzer Hütte hat leider zu keinem Ergebnisse geführt, da der Träger beim Herabtragen der Platten aus Unvorsichtigkeit die äußere Hülle abgelöst hat und dadurch die sehr gelungenen Aufnahmen durch Luftzutritt in die Cassette verdorben sind.

Die damaligen Photographen waren eben Hexenmeister, sie wußten schon vor der Entwicklung, daß sie »sehr gelungene Aufnahmen« gemacht hatten.

Damals gehörte vor allem das Bewundern eines Sonnenauf- oder Sonnenunterganges zum Bergerlebnis, und um dies dem p.t. Touristenpublikum leichter zu ermöglichen, baute man Gipfelhäuser.

So bat auch der Österreichische Touristenclub 1895 um Spenden für ein Schutzhaus auf der Reisalpe (1398 m) mit der Begründung: »Unser Unterkunftshaus soll für alle Jene geschaffen werden, die das herrliche Schauspiel eines Sonnenaufganges bewundern, sich dem berückenden Zauber einer Rundschau über die herrlichen Hochgebirge, die prächtigen Thäler des Wienerwaldes und den unvergleichlich schönen Donaustrom hingeben wollen, ohne Nächte auf der Eisenbahn zuzubringen oder über eine Reihe freier Tage verfügen zu müssen.«

Zu einem Schutzhaus gehört auch ein Bewirtschafter. Der Niederösterreichische Gebirgsverein fand damals in Peter Rauchenberger einen Hüttenwirt wie aus dem Märchenbuch – dreiundfünfzig Jahre lang (!) betreute er treu und redlich die Türnitzer-Hütte. Dabei war Rauchenberger ein wohlhabender Mann, der unten im Tale Hof und viel Land rundum besaß, ja sogar die Schutzhütte stand auf seinem Grund. Sie aber war seine große Liebe, für sie war er Wirt, Koch, Kellner und Träger in einer Person. Damals mußte noch jedes Stück Brot auf dem Buckel bergauf geschafft werden. Und damals konnten auch noch manche der Herren Bergsteiger aus der Stadt recht lausig sein. Für sie war ein Berglandbewohner immer noch ein Exote, und auch alle Faschingsveranstaltungen im »schlichten Älplergewande« konnten nicht die große Kluft überbrücken, die damals noch zwischen Stadt und Land klaffte. So schrieb zum Beispiel ein Besucher der Türnitzer-Hütte nachher mitteilungsfreudig fürs Vereinsblattl »Auf Wunsch jodelt der Hüttenwirt auch« – und der Redakteur ließ das bedenkenlos drucken...

Natürlich gab es auch damals schon andere Leute. Und diese haben dem Leben des Hüttenwirtes Rauchenberger auch seinen Sinn gegeben. Da gab es zum Beispiel Leute, die gerne Weihnacht auf einem Berg erleben wollten. Von Heinrich Bauernnebel stammt die eindrucksvolle Schilderung, wie er sich zu Weihnachten des Jahres 1902 mit sieben Kameraden durch gewaltige Neuschneemassen zur Türnitzer-Hütte hinaufgekämpft hatte... »Der Vortreter wurde mit Schneereifen und Pickel ausgerüstet und sollte sich nach getaner Arbeit hinten anreihen. Dann gings los. Jeder Schritt ein zäher, erbitterter und doch unrühmlicher Kampf. Denn der Preis war kein Eisdom, keine stolze Felszinne, bloß ein bescheidener Waldberg. Stunden schlichen dahin in stumpfsinnig-mühsamer Stapferei. Sosehr wir auch wetteiferten, immer häufiger mußte der abgekämpfte Vorspann gewechselt werden, denn in diesem Schnee waren die

Reifen wertlos. Im Schneckentempo schob sich unsere kleine Schar den steilen Hang hinauf. Das Witzfeuerwerk erlosch, wir wurden gleichgültig. Die Schneehöhe aber wuchs. Jetzt reichte sie den Kleineren schon über die Hüfte und tragikomisch war's zu sehen, wie sie mit zwei Pickeln verzweifelt im Schnee ruderten.

Mittags hatten wir kaum zwei Drittel des Weges hinter uns. Das kurze Stück vom Quellenplatz zum Kamm kostete uns zwei weitere Stunden. Droben ein wundervolles Bild: Gipfel an Gipfel, bis hinaus zu den Ennstaler Bergen. Blutrot lohte es um das Göllerhaupt. Wir betrachteten die Pracht kaum. Wenn wir nur schon oben wären!

Auch dieser Augenblick kam. Nach sieben Stunden. Im Sommer macht man den Weg bequem in zweieinhalb Stunden. Und 32mal, zählte ein Statistiker, kam jeder ›an die Reihe‹. Wir waren daher erstaunt, droben den Hüttenwirt anzutreffen. Schwer belastet hatte sich der Wackere in acht Stunden von der Kienau heraufgearbeitet und lag nun erschöpft auf der Pritsche…«

Es wurde dann noch eine wunderschöne Weihnacht für die romantischen Bergsteiger und auch für den Hüttenwirt, der ebenfalls ein Romantiker war…

*entw. A Zimmermann Architekt. Wien.*

*Diese Zeichnung des geplanten Reisalpenschutzhauses sollte die Spendefreude der Touristenclub-Mitglieder anheizen. Das Haus mit seinen vielen Balustraden und Balkons ist typisch für diese Zeit, in der man vor allem zum Schauen ins Gebirge zog.*

Vor der Erbauung der Türnitzer-Hütte war dieses Voralpengebiet noch ein weißer Fleck auf der touristischen Landkarte Niederösterreichs gewesen, und der noch junge »Niederösterreichische Gebirgsverein« hatte darin sein »Arbeitsgebiet« erkannt. Über dieses wurde auch ein kleiner Führer herausgebracht, in dessen Vorwort der Verfasser Eugen Brietze bekennt: »Verfasser selbst war mehr als 170 Mal auf Raxalpe und Schneeberg, und spät erst ist er zur Erkenntnis gekommen, daß zahlreiche andere Berge Niederösterreichs wert sind, den Touristenzug in ihre Täler und auf ihre prächtigen Aussichtsgipfel zu lenken.«

Die schöne Aussicht, das Panorama, der Tiefblick, der Weitblick waren damals allerhöchste Seligkeit für den Bergwanderer; sein Gipfelglück bestand vor allem im Sehen, Erkennen und Benennen möglichst vieler Berge und Mugel. Unser Führerverfasser schlägt daher auch bei jedem von ihm beschriebenen Gipfel wahre Purzelbäume in Superlativen...

*Türnitzer Höger* »... muß zweifellos zu den schönsten Aussichtsbergen Niederösterreichs gezählt werden.«

*Eisenstein* »... einer der reizendsten Aussichtsgipfel Niederösterreichs.«

*Hohenstein* »... einer der schönsten Aussichtsgipfel der niederösterreichischen Voralpen.«

*Schwarzkogel* »... Das umfassende Panorama dieses touristisch fast gänzlich unbekannten Berges ist nach Ansicht des Verfassers außer demjenigen des Hohen Göller das schönste in ganz Niederösterreich.«

*Wanderung: Annaberg-Sulzberg-Mariazell* »... Unstreitig ist dies eine der allerschönsten und genußreichsten Touren in den niederösterreichischen Alpen.«

*Wanderung: St. Aegyd-Paulmauer-Türnitzer Höger* »... Diese Tour ist unstreitig eine der schönsten Höhenwanderungen in Niederösterreich, und jeder, der darauf Anspruch machen will, als Kenner der Hauptschönheiten Niederösterreichs zu gelten, muß diese prächtige Wanderung ausgeführt haben.«

Zu dieser Zeit konnte Herr Jedermann noch nicht im Flugzeug reisen; die Bergsteiger waren die einzigen Menschen, die auch über die Wolken hinausstiegen. Das macht ihre Höheneuphorie begreiflich.

Daß damals auch ein Führerverfasser Pionierarbeit leistete, beweist ein kleines Erlebnis unseres Eugen Brietze. Als er in der Dickenau (bei Türnitz) einen Bauern fragte, ob von da aus ein Weg auf den Höger führe, bekam er zur Antwort: »Aber mein Herr, wie kann ich denn das wissen? Ich bin ja erst sechs Jahre da herinnen!«

Die Bahnlinie St. Pölten-Kernhof hätte ursprünglich bis nach Mariazell führen sollen. Als 1893 die Strecke Schrambach-Kernhof für den Verkehr freigegeben wurde, war immer noch nicht entschieden, wie die Bahn das 963 m hohe Gscheid zwischen Traisen und Salza überwinden sollte – durch einen Tunnel oder als Zahnradbahn. Man entschied sich dann weder für das eine noch für das andere, sondern baute durch das Pielachtal eine neue, die heutige Mariazellerbahn.

Die Kernhoferbahn endete am Fuße von Gippel und Göller, und anläßlich ihrer Eröffnung schrieb Josef Terzer im »Gebirgsfreund«: »Leider aber sind beide Berge dem gewöhnlichen Sterblichen versperrt und stehen unter der Obhut eines mächtigen Grafen, welcher Jeden mit strenger Zurückweisung bedroht, der sich dem verzauberten Dornröschen nähert oder gar den Schleier von ihren Reizen zu heben versucht. Ein Wegverbot lagert wie eine düstere Wolke auf beiden Bergen, jede Aussicht benehmend, daß sie jene Bedeutung für die Touristik erlangen, welche ihnen mit Fug und Recht zukäme. Wohl wissen wir, daß Graf Hoyos-Sprinzenstein den größten Theil seiner ausgedehnten Besitzungen dem touristischen Verkehr freigegeben und gestattet hat, sie mit Markierungen nach allen Richtungen zu durchziehen. Nur dieses eine Gebiet – Gippel und Göller – hat er sich als unantastbares Gemsenrevier vorbehalten. Das war gewiß berechtigt und durchführbar, so lange diese Berge weit außerhalb des touristischen Verkehrs lagen. Werden aber jetzt, wo die Bahn bis an den Fuß der beiden verzauberten Berge führt, die Touristen hier Halt machen?«

Als Antwort kam prompt ein Schreiben der gräflich Hoyos-Sprinzensteinschen Forstverwaltung mit der Mitteilung, daß eine Besteigung von Gippel und Göller nach wie vor streng verboten sei.

Gippel und Göller, die »verbotenen vaterländischen Berge« wie man sie ironisch nannte, wurden aber trotzdem erstiegen. Und wenn die Gipfelstürmer wieder heimkehrten, dann wurden sie als »unerschrockene Männer« gefeiert, die man allerdings nicht fragte, wie das Wetter und die Aussicht gewesen sei, sondern wie sie an den allen Touristen wie Rehen auflauernden Jägern vorbeigekommen waren. Schließlich wurde es fast zur Ehrensache für jeden selbstbewußten Wanderer, diese verbotenen Berge erstiegen zu haben.

Während der Göller schon nach dem Ersten Weltkrieg »freigegeben« wurde, blieb der Gippel bis zum Jahre 1963 (!) »gesperrt«.

Im Forstgesetz 1975 (geltend ab 1.1.1976) heißt es nun zwar: »Jedermann darf... Wald zu Erholungszwecken betreten und sich dort aufhalten«. Aber zwei Monate im Jahr ist der Gippel auch heute noch gesperrt.

Viele Wiener sehen in der Mariazellerbahn so ein Mittelding zwischen Liliputbahn und Hochschaubahn vom Wurstelprater, und in der Zeit, in der noch eine Eisenbahnfahrt als Ereignis und Erlebnis galt, sagte man, daß allein schon die Fahrt mit der Mariazellerbahn eine Fahrt nach Mariazell wert sei...

So wie in der Geschichte fast aller kühnen Unternehmungen muß es auch bei der Mariazellerbahn heißen: »Sie wurde gegen alle Widerstände gebaut.« Die Widerstände – das waren nicht etwa die Berge, sondern die Menschen.

Ing. Josef Fogowitz, der Erbauer der Mariazellerbahn, plädierte von Anfang aller Verhandlungen an für den Bau einer Schmalspurbahn, weil sie leichter als jede Normalspurbahn durch das zerklüftete Gelände zu führen war und außerdem um die Hälfte billiger kam. Und es mußte unbedingt eine Privatbahn werden, denn die Erfahrungen dieses Eisenbahnfachmannes mit den Staatsbahnen waren nicht die besten... »Wie es im Anfang der Lokalbahnära üblich war, mußte jede Station mindestens mit einem Unterbeamten besetzt sein; da derselbe aber zu den kleinen Nebendiensten nicht verpflichtet ist, wie z.B. Besorgung der Weichen, Lampenfüllen etc., mußte ihm ein Diener beigegeben werden, so daß sie also in Gesellschaft faulenzen konnten. Ich kenne sogar einige Stationen mit sehr geringem Verkehr, wo sogar noch ein sogenannter Weichenwärter zugeteilt wurde, damit wenigstens die Tarockpartie vollzählig war.«

Natürlich hatte dieser despektierliche Fogowitz mit seinem Mariazellerbahn-Projekt alle Hofräte der Staatsbahnen gegen sich und ebenso die Militärs (welche mehr an einer Normalspurbahn zwischen der West- und Südbahn interessiert waren). Dagegen waren auch die Traisen- und Türnitztaler, weil sie genau wußten, daß diese Mariazellerbahn in Zukunft einen großen Teil der für sie so gewinnbringenden Wallfahrer aufnehmen würde. Sogar in Mariazell war man gegen die Mariazellerbahn – alle Fuhrwerksbesitzer und deren Freunde stimmten gegen sie.

Daß mit dem Bau dennoch begonnen wurde, erscheint fast als ein Wunder. 1898 wurde die Strecke St. Pölten-Kirchberg eröffnet, 1905 die Strecke Kirchberg-Laubenbachmühle, 1907 hatte dann die Bahn Mariazell und Gußwerk erreicht.

Nachdem Ing. Fogowitz 1906 in den Ruhestand getreten war, übernahm Eduard Engelmann (der Besitzer des einst so berühmten Engelmann-Eislaufplatzes in Wien – Hernals und Erbauer der ersten Kunsteislaufbahn Europas auf dem Wiener Heumarkt) die Bauleitung. Engelmann hatte schon während des Bahnbaues eine fixe Idee gehabt: Nicht schnaufende Dampfloks sollten die Züge über das Gebirge führen, sondern ruhig und gleichmäßig arbeitende Elektromotoren. Nur: Für eine elektrische Eisenbahnlinie von fast 100 Kilometern – noch dazu eine Gebirgsbahn – gab es in der ganzen Welt kein einziges Vorbild und in Österreich keine Elektrolokomotive. Aber solche technischen Probleme erschienen als ein Kinderspiel gegen das Problem, die »zuständigen« Männer für das Projekt zu gewinnen.

Einer der einflußreichsten Gegner der Projekts wurde auf ganz schlaue Art dafür gewonnen. Man führte ihn auf schwindelerregenden Pfaden in das Gebiet der Zinken, und dort mußte er sehr oft den stützenden Arm des ihn begleitenden Bauingenieurs in Anspruch nehmen. An besonders gefährlichen Stellen schilderte dieser nachdrücklich die Vorteile des Projekts, und nach der Rückkehr von der »Informations-Exkursion« hatte man den Landtagsabgeordneten für eine Elektrifizierung der Mariazellerbahn gewonnen.

Nun mußte noch das bahneigene Kraftwerk in Wienerbruck gebaut werden, und am 7.10.1911 rollte der erste »elektrische Zug« nach Mariazell.

Kurze Zeit danach fuhr auch Kaiser Franz Joseph mit der neuen »Alpenbahn« nach Mariazell. Keiner der Männer, welche die Bahn gebaut hatten, wurde zu dieser Fahrt eingeladen, an der Seite des Kaisers saßen nur die Politiker, die dagegen intrigiert hatten. Jetzt brüsteten sie sich mit dem neuen Werk – und bekamen prompt hohe Auszeichnungen dafür! Für den Kaiser war diese Fahrt so stimulierend, daß er sogar (was sonst kaum vorkam) persönliche Worte vor der Ankunft in Mariazell fand: »Jetzt werde ich wieder einmal hören müssen: ›Das ist die schönste Stunde meines Lebens! Das ist das größte Glück, das mir widerfahren konnte! Und so weiter.‹«

Wie hoch diese neue Alpenbahn von anderen Ländern geschätzt wurde, zeigt eine kleine Geschichte, die (der für die Elektrifizierung verantwortliche Bauleiter) Ing. Elmayer von Vestenbrugg erzählte. Kurz nach der Elektrifizierung der Bahn erschien ein Attaché der Wiener japanischen Gesandtschaft und wollte einige technische Fragen beantwortet haben. Einige Fragen? Es waren einige hundert, die er alle in einem Notizbuch vermerkt hatte! Elmayer-Vestenbrugg merkte bald, dieser Japaner »wollte seinen Landsleuten ihre technischen Arbeiten recht bequem machen und sie vor allem vor dem Zahlen des vielen Lehrgeldes beim wiederholten Mißlingen irgendeines schwierigen oder verwickelten Problems bewahren, wollte im Laufe einiger Stunden alles das erfahren, was wir in jahrelanger, an Enttäuschungen überreicher und sehr mühevoller Arbeit erreicht hatten.« – So begann also das Gedächtnis des Ingenieurs bald zu schwinden und seine Auskünfte wurden immer spärlicher – bis der Gast sehr verärgert wieder ging. Diese Geschichte beweist jedenfalls, daß die Industriemacht Japan ihren »Nachahmungstrieb« nicht erst nach dem Zweiten Weltkrieg entwickelt hat.

Sogar der Himmel schien Wohlgefallen an der Mariazellerbahn zu finden. Als einmal ein Pfarrer und ein Lokführer der Mariazellerbahn vor der Himmelstür standen, ließ Petrus den Lokführer zuerst hinein. Das ärgerte Hochwürden, doch Petrus sagte: »Wenn du am Sonntag gepredigt hast, dann haben die Leut immer geschlafen. Aber wenn der Lokführer mit seinem Zug rasant von Winterbach nach Laubenbachmühl abgefahren ist, dann haben die Leute immer gebetet!«

□

Die niederösterreichischen Voralpen mit ihren Wallfahrerstraßen und -wegen nach Mariazell waren schon immer ein guter Boden für die Gastwirte…

> »Maria, drob'n im Himmelreich,
> macht nur alle Wirtsleut reich!«

spotteten einst die Wallfahrer. Zum Unterschied von anderen Gebieten Niederösterreichs gab es in den Voralpen in jedem größeren Ort auch gutgeführte große Landgasthöfe, die schon im 19. Jahrhundert vom Mittelstand als günstige Sommerfrischenquartiere entdeckt wurden.

Der Feuilletonist Daniel Spitzer erzählte 1878 in seinem »Reisebrief eines Wiener Spaziergängers« von einem Aufenthalt in der Sommerfrische Waidhofen an der Ybbs unter anderem:

»Übrigens wimmelt es in der Saison von Honoratioren aller Art, die einfach und zurückgezogen, namentlich aber wohlfeil leben wollen. Mein Wirth war in Folge trauriger Erfahrungen, die er mit seinen Sommergästen gemacht hatte, die nicht selten Rang und Stand verschwiegen hatten, gegen Fremde von unbedeutender socialer Stellung sehr mißtrauisch und hielt sie in der Regel für incognito reisende Standespersonen. Ich selbst wurde von ihm, wie er mir nachträglich gestand, durch volle achtundvierzig Stunden für einen Baron gehalten. Als ich ihn fragte, welchen Grund hochstehende Personen hätten, incognito in Waidhofen zu verweilen, erwiderte er, es geschehe dies nach seiner Ansicht hauptsächlich deshalb, weil sie fürchteten, kleinere Portionen in den Gasthäusern zu erhalten, wenn man ihren wahren Rang und Stand kennte, und so zögen sie es vor, lieber auf ihren Titel zu verzichten, als auf die wegen ihrer Größe berühmten Portionen in den Gasthäusern Waidhofens. Ich weiß nicht, hatte ich den Kalbsbraten, den ich vor meiner Abreise zu mir nahm, zu rasch verzehrt oder durch eine andere Unvorsichtigkeit den Verdacht des Wirthes wieder hervorgerufen, aber als ich in dem Omnibus saß, um nach dem Bahnhofe zu fahren, rief er mir mit schlauem Lächeln nach: »Glückliche Reise, Herr Landesgerichtsrath!«

□

Kundmachung des Gemeindevorstandes von Schwarzau im Gebirge im Jahre 1905:

Das Befahren der Straßen mit Automobilen und Motorfahrrädern im Gemeinde= gebiet von Schwarzau ist im Einvernehmen mit dem N.Ö.=Landesausschusse strengstens verboten.

Nur zögernd holperten die ersten Automobile ins Gebirge. Und dort wo diese ersten »Wagen ohne Roß« auftauchten, liefen die Leute vors Haustor oder ließen die Arbeit auf den Feldern stehen. Es waren noch abenteuerliche Unternehmen, und vor den subjektiven Gefahren solcher »Bergfahrten« wurde in der Wiener »Allgemeinen Automobil-Zeitung« vom 7. Jänner 1900 mit dem Beitrag »Mörderisches Bergabfahren« gewarnt: »Immer ist es das Bergabfahren, das heimtückische, verrätherische Bergabfahren in rasendem Tempo! Nebenbei bemerkt, haben alle die bisherigen Opfer ihrer eigenen Unvorsichtigkeit beim Bergabwärtsfahren die vierte Geschwindigkeit eingestellt und dann die Maschine ausgeschaltet. Hat man nach irgend einem derartigen Unglücksfall Gelegenheit, Augenzeugen und Ingenieure darüber zu interviewen und richtet man an sie die Frage, wie es nur Jemandem einfallen könne, bei dem Bergabfahren die vierte Geschwindigkeit einzustellen und den Motor auszurücken – eine Geschwindigkeit, die sie nicht zu reguliren vermöchten, ja nicht einmal abschätzen könnten, ob sie nicht schon eine Gefahr involvire – so enthält man merkwürdigerweise von Allen die gleiche Antwort: man könne einen Abhang nun einmal nicht anders hinabfahren. Auch Radfahrer von Ruf fänden es unter ihrer Würde, anders bergab zu radeln, als ohne Pedalgebrauch. Ein Automobilführer gab die folgende seltsame Antwort: ›Wie anders sollen wir denn sonst zu Thal fahren? Wir müssen doch einen Modus finden, um die beim Aufwärtsfahren vergeudete Zeit wieder hereinzubringen‹.«

»Bergauf sachte – Bergab achte!« wurde aber auch den Radfahrern im Gebirge empfohlen. 1890 gab es in Wien immerhin schon 360 Mitglieder eines Radsportverbandes. Zwanzig Jahre vorher hatten die Ärzte den jungen Leuten noch ernsthaft abgeraten, diesen »halsbrecherischen

Sport« auszuüben, weil er auch die »bedenklichste Gefährdung der Lunge« darstelle.

Wer damals Radfahrten ins Gebirge unternahm, fand dort nur schlechte und zumeist mit Steintrümmern und Schotter bedeckte Straßen vor. Und »viele unbezwingbare Steigungen degradieren den Sportsmann nur zu oft zum gewöhnlichen Fußgänger«, heißt es in einem 1890 erschienenen Bericht über »Eine Radpartie in und über die Berge« in der Radfahrer-Zeitschrift »Der Wanderer«. Erstaunt lesen wir da auch den Ausrüstungs-Tip: »Der Revolver ist ein unentbehrlicher Begleiter des Radfahrens und die zweckdienlichste Waffe, unseren zu Thätlichkeiten geneigten Gegnern Respect einzuflößen und dem einsamen Wanderer zu ermöglichen, bei einem etwaigen Überfalle der Übermacht wirksam zu begegnen.«

Wie die Automobilisten erregten natürlich auch die Radfahrer überall Aufsehen. Vor allem fragten die Dorfbewohner immer wieder, wie man das anstellte, von einem Zweirad nicht herunterzufallen. Einer fand eine äußerst logische Erklärung: »Dafür haben sie ja vorn die Stange zum Anhalten!«

»I woaß eng an Fleck, an kloan,
von Gott sein' schönsten Werk,
i woaß a Stückerl Paradies,
und dös hoaßt – Hohenberg.«

Der Verfasser dieses sich nicht so recht reimenden Verserls war der Wiener Oberlandesgerichtsrat Moritz Schadek, dem im Jahre 1911 auf einer Anhöhe bei Hohenberg ein Denkmal errichtet wurde.

Er hatte den Ort als eine für ihn ideale Sommerfrische entdeckt und war ihm dann – wie es so heißt – »sein Leben lang treu geblieben«. Weder Ischl noch Badgastein, weder Abbazia noch der Lido Venedigs konnten ihn reizen; dieser Ort im Voralpenland war für ihn die große Ferne. Und so holprig seine »Loblieder« auf Hohenberg auch sein mögen – der sie geschrieben hat, war ein glücklicher Urlauber.

Das Denkmal auf der »Schadek-Höhe« bei Hohenberg trägt die Inschrift:

---

Zum 40jährigen Sommeraufenthalt des Herrn OLGR Moritz Schadek
gewidmet vom Verschönerungsverein Hohenberg. 1871-1911.

---

□

Mit Fremdenverkehrsorten und Ausflugszielen ist es manchmal so wie mit den Wetterprognosen… was sich die Macher dabei gedacht haben, trifft dann nicht ein.

*Beispiel 1: Salzerbad im Halltal bei Hainfeld.* Schon seit alter Zeit wurde die dort entspringende Salzquelle genützt, und in den neunziger Jahren des vorigen Jahrhunderts wollte man schließlich mit ihr das große Geschäft machen. Ein Heilbad sollte hier entstehen, ein Weltkurort.

Villen wurden gebaut und auch ein großes Kurhaus; Kredite wurden aufgenommen und viel Reklame gemacht. Aber die Leute bissen nicht an; nur einige Vertreter des ungarischen Landadels kamen einige Zeit und bald auch nicht mehr. Es blieben die Schulden. »Damit hörte auch die Konzession auf, die Saisongeschäfte (Buchhändler, Friseur, Gärtner) gingen ein und die Verkehrsmittel (Automobil, Post, Telegraph, Telephon) funktionierten nicht mehr. Immerhin bleibt Salzerbad ein prächtig gelegener Luftkurort – berichtet Benedikt Kießling in seiner 1909 erschienenen »Topographie und Geschichte Kleinzells am Hallbach«.

1920 kaufte die Evangelische Kirchengemeinde den inzwischen vollkommen verlotterten »Weltkurort« und baute ihn zu einer Erholungsstätte für ihre Mitglieder um.

*Beispiel 2: Die Falkenschlacht bei Türnitz.* Nachdem der »Niederösterreichische Gebirgsverein« die Türnitzer Alpen zu seinem Arbeitsgebiet gewählt hatte, ließ er eine (1903 eröffnete) Steiganlage durch die Falkenschlucht bauen. Der Weg mußte teilweise aus dem Fels gesprengt oder auf Stege gelegt werden, und außerdem waren noch sieben Brückenbauten notwendig – alles in allem: ein technisch nicht einfaches und auch nicht billiges Unternehmen. Aber man glaubte, »ein für Niederösterreich einzigartiges Landschafts-Juwel« erschlossen zu haben, das sogar noch das berühmte Höllental zwischen Rax und Schneeberg übertreffe, und in einer Beschreibung von Josef Rabl steht sogar schwarz auf weiß: »Ein

Stück Dolomitenlandschaft scheint hier in's waldige Traisengebirge hereingezaubert worden zu sein!«

Aber auch bei der Falkenschlucht bissen die Leute nicht an. Sie fanden den Anmarsch vom Bahnhof Türnitz bis zur Klamm – 10 Kilometer! – zu lang und die Klamm selbst viel zu kurz. Dabei ist das besondere Schaustück der Falkenschlucht gar nicht die enge Klamm mit dem Steg über dem Bach, sondern der weite runde Felskessel gleich an ihrem Beginn, der so aussieht, als wäre hier ein Stück vom Berg in die Tiefe gesackt. So urtümlich ist der Kessel, daß man meint, jetzt und jetzt müsse aus einem der vielen Felslöcher ein feuerspeiender Drache herauskommen...

Daß die Falkenschlucht keine touristische Sensation geworden ist, frustrierte die Funktionäre vom Gebirgsverein lange Zeit. Immer wieder veranstalteten sie Sonntagsführungstouren in die Falkenschlucht, solange, bis diese schließlich fast immer wegen zu geringer Anmeldung abgesagt werden mußten. Resignierend sagte man damals, daß die große Zeit der Falkenschlucht erst kommen würde, wenn das Naturgefühl der Menschen reifer geworden ist. Bis heute hat man vergeblich auf diese Zeit gewartet...

*Beispiel 3: Der Gaisstein (974 m) bei Furth.* Er wurde Ende des vergangenen Jahrhunderts »entdeckt«, und begeistert schrieb über ihn Rudolf Kusdas in der Zeitschrift »Der Gebirgsfreund«: »Würdige nur einmal auch Du den Gaisstein einer Besteigung, lieber Bergfreund, dann werden Dir die Augen aufgehen oben auf dem schneidigen Grate vor der ungeahnten Herrlichkeit, Romantik und Größe seiner Felswände! Vom einfachen Kammbummler bis zum curagirten Gratkletterer und Thurmfalken, vom gewöhnlichen Felsengeher durch alle Bergsteigergrade zum Kaminfex und Wandspecht hinauf findet hier Jeder ein seiner Eigenart und Technik vollkommen entsprechendes Terrain, ausreichende Arbeit und Anstrengung, reizende Abwechslung und viel freudigen Genuß.«

Es gab dann einen wahren »Gaisstein-Run«, und schon überlegte man auch, ob man nicht auf diesem »Matterhorn des Waldgebirges« eine Schutzhütte bauen sollte.

Aber so schnell die Begeisterung gekommen war, so schnell schwand sie wieder. War dem »Touristenpublikum« bei der Falkenschlucht nach der langen Bahnfahrt der Zustieg zu lang, so war er ihm beim Gaisstein nach der langen Bahnfahrt (von Weißenbach aus) viel zu kurz!

Und seit der Zeit, in der Berge auch »eine richtige Gehzeit« bieten mußten, blieb der Gaisstein so, wie er schon immer war. Keine Markierung führt auf ihn hinauf, es gibt nur eine dürftige Wegspur...

Wo liegt die Grenze zwischen Alpen und Voralpen?

Das war einmal eine vieldiskutierte Frage. Um die Mitte des 19. Jahrhunderts mußte ein Berg mindestens ein Dreitausender sein, um das Interesse der Bergsteiger zu erregen – damals stufte man auch einen Hochschwab oder die Gesäuseberge nur als unbedeutende Voralpenmugel ein. Geographen waren bürokratischer und teilten das schöne Bergland in Voralpen, Mittelalpen und Hochalpen und setzten die Höhengrenzen sehr willkürlich fest. Botaniker werteten »das gesellschaftliche Auftreten von Voralpengewächsen« – also liegt die Höhengrenze der Voralpen bei 1600 Metern. Das letzte Wort sagten doch wieder die Bergsteiger: Berge bis zu 2000 Meter Seehöhe sind Voralpen, jeder höhere ist ein Alpenberg.

Wer also vom Preinergscheid über den Schlangenweg auf die Heukuppe (2009 m) der Rax spaziert, hat einen richtigen Alpenberg bezwungen.

Wer jedoch über den Rauhen Kamm auf den nur 1893 m hohen Ötscher steigt, der hat zwar eine zünftige Bergtour gemacht, aber »nur« einen Voralpenberg erklommen.

Das Bergerlebnis – und auf das kommt es an! – ist aber weder von Höhenmetern noch Schwierigkeitsgraden abhängig. Das hatte auch schon Hugo Gerbers, einer der Erschließer des niederösterreichischen Voralpenlandes erkannt, als er 1895 in der Zeitschrift »Der Gebirgsfreund« schrieb: »Der wahre Naturfreund weiß neben dem Gewaltigen auch das Sinnige zu schätzen und sucht seinen Geist durch vernünftigen Wechsel für jede Art Schönheit empfänglich zu erhalten – bewahrt er sich doch gerade hierdurch auch für die hehre Alpenwelt eine gewisse ursprüngliche, fast möchten wir sagen: naive Genußfreudigkeit und schützt sich vor jener aus dem Überreiz entspringenden Blasirtheit, welcher auch die Alpen nicht mehr hoch genug und die Dolomitenwände nicht mehr steil genug sind.«

# RUND UM DIE HOHE WAND

Nur sachte steigt vom Steinfeld die Heide an, auf der bereits Alpen-
pflanzen kunterbunt neben pannonischen Steppengewächsen gedeihen.
Noch lange bleibt der Blick zum Leithagebirge und zur Ungarischen
Pforte frei, bis endlich helle Föhrenwälder die Wege aufnehmen. Einsame
Wege! Diese Vorberge der Voralpen stehen im Schatten von spektakulä-
reren Ausflugszielen. Und so wissen auch nur wenige von dem faszinierenden »Bildhauer-Park« bei Lindabrunn…

1967 hatte der Bildhauer Mathias Hietz im Steinbruch von Lindabrunn
ein Bildhauer-Symposion organisiert (so wie es Karl Prantl schon 1959 in
St. Margareten initiiert hatte). Grundidee: Der Künstler soll aus dem Ate-
lier wieder in den Steinbruch gehen, um dort, frei von jeder Bindung an
einen Auftrag, nur durch direkte Konzeption am Material zu arbeiten.

Bildhauerei

   die natur bestohlen
bebohrt
behämmert
bemeißelt
beschliffen
besehen

gesehen
gestreichelt
klassifiziert
eingereiht

   aufgestellt

zum ärgernis
der wasistdasmenschen
                 Gotthard Fellerer

1967 waren es neun österreichische Steinbildhauer, die sich in Lindabrunn versammelten. Ein Jahr später waren auch schon ein Bulgare, ein
Deutscher, ein Italiener und ein Japaner Gast in Lindabrunn. Und heute
ist es bereits ein Treffpunkt für Bildhauer aus aller Welt. In Gemein-
schaftsarbeit wurde auch ein Kommunikationszentrum geschaffen, eine
Arena mit Steinsitzen, in der diskutiert und musiziert wird und Dichter
ihre Werke vorlesen.

Und rundum stehen die Werke der Bildhauer in der Landschaft und
passen so gut in das Gras und zwischen das Gesträuch, daß man meinen
möchte, sie seien aus dem Boden gewachsen. An stillen Wochentagen
äsen Rehe neben den Steingebilden, an schönen Sonntagnachmittagen
klettern Kinder darauf herum (was durchaus nicht verboten ist, weil viele
der Skulpturen als »begehbar« konzipiert sind!). Und es gibt sogar schon
Erwachsene, die vor den Werken nicht mehr fragen »Was ist das?« Es
stimmt also nicht mehr ganz, was Gotthard Fellerer in seinem 1974 in
Lindabrunn entstandenen Gedicht gesagt hat.

☐

»Daß GOTT der Allmächtige auß rechtmässigen Zorn die Menschen
mit der abscheulichen Seuch der Pestillentz billich straffe, ist unwider-
sprechlich« beginnt Johann Carl Habersack seine 1681 in Wien erschienene »Relation« über die Pest. Und der Wiener Pestdoktor Paul de Sorbait
nennt auch die Ursachen, warum Gott mit Pest die Menschheit straft,
nämlich »die Laster als der Luxus, Geilheit, Neid und Haß, eignes Interesse, Untertruckung der armen Wittiben und Waisen...«

Obwohl über die Ursache der Pest damals auch noch die Ärzte die skurrilsten Vorstellungen hatten, taten sie aus Instinkt dennoch das Richtige
(wie das Verbrennen der Kleider von Pestkranken, Reinigen und neu
Weißen von Krankenzimmern), um das Ausweiten der Krankheit einzu-
dämmen.

Über die Zahl der Pestopfer gibt es sagenhafte Zahlen, z. B. 140.000 Tote
allein für Wien bei der Epidemie 1678-1681. In seiner 1973 verfaßten Dissertation »Die Pest in Niederösterreich« hat Ferdinand Olbort nach Stu-
dium der noch vorhandenen Sterbematrikeln diese Zahlen revidiert: Für
die Epidemie 1678-1681 etwa 40.000-50.000 Tote in Niederösterreich und
etwa 12.000 Tote in Wien.

Auch diese Zahlen sind immer noch gewaltig im Verhältnis zur damaligen Bevölkerungsdichte. Und so ist es auch kein Wunder, daß viele Denkmäler an diese schreckliche Zeit erinnern... Pestsäulen, Pestkreuze und
-kapellen...

Im Garten der Volksschule von Wöllersdorf ist ein Pestdenkmal zu besichtigen, das für Niederösterreich eine Rarität darstellt, nämlich ein sogenannter Peststein von einem Pestgrab aus dem Jahre 1653. Ein etwas makabrer »Zeuge der Vergangenheit« für einen Schulgarten!

Ein zweiter Peststein ist bei Wöllersdorf sogar noch über einem Pestgrab aus dieser Zeit zu sehen – aber gar nicht so leicht zu finden. Er befindet sich auf dem Nordhang gegenüber der Bahnstation Wöllersdorf. Etwa hundert Meter oberhalb der auffallenden Hochspannungsleitung zweigt von dem zum Wald hinaufführenden Weg (bei einem Grenzstein nach dem Waldrand) nach rechts ein etwas undeutlicher Pfad durch eine S-förmige Schlucht ab. Verfolgt man diesen, dann erreicht man nach ca. 60/70 Meter den Peststein.

Wie der Stein im Schulgarten ist er eine Steinstele von etwa 80/90 cm Höhe mit Kreuzrelief, Totenkopf und Inschrift. Deutlich ist noch die Steinfassung des Grabes zu erkennen. Hier wurde also ein geliebter Mensch nur darum so hoch oben im Walde bestattet, damit er nach seinem Sterben keinen im Tale mit seiner Todesseuche anstecken konnte. Die Inschrift:

| | |
|------|------------------|
| IHS | MRA |
| H.S. | F.K. |
| DEM | GOTT |
| GENE | DICK (= gnädig) |
| SEIN | WOLE |
| 16 | 5 3 |

□

Fast alle Reisenden, die im 19. Jahrhundert das Piestingtal besuchten, holten sich ihr Gruselerlebnis in der »Höllturmhöhle« bei Wöllersdorf.

In seiner 1833 erschienenen »Darstellung des Erzherzogthums Oesterreich unter der Ens« berichtet der Topograph Franz Schweickhardt Ritter von Sickingen: »Nebst dem Steinbruche hier steht auf einem Hügel eine alte Warte, allgemein der Höllthurm genannt, welche den Eingang zu einer wenig bekannten, merkwürdigen Höhle enthält. Wir haben die unterirdische schauerliche Reise dahin angetreten, nachdem wir im Dorfe einen verläßlichen Führer erhalten hatten, und mit Fackeln und Kienspänen versehen waren. Der alte Thurm mit seiner ausgebrochenen Thüre ist rund gebaut und mag ungefähr zwei Stockwerke hoch seyn. Nachdem wir aus Fürsorge eine Laterne mitgenommen, und solche sammt den Spä-

nen angezündet hatten, stiegen wir in eine, unten im Thurme den Eingang bildende, enge Kluft. Alsbald waren die Fledermäuse aufge-
schreckt, und wir mußten uns vor diesen garstigen Gästen sogleich zu
schützen suchen. Ein sonderbares Gefühl überfällt den neugierigen Wanderer, indem er in die ihm unbekannten unterirdischen Gänge tritt. Häufig stießen wir auf bis an die Knie reichende Haufen verfaulten Getreides,
welches, nach Einiger Meinung, beim Türkenkriege im Jahre 1683 hierher
in Sicherheit gebracht wurde. Bemerkenswerth ist vorzüglich eine große
Halle, in der ein eckiger Stein den Namen Predigtstuhl führt, weshalb
man muthmaßet, daß zu Zeiten des Lutherthums hier Zusammenkünfte
gehalten worden sind; viele Nebenkammern bestehen noch, die bisher
gar nicht untersucht worden sind, wozu uns auch die Zeit mangelt mehr
darin zu forschen, besonders da wir den aus obiger großer Halle sich enger und tief senkenden Gang, welcher von Menschenhänden gebildet
wurde, weithin verfolgten. Man kann in solchen, wenn wir noch weiter
vorgedrungen wären, das Rauschen des Wassers hören; allein von allem
entblößt, was zur Wehre oder sonst nöthig wird, haben wir es nicht gewagt, weiter fort zu gehen. Es heißt, daß dieser Gang sogar Verbindung
mit Gängen unter der entlegenen Veste Starhemberg haben soll, allein es
war nicht nur zu düster, sondern sogar abschreckend ungewissen Schrit-
tes, zu tief in dieses unterirdische Labyrinth sich zu wagen, besonders da
unser Führer, mehr vertraut als Fremdlinge, nicht weiter vorwärts zu gehen sich getraute.«

Die wahrscheinlich im 15. Jahrhundert entstandene Anlage war in ihrer
Art ein Unikum: Eine unterirdische Fluchtburg, deren Eingang von einem
Turm geschützt war. So hat sie unser Topograph noch gesehen und erlebt. Jedoch ab der Mitte des 19. Jahrhunderts wurde der neben dem
Turm befindliche Steinbruch erweitert und dabei auch die Seitenwand
der Höhle aufgerissen. Die »unterirdische schauerliche Reise« hatte damit auch ihren Gruseleffekt verloren.

☐

Im Mittelalter hatte die Steiermark ihre Nordgrenze an der Piesting; die
im 12. Jahrhundert erbaute Burg am »starchem (starken) Berg« war eine
Grenzfestung und Schutzburg bei Feindeinfällen aus dem Osten. Ihre
große Stunde schlug im Jahre 1683…

Zu dieser Zeit hatten ihre Besitzer schon lange die kalte Steinburg mit
einem behaglicheren Stadthaus in Wien vertauscht, und Burg Starhemberg war etwas baufällig. In einer 1663 verfaßten Beschreibung der mögli-
chen Zufluchtsstätten im Viertel unter dem Wienerwald heißt es, daß in

die Burg als Garnison 30 Mann »hineingelegt werden könnten«, an Waffen waren neben einem Mörser nur zwölf Musketen vorhanden.

Und da brachen die Türken überraschend und wie ein Wirbelwind in Österreich ein. Alle Alarmsysteme hatten nach dem österreichischen Motto »Es wird schon nix g'schehn!« versagt. Acht Tage vorher hatten sich noch die Untertanen der Herrschaft Starhemberg heftig widersetzt, im Robot Ausbesserungsarbeiten an den Wehrbauten der Burg zu leisten. Nun strömten Einheimische und auch Flüchtlinge aus dem Steinfeld schutzsuchend hinauf zu ihr.

Elftausend Personen sollen – nach der heimatkundlichen Literatur – innerhalb der Mauern Zuflucht gefunden haben. Diese Zahl ist übertrieben, aber es war doch so, daß nicht alle Flüchtlinge in den Räumen der Burg Unterkunft fanden und bei jedem Wetter im Freien campieren mußten. Natürlich gab es Versorgungsschwierigkeiten, vor allem hinsichtlich des Trinkwassers, weil die Zisternen der Burg für diese Menschenmenge nicht ausreichten. Wasser zum Waschen gab es natürlich auch nicht, und die Notdurft wurde in irgendeinem Winkel verrichtet. Nach den Sterbematrikeln der Pfarre Dreistätten starben 1683 in der Burg 83 Menschen.

Zum Glück für die Gefangenen in Burg Starhemberg war das türkische Heer mit all seinen Geschützen auf die Eroberung von Wien konzentriert. Um Starhemberg schwirrten nur mit Krummsäbel, Pfeil und Bogen bewaffnete Tartaren herum, die wohl jedes Bauernhaus niederbrannten und jeden Menschen niedermetzelten oder gefangen nahmen – einen Angriff auf die feste Burg jedoch nicht wagten.

Trotzdem war es für die Flüchtlinge ein schrecklicher Sommer, den sie nie mehr vergessen konnten… das Zusammengepferchtsein auf kleinstem Raum, die Ungewißheit über den Ausgang des Krieges, die Sorge um vermißte Angehörige, das Gefühl heimatlos zu sein. Lange Zeit danach trafen sich die damaligen Flüchtlinge noch alljährlich am Annatag (der Patronin der Burgkapelle von Starhemberg) zu einem Dankgottesdienst in dem nun immer mehr verfallenden Gemäuer. Aber allmählich starben jene, »die noch dabei gewesen waren«, und der Erinnerungstag wurde schließlich zu einer Gaudi mit Wirtshausbuden, Kegelbahnen und Feuerschluckern. 1787 wurde die Burgkapelle von Starhemberg aufgehoben, und damit hatten auch die alljährlichen Feiertage ein Ende.

Als um 1800 der Wiener Botanikprofessor J.A. Schultes auf einer Fußwanderung zum Schneeberg auch Starhemberg besuchte, war die Burg schon arg verfallen. »… Ein weiter Hof empfing uns. Vier kahle Wände, aus welchen mehr als hundert nackte todte Fenster auf uns herab starrten, stiegen über Ruinen von Thürmen und Gewölbern empor.«

Ein blinder Greis bewohnte noch eines der halbeingestürzten Gewölbe, und das schon seit seiner Erblindung vor fünfzig Jahren. Sein Großvater war einer der Flüchtlinge von 1683 gewesen.

Natürlich ist diese Begegnung mit der Vergangenheit und Vergänglichkeit für Schultes zu einem mit Herz und Gemüt voll genossenem Romantiker-Erlebnis geworden. »… Wir stiegen ins Burgverließ, wo noch die Ketten hangen; wir sahen von den Ringmauern und den Warten hinab in das schwarze Thal und auf die Berge, die schon in der Gewitternacht vor uns standen. Die Thurmfalken kehrten heim in ihre Mauern. ›Die Windwachel kommen‹, sagte der Blinde, der sie krächzen hörte, ›sind böse Thiere, fressen lauter giftige Schlangen. Ist's denn schon Abend, das die Windwachel kommen? Oder kommt ein Gewitter?‹ Beydes, lieber Alter! sagten wir, und nahmen von ihm herzlichen Abschied. Der Sturm fing an in den Mauern zu heulen und das düstere Widerhallen unserer Stimmen und Fußtritte zu verwehen.«

☐

Der »Töpferboden« auf dem Malleitenberg bei Bad Fischau ist bereits auf einer Militärkarte aus der Mitte des 19. Jahrhunderts mit diesem Namen bezeichnet. Die Bauern, die schon seit eh und je auf dieser Hochfläche Getreide anbauten, stießen beim Ackern (sehr zu ihrem Grimm!) auf soviele Topfscherben, daß sie vermuteten, hier müsse einmal eine Töpferei gewesen sein.

Vor Jahrtausenden hatte es dort tatsächlich eine gegeben.

Als um 1890 der Militärlehrer Ignaz Hofmann bei seinen botanischen Streifzügen auch auf die Malleiten kam, war er dort bald weniger an den Pflänzlein interessiert, sondern viel mehr von der Fülle der herumliegenden Gefäßscherben fasziniert. 1893 begann er mit Josef Szombathy vom Naturhistorischen Museum in Wien systematisch auf der Hochfläche zu graben, und bald hatten die Ausgräber die Gewißheit, auf dem Boden einer großen urgeschichtlichen Höhensiedlung zu stehen. Der »Töpferboden«! Fast immer steckt in alten Flurbezeichnungen ein Stück Wirklichkeit.

Im Feichten (= Fichten)boden entdeckte man dann auch die Gräber der Herren dieser Siedlung… Hügelgräber mit einem Durchmesser bis zu 50 Metern! Beim Freilegen des sogenannten »Tumulus regis« begnügte man sich mit der Abtragung von nur zwei Fünftel des Hügels, trotzdem waren 17 Arbeitstage mit durchschnittlich 35 Arbeitern allein für den Abtransport der Steine über der Brandschicht nötig. Das zeigt wohl am eindrucksvollsten, welche Arbeitsleistung die Errichtung dieses Riesentumulus

(Gewinnung und Transport des Steinmaterials und der Lehmmassen) erfordert hat. Man nimmt an, daß bei ihm – freiwillig oder nicht – alle Bewohner der Malleiten mitgearbeitet haben wie die alten Ägypter an den Pyramiden.

Zum besonderen Landschaftserlebnis wird für jeden Besucher der Malleiten der »Steinerne Stadl«: Eine imposante Naturbrücke in einem wildromantischen Felswinkel, der so zeitentrückt wirkt, daß man dort nur noch auf einen Auftritt von Siegfried und dem Drachen wartet. Hier hatten schon Jungsteinzeitmenschen gehaust, wie die Funde ergaben. Drachen gab es zwar keine mehr zu erlegen, aber immerhin noch den allen Kreuzworträtsellösern wohlbekannten Ur.

Die Malleiten, einer der größten und interessantesten urgeschichtlichen Fundplätze Österreichs, hat wohl wesentliche Aufschlüsse über das Leben des Menschen in der Urzeit gebracht, aber auch viele Fragen aufgeworfen, für die es keine sichere Antwort gibt.

So wurden damals dort in einer Tonwarenfabrik auch halbmondförmige Tongebilde hergestellt und nach allen Windrichtungen verkauft. Was allerdings diese sogenannten »Mondidole« einst bedeutet haben, weiß man noch immer nicht genau.

Waren es Fruchtbarkeitssymbole oder Symbole für Haus- oder Herdgottheiten?

Sicher ist nur, daß mit ihnen die Töpfer vom »Töpferboden« recht wohlhabende Leute geworden sind.

□

»Neue Welt« wird das ebene Land zwischen Hoher Wand und den Fischauer Bergen genannt. Es soll nämlich – so erzählt man – noch gar nicht so lange her sein, daß dort einmal ein großer See gewesen ist. Und in den Felsen der Hohen Wand will man sogar noch einige der massiven Eisenringe gesehen haben, an denen die Fischer einst ihre Boote befestigt hatten... (Von den Erschließern der Hohen Wand hat keiner einen solchen Eisenring gesehen. Was aber nicht ausschließt, daß es sie nicht wirklich gegeben hat; vielleicht zum Befestigen von Seilen für den Aufstieg zu Höhlen und Verstecken bei Feindgefahr?)

Die vielen versteinerten Kugelschnecken und Muscheln aus der Kreidezeit, die im sogenannten »Schneckengartl« oberhalb von Dreistetten so frei herumlagen wie die ausgeackerten Erdäpfel in einem Feld zur Erntezeit, haben zur Namensbildung »Neue Welt« geführt. Jedoch: Diese Kreidezeit begann vor etwa 135 Millionen Jahren und dauerte so an die 70 Millionen Jahre (damals bestand unsere Welt hauptsächlich aus Meer). Die

Zeit, in der das Mineralien- und Fossiliensammeln zur großen Mode
wurde, begann ungefähr um 1960, und heute muß man im Schneckengartl schon ein bisserl den Boden aufkratzen, um noch Versteinerungen
zu finden, obwohl noch genügend da sind.

Vor einigen Jahren wollte ein Sammler sein Plastiksackl mit versteinerten Schnecken aus dem Schneckengartl in einem Gasthaus von Dreistetten deponieren, bevor er auf die Wand stieg. Am nächsten Tag, versprach
er, würde er es wieder abholen.

»Sie können's schon da lassen, die Schnecken!« sagte Frau Wirtin.
Fragte aber dann auch etwas besorgt: »Aber sagen's, kräuln die Viecher in
der Nacht nicht wieder aussi aus dem Sackl?«

☐

Im »Heimatmuseum des Scherrerwirtes«, einer Kuriosität in Dreistetten, sind viele Schnecken aus dem »Schneckengartl« zu besichtigen.

Schon vor der Jahrhundertwende begann der Wirt Leopold Scherrer
(1865-1921) so ziemlich alles zu sammeln, was es in seiner Gegend gab,
was aber damals den Leuten als wertlos erschien: Versteinerungen und
alte Flugblätter, Waffen und Kochtöpfe, antike Funde und ganz banale
Dinge wie etwa einen Jux-Kackehaufen von irgendeinem Kirtagsstandel.
Alle diese Objekte stellte er kunterbunt durch- und nebeneinander in seinem Gasthaus zur Schau. Der »lustige Scherrerwirt« – wie er selbst sich
nannte – war ein Original. Mit seinen selbstgebauten Musikinstrumenten
hatte er sein »Einmannorchesterkonzert« sogar vor kaiserlichen Hoheiten
aufgeführt. Und er hatte auch schon zu seiner Zeit ein G'spür dafür gehabt, was die Leute späterer Zeiten (das Wort Nostalgie war damals noch
nicht in Mode) vielleicht einmal interessieren könnte. Sein Museum wirkt
daher (so wie das Valentin-Museum in München) wie eine Parodie auf
alle »wissenschaftlichen Sammlungen«.

Eines Tages um 1958 erschienen der Bezirkshauptmann und einige
Herren der niederösterreichischen Landesregierung beim heutigen
Scherrerwirt. Man wollte das ganze Sammlungsgut durchsehen und prü-
fen, ob man nicht aus den wertvollen und interessanten Objekten eine
wissenschaftlich einwandfreie Sammlung gestalten könnte…

… eine Sammlung, die dann so gewesen wäre, wie viele andere auch,
und nicht mehr das liebenswerte und originelle »Scherrerwirt-Museum«.

Aber zu unserem Glück ist der »österreichische Amtsschimmel«
schwerfällig und träge … das »Scherrerwirt-Museum« ist daher gottlob
noch immer so wie es war.

Die Hohe Wand ist der jüngste »Wiener Hausberg«...

Während Schneeberg und Rax schon seit Beginn des 19. Jahrhunderts recht oft aufgesucht wurden und den Wienern »hehre Empfindungen« wie auch recht gruselige Hochgebirgserlebnisse bescherten, hatte die Hohe Wand zu dieser Zeit noch nicht einmal einen richtigen Namen. Die einen nannten sie noch »Heussensteinerwand« (nach den Grafen von Heussenstein, die im 16. Jahrhundert die Herrschaft Starhemberg übernommen hatten und damit auch Besitzer der Hohen Wand geworden sind), für andere war sie einfach nur »die Wand«. Die Bewohner der Dörfer am Wandfuß sahen in ihr eine »Hohe Wand« (was verständlich ist), die Leute im Steinfeld, die sie in ihrer ganzen Ausdehnung überschauen konnten, sprachen jedoch von einer »Langen Wand« (was eigentlich richtiger ist).

Der Begriff »Tourist« war im Gebiet der Wand lange unbekannt, für die Leute dort war jeder, der auf ihren Berg stieg, einfach »Ein Wiener«. Ein solcher fand auf dem wasserlosen Plateau keine Wegtafel, keine Markierung, keine Unterkunft. Zwölf Quadratkilometer groß ist die Hochfläche der Hohen Wand, ihr Umfang beträgt siebzehn Kilometer. Warum gerade dieser gewiß nicht kleine Berg so lange links liegen gelassen wurde?

Weil – wie alles auf dieser Welt – auch das Wandern und Bergsteigen dem Zeitgeist unterworfen ist. Seinerzeit sah man nur in einem Gipfel das Ziel. Und einen markanten Gipfel hat unsere Hohe Wand nicht, nur – im Plackles, 1132 m – eine herzlich wenig ausgeprägte »höchste Erhebung«.

☐

Der bergsteigerische Erschließer der Hohen Wand war der Pfarrer von Grünbach und spätere Domprälat zu Wien Dr. Alois Wildenauer (1877-1967). Dieser Berg war seine große Liebe, und an ihm hatte er auch unzählige Erstbegehungen ausgeführt. 1919 erschien der von ihm verfaßte »Kletterführer für die Hohe Wand und ihre nächste Umgebung«; dieses Büchlein ist unter den alpinen Führerwerken ein Unikum, weil der Verfasser auch bei Beschreibung der zünftigsten Kletterpfade den milden Kanzelpredigerton beibehielt...

So bieten bei Wildenauer auf dem »Wenigersteig« einige Bäume, »die – uns genußgewohnten Menschen zur Beschämung – auf dem jeder Humusschichte entblößten Fels ihr äußerst anspruchsloses Dasein fristen« dem Kletterer ihre Hilfe an. Am »Wildrosenpfad« hingegen hilft ein »Bäumchen, das sich zwischen den eng zusammentretenden Felsen den Weg zur Sonne und damit zum Leben und zur Freude gebahnt hat.«

Wildenauer findet aber auch heroische Töne, zum Beispiel, wenn er

den Ausstieg des »Turnerbergsteigerkamins« beschreibt: »Stolz blicken
wir hinab in den besiegten schwarzen Schlund, vor dem so manches
Menschenkindlein, hierher an den Rand gestellt, in Angst und Beben sich
bekreuzen würde, und steigen mit freudegeschwellter Brust die Schrofen
empor, die uns zur gelben Wandmarkierung geleiten.« – »Amen«,
möchte man dazu noch sagen.

Vergleicht man Wildenauers Texte mit den nüchternen Führertexten
unserer Zeit, dann erkennen wir auch, wie sehr früher der Mensch im
Mittelpunkt gesehen wurde; man war persönlichkeitsbewußter. So fängt
Wildenauers Text über den »Tirolersteig« (heute einer der beliebtesten
Hohe Wand-Kletterwege) an: »Welcher Wandbesucher hätte nicht den
guten alten Tiroler gekannt, dem das Alter wohl Sehkraft und Gehör, aber
nicht seinen guten Humor geraubt hatte. Noch sehe ich den Neunzigjäh-
rigen am Herdfeuer sitzen und höre ihn vergnügt in sich hineinbrum-
men, da ihm so gut sein Pfeifchen schmeckt. Nur in seiner letzten Lebens-
woche, als der ›Blasbalg‹ bereits streikte, war er auf seine ›Unzertrennli-
che‹ böse: sie bekam, wie er meinte, Kaprizen und wollte nicht mehr ziehen. Und da er ohne sie nicht leben konnte, legte er sich nieder zum großen Schlaf, um recht lange von den schönen Tiroler Bergen, von denen er
soviel erzählen konnte, zu träumen. Nun führt noch die ›Tirolerin‹ das
Haus und mancher müde Kletterer kehrt bei ihr ein, um sich an der herrlichen Milch, die man dort erhält, zu laben. Gerne läßt sie sich dann von
den schwierigen Steigen, die man bezwungen, erzählen und bewundert
die großen ›Talente‹ der Kletterer. Dann aber weiß auch sie zu erzählen,
daß in Tirol noch viel höhere und schönere Berge seien. Und leicht geht
dann der Redefluß von den Tiroler Bergen auf den Tiroler selbst über. –
Ich aber gedachte, dem Verewigten ein Denkmal zu setzen in einem
Steige, der auch der Tiroler Berge nicht ganz unwürdig wäre.«

Als Kletterer war der Pfarrer von Grünbach zu seiner Zeit Spitzen-
klasse. Im Alleingang bezwang er zum Beispiel den »Austriasteig« im
Auf- und Abstieg in nur zehn Minuten. Das erscheint fast unglaublich
beim Vergleich mit vielen modern ausgerüsteten Seilschaften, die meist
mehr als eine Stunde nur für den Aufstieg dieses noch immer als »sehr
schwierig« (IV. Grad) bewerteten Weges brauchen.

Wildenauer hatte aber auch im ganzen Alpenraum zünftige Bergtouren
unternommen, und manchmal kommt da ein Bergsteiger halt in himmel-
herrgottnocheinmalkreuzkruzifixverdammte Situationen. Aber der Pfarrer darf ja nicht fluchen – auch wenn er manchmal ein erlösendes Kraft-
wort bitter notwendig bräuchte. So hatte sich also Wildenauer eine kleine
Sammlung von »unschuldigen« Kraftworten zurechtgelegt, die er ver-

wendete, wenn ein Überhang nicht sofort zu derpacken war... »Ei Potz-
blitz!« oder »Donnerwetter!« schimpfte dann der Herr Pfarrer.

□

Der »Wildenauersteig« erinnert an den Hohe Wand-Pfarrer. Ihn hatte
schon lange der hoch oben in der Hochfallwand klaffende Höhlenschlot
interessiert. Und weil der Aufstieg über die Steilwand darunter unmöglich erschien, kletterte er im März des Jahres 1915 von oben kommend den
Schlund hinunter. Erst als ihm das Weiterklettern allzu gewagt wurde,
schlug er einen Mauerhaken und begann am Seil seine »Luftreise« in die
Tiefe.

Als der Höhlenforscher und Archäologe Hauptmann Franz Mühlhofer
aus der Kriegsgefangenschaft in Sibirien heimgekehrt war und Wildenauer ihm diesen Höhlenschlot zeigte, war er davon so begeistert, daß er
erklärte, diesen durch Versicherungen von unten zugänglich zu machen.

Wildenauer erzählte: »Kaum waren die Ferien angebrochen, war auch
Mühlhofer mit einem Stabe freiwilliger Mitarbeiter zur Stelle. Damals
hieß es für mich, auf größere Bergfahrten verzichten und fleißig mitarbei-
ten. Jeden Tag schleppte ich nach der Messe schwere Lasten zur Wand
hinauf: Lebensmittel, da ja in der Eicherthütte für uns seperat gekocht
wurde, Strickleitern, Zement u.dgl.m. – Die Mittagspause ausgenom-
men, haben wir täglich bis gegen Abend, auf den hin- und herschwan-
kenden Strickleitern schwebend, mit vorbildlichem Fleiße gearbeitet. Ein
Loch um das andere wurde gebohrt, und zwar nicht bloß 10, sondern, wie
Mühlhofer strenge darauf sah, auch im glattesten und widerhaarigsten
Gestein 15 cm tief. Daß trotz der Mühe fröhlichste Stimmung unter uns
herrschte, brauche ich wohl nicht zu versichern. Dafür sorgte, wenn nicht
andere es taten, schon Hauptmann Mühlhofer. Ein höherer Funktionär
des Wiener Neustädter Magistrates, der in den unteren Partien des Stei-
ges arbeitete, war schwächeren Körperbaues, und seine Schläge auf den
Meißel klangen nicht sehr kräftig. Der sich gewöhnlich oben aufhaltende
Mühlhofer, der an Größe und Umfang gegen den Genannten ein Riese
war, machte uns oft auf das ›Gnomengeräusch‹ aufmerksam, das aus der
Tiefe zu uns empordrang. Aber niemals haben solche Scherze verletzt.
Mühlhofer besaß auch in hohem Grade die Gabe der Suggestion, und davon machte er ausgiebig Gebrauch. Jeder vorübergehende Tourist mußte
zu uns herkommen und ein Loch bohren. War er dazu nicht geeignet, so
mußte er sich mit Zigaretten loskaufen. Die Touristinnen mußten in die
Eicherthütte gehen und für uns kochen oder dabei mithelfen. Und alle taten es widerspruchslos.«

Der kühne Felsensteig wurde »Wildenauersteig« genannt und hat seit seiner Eröffnung am 28. September 1919 schon unzähligen Bergsteigern ein herrliches Steilfelserlebnis vermittelt.

Heute wissen aber nur noch wenige Begeher von der Zeit, in der er entstanden ist. Es war eine schlimme Not- und Hungerzeit, in der die spärlichen Lebensmittel nur von heute auf morgen reichten, eine Zeit der Armut, und keinesfalls eine, in der man eigentlich an so etwas Unnützes wie die Erbauung eines Klettersteiges hätte denken dürfen. Aber – und das ist das Wunderbare! – gerade in Notzeiten wird im Gemüt des Menschen eine Empfindung wach, die in fetten Jahren (leider) immer mehr verkümmert… in Notzeiten wird der Mensch zum Idealisten.

Der Hohe Wand-Pfarrer hatte das seinerzeit so formuliert: »Wir alle haben damals ja überhaupt nichts gehabt, also haben wir doch etwas machen müssen!«

☐

1934 baute die »Bergsteiger- und Schiläufergilde Felixdorf« durch die Steilwand des Hirnflitzsteins einen an Kühnheit dem »Wildenauersteig« ebenbürtigen Eisenweg, den »Toni Balzarek-Steig«. Felixdorf, im Industriegebiet des Steinfelds, war zu dieser Zeit ein Notstandsgebiet. Also wieder der Idealismus!

Dieser Felsensteig führte lange ein Dornröschendasein. Denn…

… erstens hatte die Hohe Wand in der Zeit zwischen den beiden Weltkriegen noch wenige Liebhaber. Die Kletterer sagten, daß man bei Klettertouren an der Hohen Wand eine Ziege vor sich hertreiben müsse, die einem das Gras aus den Felsen wegfrißt… und

… zweitens schätzte man in dieser Zeit »Eisenwege« überhaupt nicht. Man nannte sie verächtlich »Feuerwehrleitern«, an denen emporzusteigen eine schlimme Verfallserscheinung des Bergsteigens bedeute.

Der Hohe Wand-Pfarrer hatte zu seiner Zeit solche Klettersteige noch mit einem Kinderspielzeug verglichen, »das auch Erwachsene bisweilen gerne zur Hand nehmen«.

Als dann nach dem Zweiten Weltkrieg die Bergsteiger nicht nur die Hohe Wand, sondern auch die »Eisenwege« zu lieben und zu schätzen begannen, zeigte der »Toni Balzarek-Steig« bereits Verfallserscheinungen. Die Befestigungen der langen Leiter waren verrostet, manche schon ausgebrochen, die Leiter schwankte; jetzt und jetzt glaubte man, an ihr mit ihr in die Tiefe zu stürzen.

Eines Tages lag die Leiter tatsächlich in der Tiefe. Der »Toni Balzarek-Steig« war unbegehbar geworden.

Doch im Herbst des Jahres 1983 wurde er wieder begehbar! Die Ortsgruppe der »Naturfreunde« Währing im 18. Wiener Gemeindebezirk hatte sich die Aufgabe gestellt, diesen alten Klettersteig wieder begehbar zu machen. Und wieder waren Freiwillige an der Arbeit, und dabei ist einem Mädchen ein Unfall passiert – das Bohrgerät verrutschte und bohrte sich nicht in den harten Fels, sondern in ihr zartes Bein. Die Eisenklammer an dieser Stelle ist nunmehr rot gefärbt, um an diesen Unglücksfall zu erinnern… die »Blutklammer«.

Bei der Wiedereröffnung des Klettersteiges (der jetzt »Währingersteig« heißt) sagte der Capo dieser »Naturfreunde«-Ortsgruppe, daß sich deren Mitglieder eigentlich noch nie als Gemeinschaft so glücklich gefühlt hätten wie in diesem Sommer, während sie an diesem Klettersteig gearbeitet hatten.

1983… überall wurde geklagt, daß die Kommunikation von Mensch zu Mensch in Gefahr ist, daß der Mensch vereinsamt, weil jeder in seinem Auto oder vor dem Fernsehgerät zur menschlichen Insel wird. Also kann man wohl sagen, daß auch dieser »Währingersteig« in einer Notzeit entstanden ist.

☐

Als »Römerweg« wird eine teilweise aus dem Fels gehauene Trasse neben und über der 1931/32 erbauten Hohe Wand-Straße genannt. Ist sie wirklich ein »Römerweg?«

In Gebieten, in denen die Anwesenheit der Römer nachweisbar ist (und wir sind in einem solchen), werden gerne alle alten Fahrwege als Römerwege oder Römerstraßen bezeichnet; und zumeist sind sie es auch. Weil die Römer im Gebirge und felsigen Gelände sogenannte »Geleisestraßen« anlegten, um ein Abrutschen der Wagen zu verhindern, möchte man beim Anblick der Rillen auf der alten Hohe Wand-Straße ebenfalls an solche »Geleise« denken. Diese Rillen könnten aber auch von den unzähligen Wagen gefurcht worden sein, die mit von Bremsen blockierten Rädern die Straße hinabrutschten. Andererseits: Die ganze Trasse (auch unterhalb der heutigen Hohe Wand-Straße) ist so rationell angelegt, daß jeder, der schon viele Römerstraßen und -wege in den Alpen verfolgt hat, davor doch an diese großen Ingenieure als Urheber denken muß.

Warum sollten die Römer eine Straße auf die Hohe Wand gebaut haben?

Wir wissen heute noch viel zu wenig über die Vegetation vor zweitausend Jahren. Wir wissen nur, daß damals Holz die große Energiequelle war, Holz zum Kochen, Heizen… Das Steinfeld war damals noch eine größtenteils recht öde Landschaft. Holz von den Hochwäldern der Hohen Wand herabzuholen, wäre schon ein guter Grund für die Anlage dieses Fahrweges gewesen. Schon in den dreißiger Jahren schrieb der Heimat- und Höhlenforscher Mühlhofer (der wesentliche Ausgrabungen im Hohe Wand-Gebiet leitete): »Die volkstümliche Bezeichnung ›alte Römer-straße‹ hat volle Berechtigung«. Mühlhofer meinte sogar, daß die Römer einen bereits bestehenden und schon in der Bronzezeit (ab 2000 v. Chr.) entstandenen Weg zur Straße ausgebaut hätten. Tatsächlich ist auch links von der aus den Felsen gehauenen Römerstraße ein schmäleres und stei-leres Straßenfragment zu sehen, das von diesem »Urweg« stammen könnte.

Jedenfalls ist dieses Stück Alt- oder Uraltstraße schon wert, daß man für seine Besichtigung einmal kurz die neue Hohe Wand-Straße verläßt. Eine Tafel im Bereich der großen S-Kurve weist zu ihr hin.

Übrigens: Die Bauzeit für die neue Hohe Wand-Straße betrug 11 Mo-nate bei einem durchschnittlichen Arbeiterstand von 50 Mann. Heute würden diese 50 Mann mit allen zur Verfügung stehenden Maschinen wahrscheinlich wesentlich mehr Zeit für eine solche Arbeit brauchen...

☐

*Das »Karnitschstüberl« am »Hanselsteig«* ist mehr als ein »Stüberl«! Es ist eine mächtige dreieckige Halbhöhle im Felsen der Wand, die sogar schon vom Steinfeld aus sichtbar ist. Der »Hanselsteig« führt zu ihr hinauf. Die-ser beliebteste aller Felsenpfade der Hohen Wand wurde in den Jahren 1910/11 vom Wiener Neustädter Spenglermeister Johann Hansel mit Ei-senklammern, Drahtseilen und einer großen Leiter so solide versichert, daß jeder schwindelfreie und trittsichere Bergsteiger darauf das herrliche Vergnügen genießen kann, in einer Steilwand unterwegs zu sein. Herr Hansel hatte die Steiganlage auf eigene Kosten errichtet und sie dann dem Österreichischen Touristenklub geschenkt. »Mit Herz und Hand fürs Alpenland!« war damals noch mehr als nur eine Vereinsparole.

Das »Karnitschstüberl« (nach einem Besitzer des Loderhofes am Fuß der Wand benannt) ist mit einem großen Tisch und Bänken recht gemüt-lich eingerichtet. Und unübersehbar ist in ihm der von Menschenhand aus dem Boden gehauene kreisförmige Schacht mit einer Art Sitzbank an der Seite. Er ist bis heute ein großes Rätsel.

Ein Brunnen kann es nicht gewesen sein, weil sein Boden aus kompak-tem Fels besteht und außerdem unser Stüberl staubtrocken ist.

Die Vermutung, daß das »Karnitschstüberl« in jener Zeit, in der Star-hemberg und Emmerberg noch wehrhafte Burgen waren, als Vermittlungsstation für optische Signale gedient hat und der Schacht dabei eine Funktion gehabt hätte, klingt auch nicht sehr überzeugend, weil niemand sagen kann, welcher Art diese Funktion gewesen sein könnte. Es gibt auch in und um ihn keine Feuerspuren.

Logischer klingt die Hypothese, daß der Schacht ein für Kriegszeiten geschaffenes Depot für Getreide und Saatgut war. Aber ein Versteck an so markanter Stelle?

In der 1981 erschienenen Heimatgeschichte von Enzesfeld-Lindabrunn berichtet der Verfasser Alois Schabes, daß in der Lindabrunner Schulchronik von einer 1830 freigelegten brunnenartigen Vertiefung erzählt wird, »deren Ausdehnung nach unten jedoch nicht ganz ausgelotet wurde. Hohlen Klang deutete man so, daß auf dem Boden des Schachts vielleicht Fässer mit römischem Nektar verborgen seien«.

Einen ähnlichen Schacht wie im »Karnitschstüberl« gibt es jedenfalls auch auf dem Opferstein der Alpenstadt Susa. Dieser Stein ist insofern interessant, als die Römer im 4. Jahrhundert ohne Skrupel die Fundamente eines Aquäduktes auf den Stein mit seinen durch Rillen verbundenen Opferschalen gesetzt haben; was eindeutig beweist, daß dieser Opferstein schon in vorrömischer, also prähistorischer Zeit bestand.

Kreisrunde Schächte im Boden wurden auch auf dem Kultplatz »Berglitzl« (bei Mauthausen) bei den 1973 begonnenen Ausgrabungen freigelegt. Darin befanden sich Reste von ungedroschenem Getreide sowie eine Anzahl kleinerer Gefäße aus der Frühbronzezeit. Solche Schächte mit Deponierungen werden als »Opferschächte« bezeichnet.

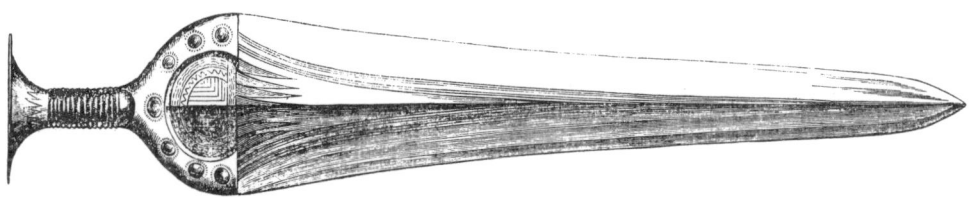

*Dolch vom »Depotfund von Stollhof«*

Um 1830 sah ein Besucher von Stollhof Kinder in einem Bauernhaus mit einem prachtvollen Bronzedolch spielen (den er natürlich sofort kaufte). 1864 brachte ein Hirtenknabe aus Stollhof über sechs Kilogramm bronzezeitliche Waffen und Schmuckstücke (darunter zwei kostbare Goldscheiben!) als »Alteisen« in die Zugmayersche Metallfabrik in Waldegg. Der Fundplatz – in einer Höhe von ca. 700 Metern »zwischen nackten, steilen Felsen, mit Geröll bedeckt, auf einer ziemlich jähen, nur mit einiger Beschwerde zu ersteigenden Abdachung« – ist heute nicht mehr lokalisierbar, befand sich aber jedenfalls in nächster Nähe des »Karnitschstüberls«.

Dieser »Depotfund von Stollhof« befindet sich jetzt in der Prähistorischen Abteilung des Naturhistorischen Museums in Wien; es wurden aber in diesem Gebiet noch weit mehr Funde gemacht, die kein Museum erreichten. Man nimmt an, daß es sich dabei um bei der Annäherung von Feinden vergrabene Schätze oder um hinterlegte Opfergaben handelte.

Beim Anblick des weithin sichtbaren »Karnitschstüberls« drängt sich unwillkürlich der Vergleich mit einer riesigen Apsis auf. Und da unsere heidnischen Vorfahren das Numinose (lt. Duden: das Göttliche als unbegreifliche, zugleich Vertrauen und Schauer erweckende Macht) vor allem in eindrucksvollen Naturdenkmälern empfunden haben, wäre es schon möglich, daß diese Halbhöhle für sie einst eine Kultstätte war. Ob dann der Schacht ebenfalls ein sogenannter Opferschacht gewesen ist, der die ersten Feldfrüchte (und auch den ersten Wein – den römischen Nektar – wie es in der alten Schulchronik von Lindabrunn heißt) für die Unterwelts- und Erdgottheiten aufnehmen sollte?

Alles Fragen ohne Antwort. So hat sogar der »Hanselsteig«, der Lieblingssteig aller Kinder und Junggebliebenen, seine Geheimnisse.

☐

Die »Frauenlucke« ist eine große dunkle Höhle in der senkrechten Felswand über dem »Völlerin«-Felsensteig. In ihr setzt ein senkrechter Schacht an – man hat ihn schon mit einem Riesenschornstein verglichen – der oberhalb der Felswand im Wald endet. Über die Wand (Eisenklammern) und durch den Schacht (freistehende, 15 m hohe Eisenleiter) führt heute der »Frauenluckensteig«, dessen Begehung für jeden Schwindelfreien und etwas Klettergewandten ein romantisches Erlebnis ist.

Den Namen hat die Höhle von den Wildfrauen, die einst in ihr gehaust haben sollen. Umweltverlärmung war schon immer ein Problem, und unsere Damen hat das Peitschenschnalzen der Hüterbuben auf der Maiersdorfer Weide nervös gemacht. So sind sie aus ihrer Höhle (noch ohne Eisenklammern – alle Achtung!) herabgestiegen zu den Buben und haben ihnen Eierflecken gebracht, damit sie mit der Schnalzerei aufhören. Die Buben waren aber schlau, haben dann noch lauter geschnalzt, um öfter mit der Leckerspeise bestochen zu werden. Das ist schließlich den Wildfrauen zu dumm geworden, und sie haben die Höhle verlassen.

Sagen, die von Hirten berichten, deren Peitschenknallen weise  weiße oder wilde Frauen und sogar die Gottesmutter mit dem Jesuskind vertrieben haben, werden an vielen Orten Mitteleuropas erzählt. Man will in

Gruß von der hohen Wand.

*Mit herzlichsten Grüßen und dem Gebirgen. Erna Trummer Pepi Trummk*

Türnitzer Hütte am Türnitzer Höger, 1373 m.
Erbaut am 1. September 1895, Oe. G.-V.

Auf Seite 49: Steilabsturz der Hohen Wand mit dem markanten Draschgrat

Hohe Wand.    Leiterlsteig.

Mirafälle.

Ansichtskarten von anno dazumal:
Links oben: Die Wilhelm-Eichert-Hütte auf der Hohen Wand (Aufnahme 1900) — Mitte: Ötscherschutzhaus (Aufnahme 1921) — Links unten: Türnitzer Hütte am Türnitzer Höger (Aufnahme 1907) — Oben: Leiterlsteig an der Hohen Wand (Aufnahme 1921) — Unten: Die Mirafälle (Aufnahme 1907)

*Faszinierende Hohe Wand. Oben: Der geheimnisvolle Schacht im Karnitschstüberl am Hanselsteig —*
*Unten: Der Einschlupf (engste Stelle) der Sonnenuhrhöhle*

diesen Sagen ein Relikt aus jenen Zeiten erkennen, in denen bei uns noch Muttergottheiten verehrt wurden; zu ihrem Kult gehörte auch ein »wüstes Lärmen«. Noch zu Beginn unseres Jahrhunderts – als alte Volksbräuche noch ausgeübt wurden – hatte das Peitschenknallen eine erhöhte Bedeutung, es war mehr als nur ein symbolisches Vertreiben des Winters; es war auch eine Beschwörung um Fruchtbarkeit.

In seinem 1919 erschienenen Hohe Wand-Führer erzählt Dr. Alois Wildenauer, daß die alte Postlwirtin in ihrer Jugendzeit Leute gekannt haben will, die sich noch an die Wildfrauen in der Frauenlucke erinnert hätten. Nun: »Schmähtandler« trifft man auch heute noch in den Wirtshäusern, aber, daß noch Ende des vergangenen Jahrhunderts ein »Schmäh« um mythologische Gestalten geführt wurde, beweist, wie lebendig die alten Sagen zu dieser Zeit noch waren.

□

Wo die Hohe Wand-Straße unterhalb der Felsabbrüche die große Rechtskurve zieht, wird sie von einer imponierenden Wand überragt. Die Wochenendausflügler, die den Parkplatz an der Kurve für eine kurze Schaupause benützen, verstehen bei deren Anblick, warum die Hohe Wand diesen Namen erhalten hat. Sie können es nur nicht glauben, daß über sie auch schon Menschen hinaufgeklettert sind.

Diese »überwältigende, senkrecht und glatt bis zur Plateauhöhe sich auftürmende und weit hinaus in das Steinfeld sichtbare Wand, wird allgemein als die ›Sonnenuhr‹ bezeichnet, da die Einheimischen aus dem Schatten, den die Sonne an ihr wirft, die Tagesstunde erkennen«, schrieb Pfarrer Wildenauer in seinem Hohe Wand-Führer.

Wildenauer war es auch, der im Jahre 1915 mit Rudolf Riedel die Erstbegehung des »Sonnenuhrstiegs« am linken Rand der Sonnenuhrwand wagte. Die Steilwand selbst fand ihre Bezwinger jedoch erst 1934 in Karl Kunetits und Hans Wallner. Aber auch diese Route führt an dem kompakten, glatten Wandteil der Sonnenuhrwand vorbei. Und dieser ist einfach nicht zu machen, ist unbegehbar, ist unmöglich – das war die Meinung der Steilfelskletterer dieser Zeit.

Doch das unmöglich Scheinende hat den Menschen schon immer gereizt. So begann im Sommer 1939 ein für die Wiener Hausberge bis heute einzigartiges Unternehmen – der Kampf um einen Direktanstieg durch die Sonnenuhrwand, oder besser gesagt: die Bearbeitung dieser Wand für eine Durchsteigung.

So wie andere Leute am Wochenende in ihren Schrebergarten ziehen, um dort die Kohlrüben zu gießen und das Unkraut auszuzupfen, stiegen

die zwei Wiener Neustädter Kletterer Franz Tschernutter und Willy Flanner an jedem Sonn- und Feiertag in »ihre Wand« ein und schlugen Mauerhaken und Holzkeile in Felsritzen. Und wo im glatten Fels keine Mauerhaken anzubringen waren, mußten recht mühsam Löcher für Haken in
den Fels gebohrt werden.

Nicht nur der Kampf um die Sonnenuhrwand hatte damals begonnen,
sondern auch der Zweite Weltkrieg. Mauerhaken und Karabiner, Kletter-
seile und Kletterschuhe waren wie vieles andere Mangelware geworden,
und die Steinbohrer waren (im Vergleich mit den heutigen) fast noch
steinzeitlich anmutende Geräte. Als Steighilfen dienten bloß zusammen-
geknüpfte Reepschnüre. Ein längeres Stehen in solchen Steigschlingen,
die tief in die dünnen Kletterpatschen einschnitten, war eine Qual. Und
jeder Sturz war damals noch ein großes Risiko, weil die Reißfestigkeit der
Hanfseile recht gering war.

An einem heißen Junisonntag des Jahres 1941 arbeiteten Tschernutter
und Flanner bereits im oberen Wandteil. Sie hatten schon ein Biwak in
den Felsen hinter sich und litten unter heftigem Durst. Mit heiseren Stimmen baten sie ihre Kameraden, ihnen von oben eine Feldflasche mit Wasser herabzulassen. Als dann die an einigen zusammengeknüpften Seilen
befestigte Wasserflasche zu ihnen herabschwebte, blieb sie – wie zum
Hohn! – infolge der Überhänge, einige Meter von ihnen entfernt, draußen
frei in der Luft baumeln und war für sie unerreichbar.

Immer wieder mußten die beiden Kletterer nach »Arbeitsschluß« mit
luftigen Abseilfahrten oder kühnen Seilquergängen den Heimweg antreten. Erst im Juli 1941 war es dann soweit, daß ihnen in zwei Tagen –
24 Stunden reiner Kletterzeit – die erste zusammenhängende Begehung
der Wand gelang. Sie nannten die Route »Weg der Zukunft«.

Erst längere Zeit nach dem Zweiten Weltkrieg wurden solche »Materialschlachten« dann auch in großen Alpenwänden geschlagen. War das
die Zukunft des Alpinismus? Die »Materialschlachten« führten in eine
Sackgasse. Die Jugend fand einen besseren Weg – das Freiklettern, das
Sportklettern.

Der »Weg der Zukunft«, dessen Erstbegehung zwei Jahre gedauert
hatte, gilt heute als kurioses Relikt einer vergangenen Epoche des Bergsteigens und ist nunmehr schon ein »Weg der Vergangenheit« geworden.
Die Holzkeile sind vermorscht und die Bohrhaken lose geworden. Wozu
ein derartiger Einsatz? »Die Eroberung des Unnützen« hatte der französische Alpinist Lionel Terray seinerzeit das Bergsteigen genannt.

Des Unnützen? Für die zwei Kletterer aus Wiener Neustadt war die Eroberung der Sonnenuhrwand *das* große Abenteuer ihrer Jugend.

Die besondere Attraktion von Pfarrer Wildenauers »Sonnenuhrsteig« aus dem Jahre 1915 ist das Durchkriechen der »Sonnenuhrhöhle«. Er schrieb darüber in seinem Hohe Wand-Führer: »Hier heißt es mit Verleugnung aller Rücksichten auf Kleidung, Stand und Würde auf dem Bauch als 6. Klettersinn in die Höhle einzukriechen. An manchen Stellen wird sie so eng, daß gewichtige Persönlichkeiten wohl kaum imstande sein dürften, sich hier durchzusetzen.« Die Höhle, die eher den Röhren eines Fuchs- oder Dachsbaues gleicht, hat eine Länge von vierzig Metern, und in ihrer Mitte befindet sich ein kreisförmiger Raum mit einer Säule im Zentrum. Abbrüche oder Nebengänge gibt es keine, und so ist es auch ein besonderer Spaß, die Höhle ohne Licht zu durchkriechen. Einzige Orientierungshilfe in der absoluten Finsternis ist dann nur der feine Luftzug, der vom Höhlenausgang her spürbar ist. Das Glücksgefühl ist unbeschreiblich, wenn man endlich (kaum zu glauben, wie lang vierzig Meter sein können!) den ersten dünnen Streifen Tageslicht schimmern sieht.

Weil der »Sonnenuhrsteig« infolge seiner steilen Rasenstellen eine recht gefährliche Kletterei erfordert, wird die »Sonnenuhrhöhle« heute von den meisten Besuchern von oben her aufgesucht.

*Wegbeschreibung:* Vom Plateaurand bei der Ortlerhütte steigt man den markierten »Völlerinsteig« ab bis zur Völlerinquelle (Tropfwasser in einer großen Halbhöhle). Von dort folgt man dem talwarts führenden schmalen Pfad bis zu einem auffallenden Rasenkamm. Jetzt heißt es rechts absteigen und über einen etwa 2m hohen Felsabbruch (Kamin) zu einer Wegspur abklettern. Der Spur Richtung Steinfeld folgen (ca. 40m) bis zu einer Felsecke, Abstieg auf einen steilen Wiesenhang, an dem sich der Höhleneingang befindet. Schwindelfreiheit und Trittsicherheit sind notwendig. Für Kinder und weniger geübte Bergsteiger wird die Mitnahme eines Seiles oder einer Reepschnur empfohlen.

Vor allem Kinder sind vom Durchschliefen der »Sonnenuhrhöhle« begeistert (während die Eltern meist feststellen, daß diese seit ihrer Jugendzeit etwas geschrumpft sein müsse und früher nicht so eng war!). Gleich nach dem Einschlupf kommt man zur engsten Stelle der Höhle; an ihrem Ende weitet sie sich zu einer Grotte in steiler Felswand (zu der von unten der »Sonnenuhrsteig« heraufkommt). Auf einer von der Natur geschaffenen Steinbank kann dort der Höhlenbezwinger etwas verschnaufen und die herrliche Aussicht genießen. Wohl sieht man oben am Plateaurand mehr »Gegend«, aber gerade der begrenzte Ausschnitt, den man von der Grotte aus hat, wirkt umso intensiver und beweist wieder einmal, wie sehr eine Einschränkung zur Erlebnissteigerung führen kann.

Der Rückweg muß wieder durch die Höhle genommen werden. Nach dem zweimaligen Durchschliefen hat sich der Höhlenlehm ziemlich gleichmäßig über die Kleidung verteilt; man muß ihn etwas abtrocknen lassen, bevor man ihn wegputzen kann...

»Mein Gott, schauen diese Kinder verwahrlost aus!« sagte ein Sonntagsausflügler zu seiner Frau, als zwei kleine Sonnenuhrhöhlenkinder nach ihrem Unternehmen wieder den Plateaurand erreichten. Hinterher kamen ihre Eltern, ebenfalls voll Höhlendreck. Jetzt war der Frau alles klar: »Wundert dich das bei solchen Eltern?«

☐

Die Kirche von Maiersdorf ist ein Unikum, das seinerzeit den Wissenschaftlern viel Kopfzerbrechen bereitet hat... »ein höchst auffälliger Bau, nicht ganz Kirche, nicht ganz Haus und doch wieder an Beides gemahnend« beschreibt sie M. A. Becker Ende der vorigen Jahrhunderts. Man erzählte auch, daß der Bau ursprünglich ein römischer Wachtturm gewesen und unter ihm noch ein keltisches Heiligtum verborgen sei.

Man begann also, diesen Bau mit seinen verschiedenen Schichten von Mauerwerk zu zerlegen – natürlich nur im Geiste. Die Fundamente aus Hausteinquadern ergaben den Grundriß eines Langhauses mit Turm. Das Gebäude hatte nur zwei schmale Fenster und keine Tür zu ebener Erde; der Einstieg war eine hoch oben im Turm befindliche Rundbogenpforte, die nur über eine jederzeit einholbare Leiter erreicht werden konnte. Man glaubte mit Sicherheit, ein »Festes Haus« (wie das Zentrum einer durch Erdwälle geschützten mittelalterlichen Wehranlage genannt wird) aus dem Beginn des 12. Jahrhunderts vor sich zu haben, das später in die Wehrkirche umgewandelt wurde, die bereits 1379 als Filiale von Mutmanndorf aufscheint. So wurde der Bau auch in allen Kunstführern beschrieben. Bis in unserer Zeit der Spezialisten der Wehrkirchen-Spezialist Karl Kafka kam, sah... und genau das Gegenteil bewies: Nicht eine Burg aus dem 12. Jahrhundert wurde im 14. Jahrhundert in eine Kirche umgewandelt, sondern eine romanische Kirche in eine Wehranlage.

Die so ganz und gar rohe Kirche auf dem Hügel über dem Dorf kann weder mit einer besonderen Geschichte noch mit besonderen Kunstwerken aufwarten. Und doch ist sie eindrucksvoll und sehenswert.

Die Leute von Maiersdorf wollen es aber nicht glauben, daß ihre Kirche »so jung« ist, und meinen, »daß dort oben schon noch was anderes gewesen sein muß.« Denn – so argumentieren sie –, warum hätten dann früher die alten Leut immer erzählt, daß es dort in gewissen Nächten geistert?

☐

Auch die feste Wehrkirche von Würflach nützte im Türkenjahr 1683 den Ansässigen nichts. Der Feind war nicht aufzuhalten, und die Belagerten flüchteten auf den Kirchenboden, dessen Aufgang eine schwere Ei-

sentür verschloß. Die Türken rissen einfach zwei Stützpfeiler nieder und
ließen die Flüchtlinge mit dem Dachboden in die Tiefe stürzen. Nach Abzug der Feinde verzichtete man auf die Bergung der Toten aus den Trümmern; man schüttete einfach zwei Meter Erde darüber. Darum ist der Fußboden der Kirche höher als der Aufgang der Chorwendeltreppe.

Oberhalb von Würflach beginnt die »Johannesbachklamm«, die 1902
durch Stege, Stiegen und Brücken gut begehbar gemacht wurde. Durch
diese Klamm führte einst ein abenteuerlicher Fußpfad hinauf nach Grünbach, auf dem man stellenweise durch das Wasser der »Wirbilaha« (wie
im Mittelalter der Johannesbach hieß) waten mußte. Einen besonderen
Besucher hatte die Klamm aufzuweisen, nämlich die Gottesmutter Maria,
welche darin eine Fußspur im Stein hinterließ... »Unserer lieben Frau
Tritt«.

Fußspuren von bedeutenden Persönlichkeiten werden auf der ganzen
Welt gezeigt, in Indien Fußspuren von Buddha, im Morgenland jene von
Mohammed, in Rom die von Jesus Christus. Und über die Bedeutung solcher Fußspuren im Stein gibt es viele Hypothesen... Zeichen der Besitzer-
greifung (»Er setzte seinen Fuß auf das Land!«) könnten sie sein, Symbole
der Beschwörung chtonischer Gottheiten. Im heftigen Stampfen bei alten
Fruchtbarkeitstänzen will man sogar eine Nebenerscheinung dieses Fuß-
kults sehen.

»Unserer lieben Frauen Tritt« befindet sich beim Würflacher Klammeingang gleich nach der ersten Stiege und an der ersten Engstelle in der
rechten Felswand (orographisch links) unterhalb der heutigen Steiganlage. In einer markanten Auswaschung, die einer Altarnische gleicht,
sieht man die eindeutig von Menschenhand geschaffene Ausreibung, in
der man mit etwas Phantasie eine Spur – aber dann eher die eines Mam-
muts! – erkennen kann. Diese künstliche Vertiefung könnte aber auch
zum Aufstellen einer Kultstatuette oder zum Aufnehmen von Opfergaben gedient haben. Wobei wiederum die Frage offen bleibt: Suchte man
diesen Felswinkel als Opferstätte auf oder opferte man vor einer Begehung des Weges durch die unheimlich scheinende Klause?

Die Eröffnung der Steiganlage durch die »Johannesbachklamm« im
Jahre 1902 war jedenfalls ein Volksfest. Und auf einem der Transparente
zur Begrüßung der Festgäste stand zu lesen: »Hoch leven die Dur Risten!«

☐

»Geländ« – so heißt der markante Tafelberg über Grünbach, die west-
lichste Erhebung (1023m) der Hohen Wand und ein herrlicher Aussichts-
berg.

Bei einem Umbau des Naturfreunde-Schutzhauses auf dem Geländ stieß im Jahre 1933 der damalige Hüttenwirt Leopold Fink in geringer Bodentiefe auf ein Steinbeil. Neugierig geworden, untersuchte er im folgenden Jahr die in der Nähe gelegene Bärenhöhle und fand darin außer Höhlenbärenknochen auch noch bronzezeitliche und frühhallstattzeitliche Topfscherben. 1935 unternahm dann Fink, bereits im Auftrage des Denkmalamtes, Versuchsgrabungen auf dem Hochplateau. Etwas ganz Neues am Berg – ein Schutzhüttenwirt als Archäologe!

1936 und 1937 wurden dann Großgrabungen auf dem Geländ durchgeführt, die unter der Leitung des Prähistorikers, Heimat- und Höhlenforschers Franz Mühlhofer standen.

Das Grabungsergebnis: Das Geländ war schon in der Jungsteinzeit besiedelt und von etwa 1200 v. Chr. bis 900 v. Chr. bestand da oben sogar eine mit Erdwällen befestigte Siedlungsanlage, die mit ihrem Staubecken für Regenwasser (das auch heute noch erkennbar ist) und den in den Fels gehauenen Lebensmittelspeichern keineswegs primitiv war. Neben genau (!) 48.676 keramischen Bruchstücken fand man auch Äxte, Messer, Schmuckstücke und vor allem viele Gußkuchen und Schlacken, was darauf schließen läßt, daß sich da hoch oben auf dem leicht zu verteidigenden Tafelberg die Handwerkerelite der damaligen Zeit niedergelassen hatte – Bronzegießer, denen das oft um diesen Berg wehende »Lüfterl« für ihre Schmelzöfen sehr willkommen war.

1959 führte der Prähistoriker Franz Hampl eine Probegrabung am Fuße des Haussteins (bei Klaus zwischen Grünbach und Puchberg) durch und stieß dort auf Spuren einer Siedlung, die bereits in der Zeit um 2800 v. Chr. entstanden war und noch im Hochmittelalter existierte. Die »Werkssiedlung« auf dem Geländ bestand nicht so lang; wahrscheinlich dürfte das Versiegen der Erzadern (wo diese waren, weiß man bis jetzt leider noch immer nicht) auch ihr Ende bedeutet haben.

Das Land rund um die Hohe Wand ist altes Kulturland. Doch als einmal im Schutzhaus »Auf dem Geländ« jemand sagte, daß man es kaum glauben könne, daß da heroben schon eine prähistorische Siedlung war, meinte einer der gemütlich am Tisch sitzenden Einheimischen: »Herr Nachbar, das muß aber schon länger her sein... weil i geh schon gut vierzig Jahr da auffa, und i hab nix mehr g'sehn!«

☐

Burg Scheuchenstein auf dem scheuchen/schiachen/abschreckenden Felsen ist heute nur noch eine kümmerliche Ruine; die Steine der mittelalterlichen Burg stecken in den Bauernhäusern der Umgebung. Von historischer Bedeutung war sie nie, ist aber als ein »Schauplatz der deutschen Literatur« bekannt, weil der Meistersinger Michael Beheim kurze Zeit ihr Burgvogt war.

Beheim wurde 1415 zu Sulzbach in Württemberg als Sohn eines Webers geboren, erlernte ebenfalls dieses Handwerk, wurde aber dann bald Landsknecht bei seinem Grundherrn und begann nebenbei »getihtes« zu verfassen. Als Kämpfer und Sänger war er dann in vielen Ländern Europas unterwegs; schließlich trat er in die Dienste des Habsburgers Kaiser Friedrich III., der zu dieser Zeit seinen Bruder Erzherzog Albrecht bekämpfte. Beheim war gerade zurecht gekommen, um 1462 die Belagerung des Kaisers in der Hofburg durch die Wiener mitzuerleben und voll Groll gegen die

> »posen aller bösen, und
> ungehorsamen diener,
> die mainaidigen Wiener«

hat er dann auch sein »Buch von den Wienern« gedichtet, das eine faszinierende Reportage der damaligen Ereignisse ist.

Nach Beendigung der Kämpfe erfuhren die Wiener, daß Beheim alles getreu »besungen«, was sich da so ereignet hatte, und darüber waren sie gar nicht froh. Man trachtete ihm nach dem Leben, und sogar der Kaiser riet ihm, allein keine abgelegenen Örtlichkeiten aufzusuchen. Zuletzt setzten die Wiener sogar einen Preis von 400 Dukaten auf den Kopf des Poeten… Reporter haben schon immer gefährlich gelebt! Später boten sie ihm viel Geld, falls er sein Buch vernichten würde. Beheim tat es nicht… seriöse Reporter waren schon immer gegen Bestechung immun!

Die Zeiten blieben unruhig, und 1464 zog Beheim mit kaiserlichen Soldaten gegen eine Vereinigung, die sich »Die Brüder« nannte und unter dem Vorwand, politisch für eine gerechte Sache zu kämpfen, eigentlich nur eine Raubritter-Organisation war. Nach sechswöchiger Belagerung und vollkommener Zerstörung der Veste Urschendorff zogen die kaiserlichen Mannen weiter gegen Burg Scheuchenstein, welche so leicht zu verteidigen gewesen sein soll, daß – wie Beheim berichtet – bei drei Mann Besatzung zwei ruhig Brett spielen hätten können »on uorcht, angst und unmute«, der dritte Mann hätte sie wohl behütet.

Um die Belagerten zu täuschen, zündete das kleine Heer der Belagerer des Nachts im Walde an vielen Stellen große Feuer an und lief unter lauten Rufen zwischen diesen hin und her, um eine größere Streitmacht vorzutäuschen. Die List wirkte, die Belagerten ergaben sich.

Mit zwölf Mann Besatzung wurde Beheim Burghauptmann. Jetzt hatte der Soldat vergessen, was der Poet vor der Belagerung noch von einer

Dreimann-Besatzung geschrieben hatte, um den eigenen Sieg hochzuju-
beln nach dem alten römischen Propagandamotto: »Je stärker du den
Feind erscheinen läßt, desto größer wirkt der Sieg, den du über ihn errun-
gen hast.« Jede Nacht umschlichen feindliche Späher die Burg, und Burgvogt Beheim saß keineswegs mit elf Mann beim Brettspiel und überließ
nur einem Mann das Wachen. Er schlief nur eine Stunde oder zwei, dann
hatte er keine Ruhe mehr, stand auf…

>>Und gieng dann hin in ain stüblain,
und hiess mir daz warm haiczen ein,
und ain Kerczen licht zünden an…«

Aber nicht lange hielt es der Poet im geheizten »stüblain« aus, dann
schlich er schweigend und geräuschlos hinaus in die Nacht, um die Wachen zu kontrollieren – er hatte Angst. Nachdem er sechs Wochen lang
auf Scheuchenstein nur bei Tag ein wenig geschlafen hatte, bat Beheim
den Kaiser um Ablöse, weil er die Sorge, Angst und Unruhe nicht länger
ertragen konnte. Der Kaiser gewährte die Bitte. Beheim kehrte wieder in
seine Heimat zurück, wurde dort Schultheiß und 1474 ermordet.

Die Wiener Historiker sind mit Recht böse auf die Wiener des 15. Jahrhunderts, weil diese den Autor des »Buchs von den Wienern« vertrieben
haben. Was hätte er nicht noch alles an kulturgeschichtlicher Dokumenta-
tion hinterlassen können? Wie bunt ist doch die Schilderung von der Belagerung der Wiener Burg im Jahre 1492. Die Nahrungsmittel waren knapp,
und fünf, ja sechs Männer erhielten, womit kaum einer genug gehabt
hätte. Hunde und Katzen wurden verspeist, ja selbst ein Geier, der dreißig Jahre am Hofe gepflegt ward, fiel als Beute des Hungers. Und Kaiser
Friedrich III. (von dem die berühmte Devise AEIOU stammt = vielleicht:
Alles Erdreich Ist Oesterreich Untertan) half sogar eigenhändig beim Pul-
verstampfen mit.

Aber: Wien bleibt Wien! Untertags kämpfte man um jede Spanne Boden, doch wenn man müde war, gab man »Sicherheit auf Handschlag«
und ruhte aus. Und schon begann man auf beiden Seiten, in den Minen
wie in der Burg, zu singen und zu musizieren…

>>…susser und senfter melodei
lieplichen jubeliren
und mit saiten psaliren.«

# ROMANTISCHE WANDERUNG:
## STEINWANDKLAMM – MIRAFÄLLE

Alles, was eine Landschaft »romantisch« macht, ist bei der Wanderung Steinwandklamm-Türkenloch-Mirafälle zu finden. Und alles, was groß ist in den Hochalpen, findet sich in diesen Voralpen en miniatur... Felswand und Felsensteig, romantische Schlucht und geheimnisvolle Höhle, stürzendes Wasser...

Freilich: In heißen Sommern ist das »stürzende Wasser« manchmal versiegt, und so hat auch schon einmal ein Sommerfrischler den in der Steinwandklamm Eintrittskarten verkaufenden Klammwart sehr höflich gebeten, ihm, dem zahlenden Kunden, jetzt doch das Wasser »einzulassen«, damit die Klamm dann auch so ausschaut wie auf den Ansichtskarten...

☐

Nur wenige Besucher der Steinwandklamm wissen, daß es links und rechts der von Weißenbach durch den Steinwandgraben führenden Straße noch zwei andere hochinteressante Naturdenkmäler gibt...

Knapp bevor sich der Graben zu dem weiten Talkessel vor der Klamm weitet, bemerkt man links oberhalb der Straße eine kleine Felsgruppe über den Waldwipfeln. Steigt man zu dieser (über den Güterweg »Löwenkopf«) auf, dann gelangt man – große Überraschung! – in eine von steilen Wänden gebildete wildromantische Kluft, die hoch oben von einem zerbrechlich dünn wirkenden natürlichen Felsbogen überbrückt ist – die »Teufelsbrücke«.

Nach der Sage sollen sich einmal die jungen Teufel diese Felsbrücke als Spielzeug gebastelt haben. Man fand unter ihr auch Scherben aus der Bronzezeit. Ob dieses Naturdenkmal schon eine prähistorische Kultstätte war?

Der erste Mensch, der über dieses Jungteufel-Spielzeug balanzierte, war im Oktober 1947 der bekannte Wiener Bergsteiger Hans Schwanda. Er hatte damit ein zünftiges Felsabenteuer an den Wiener Hausbergen entdeckt. Denn selbstverständlich ist jeder Felskletterer schwindelfrei, oder glaubt es zu sein... Aber sogar eine senkrechte bis überhängende Felswand (wie etwa die Große Zinne-Nordwand in den Dolomiten) verlangt nicht soviel Schwindelfreiheit wie der Gang über diesen schmalen Felsbogen. Man fühlt sich dabei wie ein Seiltänzer.

Gegenüber dieser »Teufelsbrücke« befinden sich über dem Steinwandgraben drei Felstürme, die man die »Gozzasäulen« oder auch »Götzensteine« nennt. Man darf wohl annehmen, daß hier alte heidnische Opfersteine später zu den »Götzensteinen« geworden sind.

In der Normandie und Bretagne erwecken die riesigen Steinsäulen und Steinsäulenalleen der Megalithkultur Staunen und Bewunderung.

Die Steine zu brechen, zu glätten, dann oft sehr weit zu transportieren und aufzustellen – eine solche Leistung konnte nur von einer bereits religiös organisierten Gemeinschaft vollbracht werden, die von höheren Mächten ein Wohlergehen auf Erden erbat. Symbol für die Fruchtbarkeit des Menschen, der Tiere und der Felder war der Phallus.

In unseren Zonen hatten es die Landbewohner von einst besser. Ihnen hat die Natur frank und frei solche Phalli in Form von Felstürmen geschaffen, und daß die meisten davon für unsere Vorfahren »heilige Steine« waren, bezeugen die Sagen um sie. So galt zum Beispiel die markante Arnsteinnadel am Peilstein noch bis in unser Jahrhundert hinein als beliebter Treffpunkt der »Wilden Jagd«, und von den Götzensteinen wird erzählt, daß dort einmal Jesus gepredigt und seine Fingerabdrücke hinterlassen hat (selbstverständlich sollte mit dieser Sage der einstige heidnische Kultplatz christianisiert werden). Man erzählt außerdem von den Götzensteinen: Vor Weihnachten (Wintersonnenwende!) sollen sie von einem himmlischen Licht beleuchtet werden, und in der Höhle am Fuß der Türme hört man des öfteren ein Läuten wie in einer Kirche. Dort ist auch ein natürlicher Felsspalt (deutlich erkennbar) von Menschenhand etwas verbreitert worden, vielleicht um einen sogenannten »Durchkriechstein« zu schaffen, bei dem man körperliche Leiden abstreifen konnte (siehe auch Seite 104).

Im 1924 erschienenen »Niederösterreichischen Sagenschatz« erzählt Carl Calliano folgende Geschichte: »Einst kletterte ein junger Bauernbursche aus dem Steinwandgraben bei Furth auf eine der Gozzasäulen und konnte nicht mehr herab. Alle Versuche, ihn herabzubringen, waren fruchtlos. Seine Mutter wie die Nachbarn versammelten sich und beteten inbrünstig zu Gott, er möge helfen, und siehe, der junge Bursche konnte wie durch ein Wunder leicht herunterkommen.«

Als 1947 der Erstbegeher der »Teufelsbrücke« Hans Schwanda auch alle drei Götzensteine erkletterte, fand er auf keinem der Gipfel Spuren einer vorangegangenen Besteigung. Ob die Geschichte von dem Bauernburschen auf der Gozzasäule wahr ist? Wahr ist jedenfalls, daß auch

Schwanda zu einem Gefangenen von einem der drei Götzensteine geworden ist…

Mit einem bekannten Wiener Psychologen hatte er den Gipfel erreicht. Von einem Felszacken wollten sich die Zwei dann abseilen.

Für erfahrene Bergsteiger ist das Abseilen kein Problem! Jeder weiß, was er zu tun hat. Bei erfahrenen Bergsteigern sitzt jeder Handgriff… das Seil sorgsam ordnen, das Seilende suchen – und es dann in weitem Bogen in die Tiefe werfen. Als Schwanda sein Seilende in weitem Bogen in die Tiefe warf, mußte er zu seinem Entsetzen sehen, daß in der gleichen Sekunde auch sein erfahrener Bergkamerad das gleiche getan hatte!

Die beiden Seilenden züngelten wie Schlangen durch die Luft…, und damit war auch das Seil in der Tiefe verschwunden.

Schrecksekunde! Großes Staunen!

»Das Herrliche an diesem Gipfel ist seine Weltabgeschiedenheit! Hier hört dich kein Mensch! Hier sieht dich kein Mensch!« hatte Schwanda noch vor fünf Minuten geschwärmt. Jetzt dachte er über diese Weltabgeschiedenheit ein wenig anders. – Ohne Seil den Anstiegsweg wieder abzuklettern, erschien doch als ein zu großes Wagnis.

Also haben die beiden Gipfelstürmer, Bezwinger von unzähligen Berggipfeln in der ganzen Welt, auf dem kaum dreißig Meter hohen Götzenstein um Hilfe rufen müssen. Erst am Abend hörten ihre Frauen diese Hilferufe; sie waren den ganzen Tag spazierengegangen und hatten sich dann schließlich besorgt auf die Suche nach ihren Männern gemacht.

Die »Gefangenen der Götzensteine« banden nun ihre Anoraks, Kletter-
hosen, Hemden, Socken und Schuhbänder so aneinander, daß ein dreißig Meter langes Gebilde entstand, das sie zu ihren Frauen hinunterlie-
ßen. Diese knüpften das rettende Seil daran, das die beiden hochzogen
und an dem sie sich dann – nur noch in Unterhosen! – abseilten.

Diese Geschichte sprach sich unter den Bergsteigern sehr schnell
herum, und nicht nur in Wien sondern auch in Düsseldorf und Hamburg
lachte man darüber. In der seinerzeit in München erscheinenden Zeitschrift »Der Bergkamerad« erschien dann noch jahrelang das Götzen-
steinabenteuer als Karikatur gezeichnet und als Schmuckvignette der In-
seratenrubrik.

□

»Die Touristen haben schon viele schöne Erdenwinkel in Nah und Fern
aufgestöbert. Kaum könnte man glauben, daß in Niederösterreich noch
eine Naturszene von besonderer Schönheit existieren könnte, der nicht
schon in Bild und Wort ein Loblied gesungen worden wäre« – so begann
ein 1884 in der »Österreichischen Touristenzeitung« erschienener Bericht
über den damals noch unbekannten »Klausgraben« in der Waldwildnis
zwischen Triesting- und Piestingtal. Zwei Zeichnungen des Autors gaben
eine gute Vorstellung dieser »Ur-Steinwandklamm«. Mächtige Felsblöcke
liegen wirr neben- und aufeinander in dieser düsteren Schlucht, und nur
einige kümmerliche Holzleitern ermöglichten einem »Unerschrockenen«
damals noch das Durchklettern.

Nun aber soll – meldet der Berichterstatter weiter – die neugegründete
Sektion Triestingtal des Österreichischen Touristenklubs beschlossen haben, diese »Naturmerkwürdigkeit« durch Treppen und Stege zu erschlie-
ßen... »Das touristische Publikum wird dann, ohne erst nach Salzburg
oder Tirol fahren zu müssen, in nächster Nähe von Wien eine großartige
Felsenklamm durchwandern und bewundern können.«

Am 8. Juni 1884 wurde die »Steinwandklamm« (das klingt halt doch
besser als »Klausgraben«!) in Anwesenheit von ca. 1000 Personen feier-
lich eröffnet. Die Herstellungskosten der Steiganlage hatten 320 Gulden
betragen und das erscheint als ein Spottgeld für den ganzen Material- und
Arbeitszeitaufwand. Denn ein Paar genagelter Bergschuhe kostete zu dieser Zeit 8 - 9 Gulden. Was aber an Arbeit in dieser Klamm geleistet wurde,
zeigt wohl am besten eine zeitgenössische Kritik, die sehr pikiert fest-
stellte, daß »man nun vor lauter Stiegen, Geländern und Balken fast keine
Klamm mehr sieht«.

Trotzdem wurde die Steinwandklamm zur Sensation für die Wiener.

*Steinwandklamm in alten Ansichten*

Leicht erreichbar mit der 1877 eröffneten Südwestbahn (Leobersdorf-St. Pölten) strömten an manchen Sonntagen die Menschenmassen in sie hinein wie in den Wiener Prater.

Natürlich gab es bald auch ein Wirtshaus am Klammeingang, und sein Besitzer Dismas Kohl (der 1892 auch die Straße durch den Steinwandgraben anlegen ließ) hatte mit den hungrigen und vor allem durstigen Klammbesuchern seine Probleme. Aus diesem Sonntagsstreß heraus ist wahrscheinlich sein etwas sonderbarer Vorschlag an die ÖTK-Sektion Triestingtal erklärbar, die Besucher per »Aufruf« auch auf alle Wochentage zu verteilen und die Klamm täglich nur für eine bestimmte Anzahl von Personen »frei zu geben«...

Die meisten Besucher dürfte die Klamm am Pfingstsonntag des Jahres 1939 gehabt haben: Etwa 5000 Menschen zogen an diesem Tag durch sie! Vor jeder Brücke oder Holztreppe gab es lange Wartezeiten. Damals dachte keiner der Klammbesucher, daß noch im selben Jahr ein Zweiter Weltkrieg ausbrechen würde. Und für viele junge Männer, die an diesem Tag mit ihren Mädchen unterwegs gewesen sind, war das dann auch die letzte fröhliche, friedliche »wienerische Landpartie«.

Das »Türkenloch« oberhalb der Steinwandklamm erinnert ebenfalls an

einen Krieg. Es wird erzählt, daß 1683 die Türken alle in dieser Höhle ver-
steckten Landbewohner massakrierten. Ein Schauermärchen? Leider
nicht.

Das »Gedenkbuch der Herrschaft Merkenstein 1684« meldet für das
Gebiet Muggendorf/Furth 300 getötete oder in die Gefangenschaft ver-
schleppte Menschen, und es wird darin auch gewarnt, daß sich bei einem
künftigen Feindeinfall »niemand auf die Wälder und vielen Steinfelsen
verlasse, denn in solchen werden die meisten Leute bekommen (aufgestöbert) und jeder Berg, wenn er auch noch so wild gewesen, zum öfteren
aufgesucht und die armen Christen teils niedergehaut, teils in die Sclavi-
tät hinweggeführt.«

Das »Türkenloch« trägt also seinen Namen nicht zu Unrecht. Der Gast-
wirt Kohl empfand es als originellen Gag, bei einem Besuch des Kaisers
Franz Joseph im Türkenloch zwei Männer zu verstecken, die beim Ein-
treffen des hohen Herrn ein »Heidengeschrei« anstimmen mußten. Das
Gefolge des Kaisers soll darüber recht erschrocken gewesen sein, Franz
Joseph hingegen betrat die Höhle, ohne eine Miene zu verziehen…

1927 wurden Wände und Höhlen links über der Klamm mit einem
Eisenweg versehen, dem »Rudolf Deckersteig«. Dieser Steig hat bis heute
schon unzähligen Menschen ein romantisches Erlebnis vermittelt. Aber
bei seiner Eröffnung gab es auch Nörgler, die meinten, die Herren Ver-
einsfunktionäre hätten diesen Steig nur deswegen erbaut, damit sie auf
den Leitern den jungen Mädchen unter die Kittel schauen könnten…

☐

»Den Bestattungs- und Totenkult mit Lichterzeremoniell zu verbinden,
ist eine Sitte, die weit über die christliche Zeit zurückgeht. Man kann den
Brauch des Totenlichtes nicht früh genug ansetzen und der christliche
Kult hat, als er in den Katakomben vor die Gräber der Toten Lampen
stellte, sicherlich nur bereits Vorhandenes übernommen. Die Sitte ist ja
immer lebendig geblieben, und heute noch schmücken am Allerseelentag
unzählige Lichter die letzte Ruhestätte unserer Toten.« – So schrieb der
Privatgelehrte Franz Hula, der ein Menschenalter lang darauf verwendete, alle Denkmäler des Abendlandes aufzusuchen, die sich auf »kollek-
tiven Totenkult« beziehen, sie zu registrieren und allen Quellen nachzu-
spüren.

Zu diesen Denkmälern gehören auch die Totenleuchten, die einst nicht
nur auf den um die Kirche befindlichen Friedhöfen aufgestellt wurden,
sondern auch bei Begräbnisplätzen – wie zum Beispiel Pestgruben – in der
Landschaft. Dieses Aufstellen von Totenleuchten begann bei uns im Mit-

telalter und endete mit dem Beginn der Renaissance. Und auf all seinen
Reisen und bei seiner Schreibtischarbeit hat Franz Hula, der wohl beste
Kenner solcher mittelalterlicher Kultmale, nur eine einzige Ausnahme
entdeckt: Sie befindet sich an der von Pernitz-Muggendorf zum Karner-
wirt führenden Straße; diese Totenleuchte ist nicht aus Stein (so wie alle
anderen), sondern aus Lärchenholz geschnitzt, und sie entstand in einer
Zeit, in der man anderswo diese alten Kultrelikte schon wieder entfernte
– nämlich im Jahre 1699.

Damals gehörte das kleine, arme Muggendorf nicht zur Pfarrei Pernitz
(das nur zwei Kilometer von dem Ort entfernt ist!), sondern – ganz unlo-
gisch – zur Filialkirche Furth im Pfarrsprengel Pottenstein. Ein Verstorbener hätte daher von Muggendorf zehn Kilometer weit über die Berge nach
Furth getragen werden müsen. Das war im Winter oft unmöglich und
auch im Sommer den armen Kleinhäuslern – wegen der Trägerkosten – zu
teuer. So entstand der Arme-Leute-Friedhof im Tal der Mira, der bis zum
Jahre 1761 bestand. Offen bleibt die Frage, warum man dort die Toten
nicht unter einem großen Kreuz begrub, sondern ihnen eine Totenleuchte
schnitzte.

Franz Hula schrieb über die mittelalterlichen Totenleuchten: »Wie im
Leben, so sollte das Licht auch im Tode das Dunkle und Finstere, also die
bösen Geister, bannen. In diesem Sinne sollte es für die Toten leuchten.
Andererseits – auch hier berühren wir älteste Kultanschauungen – war
das Licht ein Schutz *vor* den Toten. Bekanntlich stellte man sich den Verstorbenen nicht als aus dieser Welt völlig verschwunden vor, er konnte
als Geist stets wieder kommen, um an Lebenden Schaden zu tun.«

Genau das tat in unserem Miratal im alten »Karnerwirtshaus« lange der
»Karnergeist«! Er verwandelte den Gästen das Essen in Sägespäne, zer-
schnitt ihnen die abgelegten Kleider, erschien im Finstern draußen vor
dem Haus nur als gespenstische Hand mit einer Laterne (!). Und als man
unter dem Türstock des Wirtshauses grub, stieß man auf Menschenkno-
chen...

Ist es nicht seltsam, wie in dieser Sage mittelalterliche Vorstellungen
und Erinnerungen an die Totenleuchte des längst verschwundenen
Friedhofs weiterleben?

☐

Der »Hausstein« bei Muggendorf ist ein imponierender Felszahn, auf
dem – der Sage nach – einst eine Raubritterburg gestanden sein soll. Und
im Tale gab es eine bildhübsche Bauerntochter, namens Mira, in die sich
der Raubrittersohn Heinrich hoffnungslos verliebte. Heinrich fiel in ei-

nem Kampf und Mira stürzte sich am Unterberg in den Quellsee jenes Baches, der seither ihren Namen trägt.

Einige von Gestrüpp umwucherte Mauerreste auf dem Hausstein sowie frei herumliegende Tonscherben hatten schon lange die Neugierde der Heimatforscher erregt. 1966 unternahm man eine Probegrabung, deren Ergebnis überraschend war: Den Funden nach zu schließen, war der Hausstein schon in neolithischer Zeit wie auch in der Hallstatt- und Latènezeit besiedelt. Aus dem 10. oder 11. Jahrhundert wurde ein Eisenschmelzofen freigelegt, und ab dem 12. Jahrhundert dürfte der Hausstein Sitz eines Ministerialen oder Rodungsleiters an der Grenze der Babenberger Mark gegen die karantanisch-steirische Mark gewesen sein. Dabei wird der nur an einer Seite leicht zugängliche Felsen an dieser Stelle auch mit Erdwällen und Palisaden befestigt worden sein. Später wurde der Hausstein zur bäuerlichen Fluchtburg, die aber dann Ende des 15. Jahrhunderts aufgegeben und damit dem Verfall preisgegeben wurde. Glaubte man an friedliche Zeiten? Als 1683 die Türken kamen, wollten die Bauern die alte Fluchtburg instandsetzen. Doch die Türken ließen ihnen keine Zeit dazu...

Daß da oben auf dem Hausstein »einmal etwas war«, blieb in der Überlieferung der Bewohner dieser Gegend erhalten. Und im 19. Jahrhundert, der Zeit der Romantik, entstand dann auch die Geschichte von der schönen Mira und der Raubritterburg auf dem Felsen. Über alte (oder sind es schon uralte?) Steinstiegen erreicht man den heute mit Bäumen bewachsenen Gipfel – ein wunderschönes Aussichtsplätzchen!

□

Etwas außerhalb von Pernitz, gegenüber der Fabrik Ortmann, steht eine Steinsäule mit einem verblaßten Votivbild – das sogenannte »Sieveringer Kreuz«. Man erzählte von seiner Entstehung folgendes: Wallfahrer aus Wien-Sievering, die zur »Kirche am Berg« in Pernitz pilgerten, hatten sich in den Wäldern über dem Piestingtal verlaufen. Plötzlich stand ein Mann vor ihnen, der sie so weit führte, bis sie die Wallfahrtskirche sehen konnten. Als die Wallfahrer sich bei dem Mann bedanken wollten, war er wieder verschwunden. Zur Erinnerung an diese »miraculöse Begegnung« hat man dann die Gedenksäule errichtet.

Pernitz im Piestingtal... ein Wallfahrtsort?

Es muß sogar ein recht zugkräftiger gewesen sein, wenn sogar Leute aus Sievering im 18. Jahrhundert die (für die damalige Zeit) große Fußreise zu ihm unternahmen. Aber die 1507 erstmals erwähnte Kirche auf dem Sebastianikogel war dem hl. Sebastian geweiht, und dieser galt auch

Auf Seite 69:
Spätherbstliches Voralpenland mit dem Schneeberg

Auf Seite 72:
Die Teufelsbrücke im Steinwandgraben

Oben: Hölzerne Totenleuchte aus dem Jahre 1699 vom alten Armenfriedhof beim Karnerwirtshaus — Rechts: Pestgrab im Wald oberhalb von Wöllersdorf — Rechte Seite: Wallfahrtskirche und Kloster auf dem Mariahilferberg

als einer der sogenannten Pestheiligen. In den damaligen Pestzeiten nahm man gerne weite Wege auf sich, um einen so wichtigen Heiligen und Schutzpatron gnädig zu stimmen. Kaiser Joseph II. hingegen hielt von solchen Wallfahrten nicht viel: 1787 wurde die Kirche geschlossen, die Altäre kamen in die Pernitzer Pfarrkirche, die Orgel erhielt Fischau und Furth die Kanzel. Das leere Kirchengebäude wurde zum Kauf angeboten. Ein kaiserlicher Jäger aus Gutenstein erwarb es um 60 Gulden, ließ es abtragen und baute sich aus den festen Quadern ein schönes Haus.

Wer heute den Sebastianikogel ersteigt, sieht nur noch einige von Gras und Moos überdeckte Fundamente. Und neben der Pfarrkirche in Pernitz steht ein seltsames Steingebilde, das den meisten Vorübergehenden ein Rätsel ist. Es ist aber kein modernes Kunstwerk, sondern ein Stufenfragment der demolierten Sebastianikirche. Und das ist auch alles, was von jener »Kirche am Berg« übrig geblieben ist, die einst – wie es in einem alten Bericht heißt – eine »Zierde des Tales« war.

□

Eine Gedenktafel am Fuß der Mirafälle erinnert an Besuche von Kaiserin Maria Theresia und Kaiser Franz I. Seit der Barockzeit (mit ihren Wasserspielen) galt ein Wasserfall als »erhabener Prospect«, dessen Anblick auch eine weite Reise lohnt. Als am Beginn des 19. Jahrhunderts mit der »Schweizer Reise« Alpenfahrten aller Art modern geworden waren, wurde unser Mirafall bald zum beliebten Ziel für Landpartien – sozusagen ein »Schweiz-Ersatz« für die Wiener.

Damals war seine Umgebung noch wesentlich kahler, und die alten Ansichten zeigen mächtige Wasserfluten, die über die Felsen herabrauschten und von einigen Sägemühlen genützt wurden.

1885 erschloß der Österreichische Touristenklub die Fälle durch eine Steiganlage. Aber schon um die Jahrhundertwende tauchte das Gerücht auf, daß der Fabrikant Rosthorn etwas ganz Ungeheuerliches plane: nämlich das Wasser des Mirabaches für ein Elektrizitätswerk abzuzapfen. Das hätte eine Zerstörung der Wasserfälle bedeutet.

Brandartikel in den alpinen Blättern, empörte Leserbriefe an die Tageszeitungen. Dieses Naturwunder, das schon von einer Kaiserin Maria Theresia und einem Kaiser Franz bewundert worden war und alljährlich an die 30.000 (!) Besucher erfreute, dieses Juwel durfte nicht zerstört werden. Ein Naturschutzgesetz gab es damals noch nicht. Aber die Proteste der Naturliebhaber schienen doch Erfolg zu haben. Einige Zeit hörte man nichts mehr von dem Projekt. Wiens Bergsteiger triumphierten. Doch sie triumphierten zu früh…

Im Piestingtal bildete sich eine Unternehmervereinigung. Politik kam ins Spiel. Auch die Gemeinde Wiener Neustadt stieg in das Geschäft ein. Im September 1914 – der Erste Weltkrieg hatte schon begonnen – war dann der Bau des E-Werks beschlossene Sache. Nach dem Ersten Weltkrieg ging der Kampf um die Mirafälle weiter, wobei gegen alle Proteste auch schon ein Argument angeführt wurde, mit dem heute recht kräftig Landschaftszerstörung betrieben wird: Mit diesem Kraftwerk würde man auch viele Arbeitsplätze erhalten! Als einziges Zugeständnis erreichten die Naturliebhaber, daß die Mirafälle an Samstagnachmittagen und Sonn- und Feiertagen »aufgedreht« wurden, allerdings nur bei »normaler Wasserführung«, wie es in dem Beschluß heißt.

»Dieser Ort stimmt fürwahr des Dichters Leyer zu erhabenen Tönen, des Künstlers Pinsel zu Meisterstücken, den Schwärmer in andere Welten, und Liebende zur Seligkeit ihres Daseins. Kurz die Schönheit, die Erhabenheit dieses Ortes läßt sich nur fühlen, nie hinlänglich beschreiben.« – So hatte seinerzeit J.C. Wagner von den Mirafällen geschwärmt. Der Wanderer von heute kann dies nur bei »normaler Wasserführung« an Sonn- und Feiertagen erleben.

☐

Vor der allgemeinen Motorisierung fuhr man mit der Bahn nach Weißenbach im Triestingtal und wanderte durch die Steinwandklamm und die Mirafälle entlang zur Bahnstation Pernitz im Piestingtal. Reine Gehzeit etwa 4 1/2 Stunden.

Außerdem machte man noch einen Abstecher auf den 1079 m hohen Almesbrunnberg... und schimpfte dabei über diesen Mugel, weil der Anstieg so fad ist und man oben keine »ordentliche Aussicht« vorfindet.

Warum man trotzdem diesen Berg erstieg?

Weil den scharfen Gehern von einst nur 4 1/2 Stunden reine Gehzeit viel zu wenig war. Sie wollten einen »ausgefüllten Tag«, sie wollten an einem Sonntagabend »richtig müde sein«...

# BIEDERMEIER IN UND UM GUTENSTEIN

*»Hier schlägt das Herz der Biedermeierzeit*
*noch sehr vernehmlich. Man muß nur horchen wollen.«*
Lambert Haiböck über die Landschaft um Gutenstein

1962 fand in Gutenstein eine »Biedermeierausstellung« statt, deren Besucherzahl alle Erwartungen übertraf: 162.000 Menschen waren gekommen, und so mancher von ihnen hatte nach Verlassen der Ausstellungsräume bei einer Schau über das malerisch/lieblich/romantische Land rundum das Gefühl gehabt, hier tatsächlich an der Wiege von Herrn Biedermeier zu stehen.

Doch Herrn Biedermeiers Wiege stand woanders! Als 1845 »Die sämtlichen Gedichte« des schwäbischen Dorfschulmeisters Samuel Friedrich Sauter (um Himmels Willen nicht verwechseln mit dem österreichischen »Auf der Gassen« – Dichter Ferdinand Sauter!) auf Kosten des Verfassers gedruckt worden waren, fanden der Landarzt Adolf Kußmaul und der Jurist Ludwig Eichrodt solche Verse voll naiver Spießbürgerbegeisterung und unfreiwilliger Komik wohl wert, eine größere Leserschaft zu ergötzen...

*Gefühle der Getrennten oder Klagelied*
*für Witwer und Witwen*

»Traurig ist es einsam sein,
traurig so getrennt zu leben,
einsam schlafen, nichts daneben,
nichts von gleichem Fleisch und Bein...
Traurig ist es einsam sein!«

Der Arzt und der Jurist veröffentlichten daher Sauters Verse und auch eigene Parodien dazu ab dem Jahre 1855 in den »Fliegenden Blättern«, und zwar unter dem Pseudonym »Gottlieb Biedermeier«.

Herr Biedermeier war geboren, aber sein Name wurde zunächst vor allem mit Möbeln oder mit der Kleidung in Verbindung gebracht. Tischler und Schneider waren auch damals schon sehr daran interessiert, daß die Leute ihr Gewand von gestern nicht allzulange aus den Kästen von anno dazumal holten. So wurden die alten Möbel und die alte Mode lächerlich gemacht, indem man sie als »Biedermeiers Möbel« und »Biedermeiers Mode« bezeichnete. Erst um die Wende zum 20. Jahrhundert wurde »Biedermeier« zum Begriff für die ganze Epoche in der ersten Hälfte des 19. Jahrhunderts.

Eigentlich ist's ja paradox, daß der Name für die mit Alt-Österreich zutiefst verbundene Lebensform in Deutschland erfunden worden ist.

☐

So wie in Maria Dreieichen 1656 die Heilige Maria einem schlafenden Bürger aus Horn auftrug, ein Bild von ihr auf dem Molder Berg anzubringen, so praktizierte sie es auch fünf Jahre später in Gutenstein. Diesmal war es der Hammerschmied Sebastian Schlager, dem sie in sieben Nächten erschien und ihn aufforderte, ihr Bild an einem Baum auf dem Buchenschachen (wie der heutige Mariahilferberg damals noch hieß) zu befestigen. Um diese Zeit – zwischen 1658 und 1661 – wurden auch über dem damals noch auf einer Eiche angebrachten Gnadenbild von Maria Taferl dreißig Geisterprozessionen in den Lüften gesichtet. Barocker Wunderglaube sollte über den alten heidnischen Baumkult triumphieren: 1660 begann man mit dem Bau der Wallfahrtskirche von Maria Taferl, 1668 mit dem der Kirche auf dem Mariahilferberg, 1744 zu Maria Dreieichen.

Abraham a Sancta Clara nannte diese Wallfahrtsorte, die ihren Ursprung und Anfang meist von »gemeinen, einfältigen« Leuten genommen haben, denen die Muttergottes erschienen war, »wahrliche Schwemmteiche, wo Krankheiten und presthafte Mängel wunderbar gewendet werden«. Und jedes auf einer Wallfahrt vergossene Tröpflein Schweiß wird von unsichtbaren Engeln gesammelt und dann am Jüngsten Tag Gott dem Herrn in einer güldenen Schale gezeigt.

Das auf Eisenblech gemalte Marienbild auf dem Buchenschachen bei Gutenstein fand bald großen Zulauf, Wunder ereigneten sich, und bereits 1668 wurde es von Papst Clemens IX. als »mirakulös« anerkannt. Nach dieser päpstlichen Bestätigung ließ der damalige Gutsherr Johann Balthasar II., Graf von Hoyos, anstelle der 1665 errichteten hölzernen Kapelle eine steinerne Wallfahrtskirche erbauen, die aber 1708 abbrannte. Daß dabei das Marienbild unversehrt blieb, erhöhte Ruf und Ruhm des Wallfahrtsortes. Dieses von einem Mariazeller Maler routinemäßig gepinselte Gnadenbild befindet sich noch heute auf dem Hochaltar der 1714-24 neuerbauten Kirche. Barock, wahrhaftig »barock«, ist die Entstehung der vielen Wallfahrtsorte in dieser Zeit.

1672 wurde – ebenfalls von Graf Hoyos – das Servitenkloster auf dem

Mariahilferberg gegründet, und bald darauf begannen die geistlichen Herren, die sie umgebende »schauerliche Waldwüste« in eine »heilige« barocke Landschaft zu verwandeln, die auch heute noch den Besucher fasziniert.

1200 Meter lang ist der Kreuzweg, der bei der Kirche beginnt und dessen letzte Station – das heilige Grab – auf einer schmalen, luftigen Felsklippe steht. Alle Bergwanderer behaupten so ziemlich einstimmig, daß das gerade jene Stelle in den Voralpen ist, von der aus sich der Schneeberg am eindrucksvollsten zeigt. Die heutigen gemauerten Stationen stammen aus dem 19. Jahrhundert, ursprünglich standen dort rotangestrichene hölzerne Kreuze.

Die »Siebenväterkapelle« erinnert an die sieben Stifter des Servitenordens (Ordo Servorum Mariae), einst vornehme Florentiner Bürger, die sich 1233 auf den Monte Senario bei Florenz zurückzogen, um dort zur Buße für die Sünden ihrer Mitmenschen ein hartes Leben zu führen (Boccaccios »Decamarone« entstand hundertzwanzig Jahre später!). Eine »Einsiedlergrotte« auf dem Mariahilferberg sollte an den heiligen Philipp Benitius (1233-1285) erinnern, dem fünften Ordensgeneral der Serviten und Freund Rudolfs von Habsburg. Daß man ausgerechnet dem großen Verbreiter des Servitenordens eine Eremitage widmete, erscheint etwas paradox – ist doch der fromme Manager während seines Generalats in Europa hin- und hergereist wie kaum ein anderer Mann seiner Zeit.

Die große Sensation für alle Besucher des Mariahilferberges von einst war die »Magdalenengrotte«, eine natürliche Höhle, die 1727 Magdalena Gräfin von Hoyos mit Grottenbahneffekten ausbauen ließ. In ihr war ein Spiegel so geschickt angebracht, daß man darin nicht nur eine zweite Gestalt der Büßerin spiegeln sah, sondern auch in ein unübersehbares Felsenlabyrinth zu schauen glaubte. 1880 wurde der Spiegelzauber entfernt, weil, wie ein Pater Coelestin in der Klosterchronik schreibt, es »eine unwürdige, gewissermaßen gauklerische Spielerei war, welche den Städtern nur eine ›Hetz‹ abgab«.

Damals um 1880 hat man auf dem Mariahilferberg überhaupt tabula rasa gemacht. Jahrzehntelang haben die Besucher dieses »Heiligen Waldes« auch mit Vorliebe eine Stelle aufgesucht, an der man ein herrliches 6 bis 7silbiges Echo wahrnehmen konnte. Diese Stelle ließ man vorsätzlich verwachsen, um – wie ebenfalls Pater Coelestin grimmig notierte – »zur Sommerszeit die ewige Plärrerei seitens der Städter los zu sein«.

Erst seit 1953 führt eine Straße auf den Mariahilferberg. Vorher zog man von Gutenstein über den »Wurzelweg« (der Name sagt alles) hinauf. Wer heute die Straße benützt, dem entgeht allerdings ein originelles Werk bäuerlicher Barockkunst. Neben sieben barocken Bildsäulen, welche die Sieben Freuden Marias zeigen, steht, etwas abseits vom alten Wallfahrer-weg, die Steinsäule mit dem »Herrgott auf der Rast«. Auf der Steinsäule sind nicht nur alle Marterwerkzeuge als Relief dargestellt, sondern sogar das Würfelbrett, auf dem um das Gewand Christi gespielt wurde. Und oben auf der Säule sitzt Christus, ein wenig rastend auf seinem Weg nach Golgatha. Mit der rechten Hand stützt er sein Haupt, die linke hat er grim-mig zur Faust geballt, weniger einem Schmerzensmann, sondern eher ei-nem müden Holzknecht aus dem armen Waldbauernland gleichend, der bei einer kurzen Rast vor sich hinmurmelt: »Sakra, das ist heut wieder ein schiacher Tag!«

Ferdinand Raimund ist gerne auf den Mariahilferberg hinaufgestiegen. Im Juni 1831 hat ihn der Anblick des Schneeberges mit seiner schneewei-ßen Gipfelkuppe sogar zu einem neuen Theaterstück inspiriert: »Die Ge-witternacht im Himalaya« (leider ist das Fragment dieses Stückes ver-schollen). Ein Steinsitz, der »Raimundsitz«, soll auf dem Mariahilferberg an den Dichter erinnern. Ob der Dichter wirklich darauf gesessen ist? Diese zusammengetragenen Steine erscheinen eher als Werk eines ro-mantisch veranlagten Verschönerungsvereinsmannes...

☐

Im Sommer 1831 machte Franz Grillparzer eine Fußwanderung quer durchs Alpenland bis nach Bad Ischl. Der Schriftsteller und Lustspiel-dichter Eduard von Bauernfeld, der spätere Universitätsprofessor und Präsident der Akademie der Wissenschaften Theodor Ritter von Karajan und der junge Maler Bayer waren seine Begleiter. Grillparzer hatte sich für diese Alpenwanderung funkelnagelneue Stiefel verpassen lassen, die ihn natürlich drückten – und das drückte auch seine Laune. Er fand an je-dem seiner Reisegefährten etwas auszusetzen und notierte grantig in sei-nem Tagebuch: »Bayer war krank. Karajan, sonst ein gutartiger, unter-richteter Mensch, identifizierte sich gar zu sehr mit der umgebenden Na-tur und streifte auch jenen Rest von Firniß ab, ohne den nur bedeutende Persönlichkeiten noch genießbar sind. Bauernfeld fängt an, durch das Ko-mödienwesen und den Umgang mit Schauspielern verdorben zu wer-den...«

Nicht nur bei den Himalayaexpeditionen unserer Zeit gibt's manchmal Streit unter Bergkameraden, auch schon im romantischen Biedermeier kam es vor, daß sich grundverschiedene Menschen durch längeres Zu-sammensein gegenseitig auf die Nerven gingen. Grillparzer hat sich aber nach der obigen Tagebucheintragung auch gleich selber an der Nase genommen und geschrieben: »Ertragen, um ertragen zu werden, ist das Hauptprinzip jeder Gemeinschaft.«

Über Mödling – Heiligenkreuz – Weißenbach und durch den Steinwandgraben wanderten die Vier in zwei Tagen von Wien nach Pernitz. Unterwegs hatte es zu regnen begonnen, und »der Dichter der ›Ahnfrau‹ zog die Kapuze von Wachstaffet schützend über sein Haupt und den detto Regenmantel über den Tornister, wanderte in also phantastischer Gestalt rüstig vorwärts, nur daß er beim Schreiten über etwas steile Anhöhen zuweilen über Schwindel klagte«, erzählt Bauernfeld. Dabei ließ Grillparzer sehr oft seine Lieblingsstoßseufzer »Sei's!« oder »Liebster Jesus!« hören, die – wie Bauernfeld ebenfalls erzählt – »bei ihm einfache Interjektionen waren, die er sich angewöhnt, ohne weitere Bedeutung. Gleich anderen nervösen Leuten sprach er wohl auch auf einsamen Spaziergängen mit sich selber oder bewegte die Lippen, wie es auch des Tragikomikers Raimund Gewohnheit war«.

Von Pernitz zog man über Gutenstein weiter zum Klostertaler Gscheid, und darüber findet sich in Grillparzers nur aus Schlagworten bestehenden Tagebuchaufzeichnung die etwas rätselvolle Eintragung:

> Gutenstein
> Altes Schloß
> Schwindelprobe
> Schreckensmoment im Klosterthale
> Klosterthal
> Jägerhansjörgel
> Eine Stunde zur Höchbäuerin          Hunger
> Noch immer keine Höchbäuerin

Einiges konnte geklärt werden. Der »Jörgelhans« (nicht »Jägerhansjörgel«) war ein kleines Beisl bei Gutenstein, in dem es nur Bier, Wein und Schnaps, aber nichts zu essen gab. Man wird den vier hungrigen Stadtleuten also geraten haben, bis zum Höchbauern-Gasthaus zu gehen… »Is eh nur a Stund!« – Doch die »Bauernstunden« sind ja bekannt, sie können sich bis zu drei Stunden ausdehnen. Vom »Jörglhans« bis zum »Höchbauern« waren etwa zwölf Kilometer zu gehen (dazu noch die Steigung hinauf aufs Gscheid), und die konnten auch unsere illustren Wanderer nicht in einer Stunde derpacken. Wo aber bestand Grillparzer eine »Schwindelprobe« (am Steilhang der Burg Gutenstein?) und wo kann man im lieblichen Klostertal einen »Schreckensmoment« erleben? Aber Grillparzer hatte ja auch einmal gedichtet:

> »Da steht er, der Schneeberg, der mächtige Greis,
> Von Gemsen in Angst nur erklettert…«,

und angstvolle Gemsen hat es bis jetzt weder am Schneeberg noch auf sonst einem Berg gegeben! Angst hat nur der Dichter beim Anblick des Berges gehabt.

Beim »Höchbauern« gab es damals für Grillparzer & Co. nur ein Nachtlager aus Stroh. Wie oft wohl unser Dichter »Sei's!« oder »Liebster Jesus!« geseufzt haben mag? Später hat er einmal geschrieben: »Mir war immer das Reisen zuwider, nur die Nachwirkung tat mir wohl.«

□

> *»Schwarze waldige Berge über einander gethürmt, hohe kahle Felsenwände, die über die Waldhügel an ihrem Fuße herabblicken; Trümmer und Ruinen von Felsen und Bergen im Vordergrunde mit den Resten eines alten Schlosses; zerstreute ärmliche Hütten von Holz am Fuße der Berge; einsame traurige Köhlerstätten an den Bergschluchten; Wiesen von kleinen Bächen durchschnitten, die im Schatten der Erlen und Eschen und Weiden hin eilen, bilden hier die lieblichsten Talscenen, die durch das wechselweise Oeffnen und Schließen des Thales eine Mannigfaltigkeit von freundlichen, stillen, melancholischen, und zuweilen an das Schauerliche gränzenden Colorite erhalten, die das Auge nie ermüden läßt, und die Seele mit dem Zauber gemischter Empfindungen erfüllt.«*
>
> J. A. Schultes über das Miesenbachtal in seinem Werk »Ausflüge nach dem Schneeberge in Unterösterreich«, Wien 1802

Der Landschafts-, Tier- und Genremaler Friedrich Gauermann erreichte etwas, was keinem anderen Künstler je gelungen ist, nämlich, seinen Namen auf eine Landschaft zu übertragen. Es ist die Gegend rund um das Miesenbachtal, die zur »Gauermannlandschaft« wurde, nachdem sie dem Künstler für unzählige Bilder als Motiv gedient hatte.

Friedrich Gauermann ist 1807 in Scheuchenstein im Miesenbachtal geboren und 1862 auch dort begraben worden. Er ist viel in der Welt herumgekommen, aber am liebsten war er in seiner »geliebten Wildheit, wo der Brunnengreß auf den Steinen wächst«. Schon sein Vater Jakob – ebenfalls ein Maler – war verliebt in dieses Tal, nachdem er dort durch Heirat eine kleine Wirtschaft erworben hatte. Von Friedrich Gauermann erzählt man, daß er sich hartnäckig geweigert hat, auch nur einen einzigen Baum aus seinem Wald für den Brennholzbedarf zu schlägern... »Ist es nicht jammerschade, einen Baum, dessen Anblick mir soviel Vergnügen macht, selbst wenn ich ihn nicht zeichne oder male, umzuhauen?«

So ist jedes Bild von ihm auch ein Stück persönlich erlebter Natur. In jener Zeit, in der die Menschen begannen, auch im Alpenland Schönheit zu sehen, zeigte der Maler, daß sogar Almzäune oder gebrochene Bäume ihren Reiz haben. Der oft im Detail schwelgende Gauermann wurde für die immer zahlreicher werdenden Alpenwanderer sozusagen zu einem »Lehrmeister des Schauens«. Er zeigte ihnen die schaurige Schönheit eines aufziehenden Gewitters, die zarte Melancholie eines Regentages im Herbst, und er zeichnete, malte einunddieselbe Alm bei wolkenlosem Himmel oder mit Wolken darüber –, und es war immer ein ganz anderes Bild.

Kein Wunder, daß bereits acht Jahre nach Gauermanns Tod die Männer vom »Österreichischen Touristen-Club« beschlossen, an des Malers Geburtshaus eine Gedenktafel anzubringen. Man sang dabei einen »eigens hiezu verfaßten schwungvollen Festchor«…

> »Hier wollen wir ein schlichtes Denkmal weihen,
> Der späten Nachwelt bleib' es unverloren.
> Wenn auch enteilend Jahr an Jahr sich reihen:
> Dass hier der Kunst ein Liebling ward geboren!«

Über den weiteren Verlauf der Feier wird erzählt: »Tief ergriffen von der einfach würdigen Feier und mit Wehmuth erfüllt ob des nur zu kurzen Verweilens in einem der lieblichsten Erdenwinkel schied man von der weihevollen Stätte, um sich bald wieder bei einem bescheidenen Mahle in Oed zusammenzufinden, wo die gemüthvolle Stimmung durch mehrere trefflich ausgeführte Gesangsspenden der Wiener-Neustädter Liedertafel (worunter die beliebte ›Wacht am Rhein‹) nur noch erhöht wurde.«

Die »Wacht am Rhein« im Piestingtal?

☐

Aus dem Piestingtal stammt ein zweiter großer österreichischer Maler des 19. Jahrhunderts: der 1796 in Piesting geborene Leopold Kupelwieser, Porträt-, Historien- und Andachtsbildmaler. Er war Sohn eines der leitenden Bauingenieure am Wiener-Neustädter Kanal, der später eine Geschirrfabrik gründete, die aber nicht recht florierte. Der junge Kupelwieser mußte sich sein Studiengeld für die Akademie daher mit dem Bemalen von Blechtassen verdienen. Und um die berühmten Bilder in der Dresdener Galerie kennenzulernen, ging er einfach zu Fuß dorthin; die Aufenthaltskosten arbeitete er ab, indem er das Dresdener Hauswirtsehepaar porträtierte. Bald kam er in den Kreis um Schubert und wurde sogar einer seiner liebsten Freunde. An ihn schrieb Schubert auch den bekannten Brief vom 31. März 1824, in dem er klagte: »…ich fühle mich als den unglücklichsten, elendsten Menschen auf der Welt. Denk Dir einen Menschen, dessen Gesundheit nie mehr richtig werden will, u. der aus Verzweiflung darüber die Sache immer schlechter statt besser macht, denke Dir einen Menschen, sage ich, dessen glänzendste Hoffnungen zu Nichte geworden sind, dem das Glück der Liebe u. Freundschaft nichts biethen als höchstens Schmerz, dem Begeisterung (wenigstens anregende) für das Schöne zu schwinden droht, und frage Dich, ob das nicht ein elender, unglücklicher Mensch ist? ›Meine Ruh ist hin, mein Herz ist schwer, ich finde sie nimmer u. nimmermehr‹, so kann ich wohl jetzt alle Tage singen, denn jede Nacht, wenn ich schlafen geh, hoff ich nicht mehr zu erwachen, u. jeder Morgen kündet mir nur den gestrigen Gram.«

1823 reiste Kupelwieser in Begleitung des russischen Adeligen Alexander von Beresin nach Italien; um freie Fahrt und Verpflegung sollte er die Illustrationen für ein geplantes Italienbuch des Russen herstellen. Erst zwei Jahre später kehrte er von dieser Reise zurück. Sein Auftraggeber war in Sizilien an Malaria gestorben, und Kupelwieser mußte in Rom fleißig malen, um sich das Geld für die Heimreise zu verdienen.

Dieser römische Aufenthalt wurde entscheidend für das Leben des Künstlers. Im »Cafe Greco«, dem Treffpunkt aller Ausländer, waren auch viele Protestanten, die gerne über religiöse Probleme diskutierten. Kupelwiesers Kenntnisse auf diesem Gebiet waren sehr dürftig, und um mitreden zu können, begann er sich für Theologie zu interessieren. Das hatte zur Folge, daß er dabei zum überzeugten Katholiken wurde und eine Vorliebe für das religiöse Andachtsbild bekam.

Kupelwieser hat dann geheiratet und Schubert hat dabei zum Tanz aufgespielt. Aber dann zog sich Kupelwieser immer mehr von seinen Freunden zurück und kam auch immer seltener dazu, von Wien aus zu Fuß auf den Schneeberg zu wandern oder in die Voralpen. Er malte von früh bis spät, wurde Professor an der Akademie und ein hochberühmter Mann, dem Orden und Auszeichnungen verliehen und viele Aufträge übertragen wurden...

Als Vater von sieben Kindern blieb er dennoch bis zu seinem Tod (1862) eigentlich ein armer Mann. Sein Nachlaß ergab an Bekleidung 147 Gulden, an Einrichtungsstücken 70 Gulden, Obligationen 2290 Gulden; hinterlassene Werke wurden auf 638 Gulden geschätzt. Um Kupelwieser einen Grabstein setzen zu können, mußte seine Witwe ein Schmuckstück verkaufen, das sie, wie sie an einen der Söhne schrieb, nun nicht mehr brauche.

☐

»Raimund ist ewig melancholisch, er ist und bleibt der alte Hypochonder« notierte der Schauspieler und Schriftsteller Karl Ludwig Costenoble. »Könnt ich Ihnen nur einmal so alle Gedärme umkehren und alles Krankhafte herausputzen, was Ihr Leben schwarz macht!« sagte er eines Tages zu Raimund. Worauf dieser antwortete: »Es kunnt schon sein, daß Sie mi herstölleten von meiner Hypochondrie, aber vielleicht putzeten Sie mir auch alles mit heraus, wovon ich meine Komödien schreib!«

Froh war Raimund nur in der Natur, und die Gegend um Gutenstein war eine seiner Lieblingslandschaften. Dort wurde er auch angeregt, das romantisch-komische Zauberspiel »Der Alpenkönig und der Menschenfeind« zu schreiben…

»Erster Aufzug, Scena 1: Beim Aufziehen der Kurtine zeigt sich eine reizende Gegend am Fuße einer Alpe, welche sich im Hintergrunde majestätisch erhebt.« – Diese Alpe ist der Schneeberg, und der Köhler Christian Glühwurm und der Holzhauer Franzel sind Bewohner dieser Voralpenlandschaft, in der damals auch noch der Glaube an Berggeister sehr lebendig war. Und der Menschenfeind Rappelkopf ist Raimund selbst, der in seinem am 1. Mai 1827 entstandenen Gedicht »An Gutenstein« schrieb:

> »Die Welt, so alt sie immer sei,
> an Trug und Täuschung bleibt sie neu
> und edle Wahrheit thronet nur
> im Herzen kräftiger Natur.«

Raimunds Urgroßvater Christian Raimann hatte von 1695 bis 1700 den Gasthof auf dem Mariahilferberg gepachtet gehabt, 1834 erwarb auch der Urenkel ein Haus in dieser Gegend. Mit einem großen Festmahl und 15 Festreden wurde der »Einstand« gefeiert. Unter den geladenen Gästen befand sich viel Prominenz… das Gutsherrenehepaar Graf und Gräfin Hoyos, der schwerreiche Industrielle von Rosthorn, der Schriftsteller und Theaterstückeschreiber Adolf Bäuerle, der Maler Friedrich Gauermann und viele bekannte Schauspieler, unter ihnen auch Johann Nestroy.

Raimund hatte den Kaufvertrag am 5. September 1834 um 15 Uhr 45 unterschrieben. Zwei Jahre später, am 5. September 1836, ebenfalls um 15 Uhr 45 ist Raimund gestorben. Die Angst, daß sein Hofhund, der ihn gebissen hatte, tollwütig war, hatte ihn dazu getrieben, sich auf der Fahrt nach Wien in Pottenstein zu erschießen. Sein »Tal der Zufriedenheit« – wie er es nannte – hatte auch seinen Tod in sich geborgen.

Die »Raimund-Villa« zwischen Pernitz und Gutenstein ist keine Raimund Gedenkstätte (warum eigentlich nicht?). Und um Raimunds Grab in Gutenstein gab es bis in unser Jahrhundert wilde Gerüchte... der Selbstmörder soll ohne Kopf darin liegen!

Die Wirklichkeit ist nicht weniger makaber. An Raimunds Sterbelager in Pottenstein war auch der Badener Arzt Dr. Anton Rollett, der nach dem Tod des Dichters die Obduktion vornahm und dann auch dessen Schädeldecke für seine damals schon berühmte Schädelsammlung mitnahm und den Gipsabguß »phrenologisch äußerst interessant« fand. Toni Wagner, die Lebensgefährtin Raimunds, klagte darauf den Doktor auf Entwendung und erhielt die Schädeldecke zugesprochen. Sie soll diese bis zu ihrem Tode im Jahre 1879 im Strohsack ihres Bettes verborgen haben. Dann kam die Hirnschale in den Besitz des Archivars der Stadt Wien, Dr. Carl Glossy, der sie seiner Tochter, der Burgschauspielerin Blanka Glossy, hinterließ und diese wiederum ihrem Gatten, dem Laryngologen Dr. Schwarz. Dessen zweite Gattin übergab 1969 das Stück dem Historischen Museum der Stadt Wien, und das Museum gab es weiter an die Raimundgesellschaft, deren Ziel es schon seit ihrer Gründung im Jahre 1936 gewesen war, das Cranium nach Gutenstein heimzubringen. Das hätte pietätvoll in aller Stille geschehen können...

...aber man machte einen Festakt daraus! Noch einmal wurden des armen Raimund Gebeine frei- und bloßgelegt, und am 6. September 1969 versammelten sich Priester, Kulturreferenten, Hofräte und sogar ein Vertreter des Unterrichtsministers und natürlich viele Adabeis an Raimunds Grab zur feierlichen Beisetzung der Hirnschale.

Ob das Spektakel Raimund gefallen hätte? Sein Gedicht »An Gutenstein« schloß mit den Worten:

> »Und schließt die Kunst mich einst aus ihrem Tempel aus,
> Verbirg mein graues Haupt in deinem grünen Haus,
> Dann mag sich meine Lebenssonne neigen,
> Dann will ich in dein kühles Brautbett steigen.
> In deinem Schoß ruh mein Gebein,
> Mein Grabmal sei in Gutenstein!«

☐

Zu Raimunds Zeiten gab es noch viele »Glühwurms« in dieser Gegend, und von den Köhlern und ihren rauchenden Meilern – die im Nebel oder in der Dämmerung fast unheimlichen Lebewesen der Vorzeit gleichen – gibt es sehr romantische Vorstellungen.

Auch heute noch qualmen im Gebiet um die »Kalte Kuchl« die Meiler, aber nicht mehr versteckt im Walde, sondern meist nahe der Straße. Die jetzt beliebten Grillparties haben Holzkohle wieder zu einer gefragten Ware gemacht. Immerhin bringt ein solcher Langmeiler – wie sie in unserem Gebiet errichtet werden – als Ertrag von 100 Raummeter Holz etwa 10.000 kg Holzkohle.

Romantisch aber war der Köhlerberuf nie! »Ein traurigeres Leben, als das eines Köhlers kann man sich wohl nicht denken. Meilenweit oft entfernt, selbst von dem ärmlichen Dörfchen, in dem er seine Freunde und seine Liebe hat, lebt er den schönsten Teil des Jahres über in den grausevollsten Bergschluchten, in den tiefsten Waldwüsten, ein Hüttchen von Brettern, das ihn nur kümmerlich vor Wind und Regen schützt, und in dem er sich kaum aufrecht halten kann, ist seine Wohnung. Rauch- und Teergeruch verscheucht das heimische Wild und die freundlichen und harmonischen Bewohner der Wälder von seiner Stätte. Eulen und Fledermäuse, die um das Licht des glühenden Meilers des nachts herumschwärmen, dort die lichttrunkenen Nachtfalter zu haschen, sind seine Gesellschaft. Sparsames Brot und Mehl und einige Tröpfchen Branntweins bringt ihm ein Knecht seines Herrn oder sein Kind einmal in der Woche. In Todesgefahr, sooft er den Meiler besteigt und stündlich in Gefahr, seinen Meiler, seinen ganzen Reichtum, in Flammen zu sehen, kann seine Seele ebensowenig ruhen als sein Körper...« berichtete J. A. Schultes von seinen um 1800 unternommenen Voralpenwanderungen.

Dieser »Köhlerstreß« ergibt sich daraus, daß der Meiler während des (ca. vier bis sechs Wochen dauernden) Brandes ständig unter Kontrolle stehen muß und am Anfang der Köhler sogar Tag und Nacht nie länger als zwei Stunden schlafen kann. Alarm bedeutet für ihn, wenn dem Meiler bläulicher statt grauer Rauch entweicht!

Ein Köhler stand einst im Dienste der »Kohlenbauern« und sein Lohn war gering. Jeweils, wenn der Meiler ausgeräumt war, konnte er für einige Tage wieder zu den Menschen zurückkehren. Für viele der Köhler war die Rückkehr in die Zivilisation zuallererst ein Einzug ins Wirtshaus.

In »Der Alpenkönig und der Menschenfeind« läßt Raimund seinen Köhler Christian Glühwurm betrunken im Bette liegen. Dieser Naturalismus in einem Zauberspiel zeigt, daß der Dichter als Kenner des Voralpenlandes keine romantischen Vorstellungen vom Köhlerberuf gehabt hatte.

☐

Nicht nur an Köhler, sondern auch an Pecher, Schindelerzeuger und noch viele andere zumeist schon ausgestorbene Berufe wird im »Waldbauernmuseum« von Gutenstein erinnert. Und vor diesem Museum steht der »Wastl«.

Der »Wastl« ist ein hölzerner Barockengel; und weil diese bekanntlich nackt sind, hat man ihn züchtig mit einem Hemdchen bekleidet. Früher war er hoch oben auf der Mamauwiese gestanden.

Über diese Wiese führte schon der »Römerweg«, jener uralte Handelsweg, der aus der Ebene in das Alpenland führte und über den Salz und Eisen und andererseits Getreide und Wein transportiert wurden. Die Mamauwiese soll einst Muhmenwiese (Muhmen = weibliche Gottheiten, siehe auch Seite 104) geheißen haben. In dem sogenannten Kirchenwäldchen inmitten der Wiese wurden Mauerfragmente gefunden, die als Überreste eines Wachtturmes oder eines Klosters (Hospiz) gelten. Die am Kirchenwäldchen entspringende Quelle war schon immer als heilsam bekannt, und in der Barockzeit stellte man neben ihr eine Steinstatue des Pestheiligen Sebastian auf, die aber vom Blitz zerschlagen wurde.

Für einen neuen Sebastian fehlte den armen Waldbauern zwar das Geld, aber andererseits wollten sie auf eine Heiligenfigur bei ihrer heilsamen Quelle nicht verzichten. So trugen sie also einen Putto (wahrscheinlich aus der 1787 aufgelassenen Sebastianskirche von Pernitz) auf die Mamauwiese, stellten ihn in einen ausgehöhlten Baumstrunk, bekleideten ihn mit einem groben Leinenhemdchen – und hatten somit ihren neuen Sebastian, den sie dann nur noch liebevoll »Wastl« nannten.

Dieser »Wastl« – eine Symbiose von Jesuskind, Schutzengel und St. Sebastian – entwickelte sich bald zum Ziel bäuerlicher Bittgänge. Er sollte Kinder vom Keuchhusten befreien und das Land vor Dürre bewahren; man suchte Linderung bei Augenleiden mit einer Waschung im daneben befindlichen Sebastiansbrünnl, und man bat den »Wastl« oder dankte ihm auch fürs Gedeihen des Viehs. Dafür schmückte man ihn gerne mit frischen Blumen.

Den hilfreichen »Wastl« hat man in unserer Zeit von der Stätte seines Wirkens entfernt; er selber hätte sich nicht helfen können, wenn er von Kunstdieben gestohlen worden wäre.

☐

Herr Adolf Schmidl (1802-1863), Adjunkt und Supplent der Philosophie an der Wiener Hochschule, war ein sehr fleißiger Mann. Er hatte sozusagen nebenberuflich einige Theaterstücke geschrieben und war Herausgeber der »Österreichischen Blätter für Literatur, Kunst und Geschichte« und des zehnbändigen Werkes »Das Kaisertum Österreich«, er war ein berühmter Höhlenforscher und viel unterwegs als Verfasser zahlreicher Ausflugs- und Reiseführer (u.a. »Wiens Umgebungen auf zwanzig Stunden im Umkreise«). Und er wurde auch zum Entdecker des Unterberges für die Touristik. Euphorisch schrieb er: »Wer sich einmal an der herrlichen, in vieler Beziehung unübertroffenen Fernsicht auf diesem Berge entzückt hat, der wird kaum begreifen können, wie diese interessante Kuppe bisher so wenig bekannt ist, ja in diesen Zeilen – zum ersten Male besprochen werden muß! Die Ramsau, Kleinzell, mehr noch das Thal der Steinapiesting, jene von Rohr und Muckendorf, zumal der, schon auf einem Abfalle des Unterberges befindliche Ursprung der Mira werden eben nicht sehr selten besucht; daß aber inmitten dieser herrlichen Punkte eine Bergkuppe liege, welche nicht nur mit dem viel gepriesenen Schneeberge rivalisieren kann, ihn in mancher Beziehung sogar unbedenklich überbietet, ja seit 1829 sogar das Ziel frommer Wallfahrten, sonach von den Gebirgsbewohnern häufig besucht ist, – das ahnen die meisten Naturfreunde kaum!«

Über die Entstehung dieser erst im vergangenen Jahrhundert entstandenen Wallfahrtsstätte gibt es einige Geschichten. Der Gutensteiner Heimatforscher Alois Menschik erzählte (1903) diese: »Am Jakobi-Tage des Jahres 1831 kamen zwei fremde Männer zum Gastwirt Jakob Wimmer in Ramsau und baten um Nachtquartier und um einen Führer auf den Unterberg. Einer der beiden Männer war blind und teilweise lahm und konnte sich nur mit Krücken fortbewegen. Er hieß Leopold Scharbauer, Holzknecht aus Weichselboden in Steiermark. Dieser war durch sechs Jahre blind und durch zwei Jahre musste er auf Krücken gehen. Da träumte ihm dreimal hintereinander, er solle in Maria-Zell ein Muttergottesbild kaufen, dortselbst weihen lassen und auf den Unterberg in Niederösterreich tragen, dann werde er wieder vollkommen gesund werden. Daraufhin machte er sich mit einem Bekannten, namens Franz Königsberger, ebenfalls von Weichselboden, auf dem Wege nach Maria-Zell, kaufte dort ein dem Maria-Zeller Gnadenbilde ähnliches Marienbild, liess es weihen und begab sich auf die Suche nach dem Unterberg, der in der dortigen Gemeinde keinem Menschen bekannt war. Erst in Türnitz erfrugen sie von einem alten Fuhrmann, dass genannter Berg in der Nähe von Ramsau liegt. Am Annatage 1831 machten sie sich zeitlich in Begleitung des bestellten Führers Josef Reidinger auf dem Wege zum Unterberg. Oben angekommen wurde an einer Tanne ein dem Bilde entsprechendes Loch gestemmt und das Bild hineingegeben. Darauf knieten sich alle drei Männer nieder und beteten einen andächtigen Rosenkranz zur Mutter des Weltheilandes, darauf eine Litanei. Während der Litanei wurde Leopold Scharbauer wieder sehend, und es war, als wenn ihm Jemand sanft die Krücken unter den Armen weggenommen hätte, so dass er ganz gesund den Ort verlassen konnte.«

Nach einer anderen Version war es ein Mesner aus Mariazell, dem die Muttergottes im Traum befohlen hatte, auf dem Unterberg ihr Bild an einen Baum zu nageln. Das tat der gehorsame Kirchendiener im Jahre 1832 und bald danach entstand an diesem Ort die kleine malerische Holzkapelle »Maria im Tier«.

Über diese seltsam klingende Flurbezeichnung »im Tier« oder auch »Tierleiten« gibt es wiederum eine Geschichte. Zwei Pilzsucher sollen einmal dort hoch oben am Berg von einem schrecklichen Gewitter überrascht worden sein. Sie krochen voll Angst in einen hohlen Baum. Als die Bergmanderln kamen und die aus dem Baum herausstehenden Füße sahen, waren sie sehr erstaunt über das eigenartige Tier mit den vier Beinen und ohne Kopf... aber nach einer derart läppischen Geschichte möchte man die Entstehung eines Flurnamens nicht erklärt bekommen...

Nimmt man aber an, daß es da drinnen im Gebirg im 19. Jahrhundert noch immer den Aberglauben um Bergmanderln gab und einen alten (hohlen) Baum, bei dem man für das Wohlergehen der Almtiere bat, dann kann man sich schon vorstellen, daß die »Mariazellermutter« schließlich einen ihrer getreuesten Diener (eben einen Mesner aus Mariazell) ausschickte, um auch die »Tierleiten« katholisch zu machen.

Daß im Unterberg die Mira entspringt und dann gleich mit einem mächtigen Satz aus einem Felsen herausspringt, ist ein Naturwunder, das schon lange die Phantasie aller Mira- und Piestingtaler beschäftigt hat. Man erzählt von einem großen unterirdischen See im Innern des Berges, der einmal, »wenn die Welt zu schlecht wird«, ausbrechen und das ganze Land unter Wasser setzen wird – wie einst die Sintflut. Und dann erzählt man auch Sagen von einem Schloß und von großen Schätzen im Innern des Berges, von Feen und auch von einem guten Kaiser (Joseph II.), der in ihm ruhen und dereinst wiederkommen soll. Dabei scheint es sich um Umdichtungen der Sagen um den Salzburger Untersberg zu handeln, die für unseren Unterberg »ausgeborgt« wurden.

Tradition verpflichtet. Als bei der Eröffnung des Schutzhauses auf dem Unterberg am 22.8.1886 der damalige Vizepräsident des Österreichischen Touristen-Clubs auf das Haus zuschritt, wurde er von einer »die Fee des Unterberges darstellenden weißen Mädchengestalt« empfangen, welche ihm artig einen Rosenstrauß überreichte...

Oben:
Kalvarienberg von Stangental
bei Lilienfeld

Rechts:
Der schlafende Hirte am »Zeichenstein« des Sonntagsberges

*Links oben: Das »Heiratskreuz« bei Mariazell — Rechts oben: Tympanon der Mariazeller Basilika (rechts im Bild die Exorzismus-Darstellung) — Unten: Votivbild von Mariazell-Wallfahrern, die durch das Hochwasser der Traisen in arge Bedrängnis gerieten — Rechts: Der »gspaltene Fels« bei Mariazell*

*Auf Seite 92:*
*Der »Heilige Brun-*
*nen« von Mariazell*

# »ZU MARIA CELL GOTT MEINE SEELL«

An der Spitze der Prozession ging ein Herold in blauem Gewande. Ihm folgten drei Männer, die eine schwere, vergoldete Fahne trugen, 3860 Knaben in Paaren, 3520 Männer, Trompeter und Paukenschläger, die Geistlichkeit in vollem Ornate, Fürst Paul Esterházy de Galantha, Adelige, die Hofdienerschaft.

Dann kamen die Frauen. Voran acht weiß gekleidete Jungfrauen mit goldenen Kronen auf dem Haupte, vier Mädchen mit einer Marienstatue, die Fürstin, Gräfinnen, Hofdamen, 1235 Jungfrauen mit aufgelöstem und bekränztem Haar, 710 Frauen.

Den Frauen folgte eine etwas makabre Gruppe: 510 Männer, welche (wie gekreuzigt) mit ausgestreckten Armen dahinzogen.

Zuletzt kam der Troß: Pferdefuhrwerke und schwerbepackte Kamele.

Sechs Tage lang wand sich diese aus 11.200 Personen bestehende Menschenschlange von Eisenstadt durch das Bergland bis nach Mariazell. Ein wahrhaft barockes Schauspiel war diese Monsterwallfahrt im Sommer des Jahres 1692, die Fürst Esterházy zum Dank für die Verschonung seiner Gebiete im Türkenkrieg inszeniert hatte.

☐

»Wir werden jeden Tag – bei nur kurzer Rast – einen Weg von 12-15 Stunden zurückzulegen haben. Das Essen wird entweder schlecht oder sehr teuer sein, oder es ist sogar für Geld kaum etwas Genießbares zu bekommen; die Nachtruhe wird kurz, oft sehr kurz sein und wir werden selbst ohne Bett zufrieden sein müssen«, so schrieb Pfarrer Patek in der Einleitung seines 1874 erschienenen Büchleins »Die Wallfahrt von Brünn nach Mariazell«.

»Müdigkeit, Hunger und Durst, Hitze und Kälte, Regen und Sonnenschein, Wind, Staub und Koth, alles vereint sich, um die Geduld des Wallfahrers auf die härteste Probe zu stellen.« Pfarrer Patek schilderte diese zwölf Tage dauernde Pilgerfahrt sehr realistisch.

Und doch haben im Verlauf der Zeiten unzählige Menschen diese Strapazen gern auf sich genommen.

Schon seit der Urzeit versucht der Mensch, eine höhere Macht für sein

Geschick günstig zu stimmen (auch die Fundplätze prähistorischer Felsbilder sind nichts anderes als Wallfahrtsstätten).

Bei der christlichen Wallfahrt steht am Beginn die Pilgerreise zu den heiligen Stätten des Heiligen Landes. Lange weigerte sich später die Kirche,
auch Pilgerfahrten zu Bildern anzuerkennen, weil sie den Abfall in einen
Polytheismus befürchtete. Erst als sie sich im späten Mittelalter dem
Wunsch der Gläubigen nach »besonderen Stätten der Andacht« nicht länger widersetzen konnte, bekam auch das Gnadenbild ihren Segen.

Nicht die Kirche hat also die Gnadenorte erfunden, sondern die Gläubigen haben sie verlangt. Sie wollten an einem besonderen Ort ihre Bitten
vorbringen oder auch ihren Dank sagen. Und es ist nur menschlich, daß
sich bald auch noch andere Beweggründe für eine Wallfahrt ergaben...

Bürger, Bauer, Handwerksmann hatten einst kaum Gelegenheit, über
die nahe Umgebung hinauszukommen, andere Gegenden zu sehen, andere Menschen kennenzulernen. Für sie gab es weder einen Urlaub noch
Zeit für einen größeren Ausflug. Eine Wallfahrt war die einzige Möglich-
keit, einmal ein neues Stück von der Welt zu sehen. Dafür nahm man
gerne auch Müh und Plage auf sich.

1783 verbot Kaiser Joseph II. aus sanitären Gründen alle Wallfahrten,
die eine Übernachtung der Teilnehmer erforderten –, und gerade das hat
das Volk dem »guten Kaiser« besonders übel genommen. 1796 hob Kaiser
Franz dieses Verbot wieder auf.

Der Dichter Ignaz Franz Castelli, der 1857 den »Wiener Tierverein«
gründete und auch ein Gesetz gegen Tierquälerei erwirkte, bewohnte ein
Landhaus in Lilienfeld, an dem in einem Sommer an die zwei- bis dreihunderttausend Wallfahrer vorbeigezogen sein sollen; er war auch noch
um die Mitte des 19. Jahrhunderts aus »sanitären Gründen« gegen »Weit-
Wallfahrten«:

»Man muß nur wissen, wie die armen Leute oft nur mit wenigen Gro-
schen im Sacke die lange Reise beginnen, wie sie dann manche Nacht in
den Bergen, wo es kühl ist, auf Bänken, auf dem Stroh, oft sogar im Freien
zubringen, nur Brot essen. Man muß sie sehen, wenn sie bei Regen und
Hitze gewandert sind und von der Wallfahrt zurückkehren, wie erbärm-
lich sie aussehen; man muß sich überzeugen, wie viele schon auf der
Straße krank werden, und man wird sagen, die Frömmigkeit darf nicht
über die Sorge für sich selbst die Oberhand gewinnen.

Auf dem ganzen Wege singen und beten die Wallfahrer, dadurch wird
ihnen die Kehle trocken, nebstbei erhitzen sie sich durch das Gehen; wo
sie also Wasser finden, und das sprudelt ihnen eiskalt aus jedem Felsen
entgegen, da trinken sie und trinken oft den Tod mit.

Was die Unsittlichkeit betrifft, so kann man wohl annehmen, daß ein großer Teil der aus Städten kommenden Wallfahrer die Wallfahrt nicht aus religiösem Trieb, sondern aus Unterhaltung, aus Begierde einen Ausflug auf das Land zu machen, ja sogar zum Spaß mitmachen. Ich weiß Frauen, welche nach Mariazell wallfahrteten, um mit ihrem Geliebten die Reise unternehmen zu können.

Ich erlaube mir nun zu beschreiben, wie die Mittelklasse ihre Nächte zubringt: In allen Orten, wo Wallfahrer gewöhnlich die Nacht zuzubringen pflegen, finden sie nicht nur in den Gasthäusern, sondern auch in Privathäusern große Gemächer mit 50 und auch mehr Betten, deren jedes zwei Personen aufzunehmen bestimmt ist. Da fallen die Wallfahrerschwärme nun ein wie die Heuschrecken und nehmen die Betten in Besitz. Man sieht darauf, daß sich in die Betten auf einer Seit nur Männer, auf der anderen nur Frauen legen. Aber ich habe einen solchen Schlafsaal des Morgens, als die Wallfahrer aufstanden, gesehen, da lag alles untereinander.«

Es könnte möglich sein, daß Castelli auch deswegen gegen Wallfahrten war, weil die zwei- bis dreihunderttausend an seinem Biedermeier-Landhaus vorbeiziehenden und aus voller Kehle betenden und singenden Pilger sicherlich seine Ruhe gestört haben.

☐

Folgen wir einmal einer solchen Wallfahrergruppe von seinerzeit über die später so benannte »Via Sacra«...

Wir revidieren zuerst einmal sofort die Biedermeier-Vorstellung vom »gemütlichen Wiener«, wenn wir eine der »Wiener Wallfahrten« begleiten. Diese zog von der Paulanerkirche (beim Karlsplatz) los und erreichte nach einer Nächtigung in Kaumberg oder Hainfeld am zweiten Tag Annaberg und am dritten Tag Mariazell. Dann ein Tag Aufenthalt in Mariazell. Und in drei Tagen wieder Rückmarsch nach Wien. Mariazell in sieben Tagen. Die Schnellreisetouren unserer Zeit wurden also nicht von den schnellebigen Menschen unserer Zeit erfunden.

Außerdem: Diese Wallfahrten von seinerzeit hatten auch ihren »Fahrplan«, richtiger: »Gehplan«.

Sie wurden an einem ganz bestimmten Tag des Jahres angetreten, nahmen immer den gleichen Weg und hatten auch ihre festgelegten Ankunfts-, Aufenthalts- und Abmarschzeiten bei Zwischenstationen und fixe Tagesetappen (ohne Rücksicht auf das Wetter). Die »Reiseleiter« der Wallfahrten waren die Vorbeter, die nicht nur Gebet und Gesang in Schwung hielten, sondern auch noch Führer, Betreuer, Quartiermeister und, wenn es notwendig wurde, auch Bader (also Arzt) in einer Person waren.

Wie gut organisiert auf Tag und sogar Stunde diese Wallfahrten von anno dazumal waren, beweist ein »Terminkalender« des Pfarrers von Lehenrotte aus dem Jahre 1817 für seinen Nachfolger, der sogar die Bonität der einzelnen Gruppen genau festhält. So heißt es u. a.:

»Nachmittag den Freitag vor dem Bittsonntag um 3 Uhr Wieselburger (Wieselburg in Ungarn, Moson) – zahlen Messen.

Dienstag nach Christi Himmelfahrt haben die Lemmbacher um 5 Uhr Segenmesse. Österreicher aus Ungarn kommen nach, welche Messe verlangen, nämlich die Neudorfer. Kommen aber um 1/2 Stunde später, daher müssen die Lemmbacher ersucht werden, daß sie warten. Denn die Neudorfer sind wichtiger – Stipendien.

Freitag kehren die Neudorfer zurück, um 5 Uhr Segenmesse, Stip. et obl.* Zugleich ist eine deutsche, die nach Zell geht. Aufmerksam machen, sie könnten hier Messe nun bald erhalten, wenn die Ungarn kämen. Um 8 Uhr Gadner – um 9 Uhr Röhrenbach – Sieghartskirchen. Um 10 Uhr von Tabor zahlreich – Grillberg gegen 12 Uhr. Stip. et obl.

Nachmittag kroatisch Mannersdorf ben. (benedictio = Segen). Hof bei Mannersdorf gegen 3. Deutsch-Mannersdorf gegen 1/2 4. Um 5 zieht die große Prozession von Pyra ein, wird bis zur Türe entgegengegangen. Opfern viel.

Die Wallfahrer von einst hatten nicht nur ihren »Fahrplan«, sondern unterwegs auch gewisse Schwerpunkte nach einer eigenen Wertung.

Stift Lilienfeld wird in allen Pilgerführern wohl als »Perle« oder als »ehrwürdig« bezeichnet – aber die Wallfahrer begnügten sich dort nur mit einer kurzen Messe oder Andacht. Für sie bedeutete der Kalvarienberg von Stangental bei Lilienfeld weit mehr.

Zugegeben: Dieser Kalvarienberg gehört zu den schönsten Österreichs, eine harmonische Verschmelzung von Kunst und Landschaft. Die »heiligen Stiegen«, die zu der auf dem natürlichen Fels stehenden Kreuzigungsgruppe und der Grab Christikapelle darunter hinaufführen, wurden von den Pilgern auf den Knien rutschend bewältigt, und mehr als alle Kunstwerke Lilienfelds interessierte sie »die Hex«, eine weibliche Figur auf dem Kapellengitter mit Hängebusen und Hängebauch (im Barock Attribute dämonischer Wesen). Unheimliche Geschichten erzählte man von der »Hex«; die Wirklichkeit war prosaischer. Abt Matthäus III. Kohlweis von Lilienfeld, der Ende des 17. Jahrhunderts den Kalvarienberg errichten ließ, war jahrelang auch Mitglied der »Reformcommission« zur Bekämpfung des Protestantismus gewesen. Eine Hexe galt als das Symbol der Kirchenspaltung; in diesem Gitter ist sie gefangen, besiegt.

---

* Stip., Stipendien = Meßstipendien, Obl., oblatio = Opfergang

Bald nach dem Kalvarienberg kam der nächste markante Punkt der »Via Sacra«, das »Steckerlkreuz« und der »Spreißelstein« bei Lehenrotte. Beim Kreuz nahmen die Wallfahrer jene Bergstöcke auf, die von den bereits aus Mariazell kommenden hier abgelegt worden waren. Und dann brachten sie noch an dem überhangenden Stein ein Stück Holz (Spreißel) an, damit der Felsen bis zu ihrer Rückkehr aus Mariazell nicht herabstürze.

Beide Bräuche sind längst vergessen. Die Auto-Wallfahrer brauchen ja auch keinen Wanderstab...

☐

In Türnitz faszinierte die Wallfahrer ein Dorn der Dornenkrone Christi...

Die Geschichte der Reliquie: Diese Dornenkrone befand sich in der Schatzkammer der byzantinischen Kaiser, wurde im 13. Jh. gegen ein Darlehen an die Venezianer verpfändet und schließlich an die Franzosen verkauft. König Ludwig der Heilige ließ darüber die berühmte Sainte Chapelle erbauen. 1356 gab König Johann von Frankreich zwei Dornen der Krone Kaiser Karl IV. als Geschenk, und dieser überließ einen Dorn seiner Enkelin, welche ihn an ihren Beichtvater weitergab. Nach dessen Tod erstand ein Wiener Bürger das silberne Reliquiar aus dem Nachlaß und opferte es 1443 dem »Gotzhaus zu Liligenfeldt«. 1613 kam der Dorn nach Türnitz.

Nicht nur byzantinische Kaiser leiden manchmal an Geldmangel. 1797 verkaufte Pfarrer Weinhapl das Reliquiar nur nach dem Silbergewichtspreis an einen Türnitzer Müllermeister. Große Enttäuschung und Empörung unter den Wallfahrern, aber auch bei den Türnitzer Geschäftsleuten, welche jetzt voll Grimm sehen mußten, daß viele Wallfahrer – ohne Aufenthalt in dem nunmehr »dornlosen« Ort zu nehmen – in Richtung Annaberg weiterzogen. Erst 1819 gelang es einem neuen Pfarrer, die Reliquie vom Müller zurückzubekommen. Er ließ dann sofort einige tausend Andachtsbildchen drucken und an alle durchziehenden Wallfahrer verteilen, denn rasch sollte die Kunde verbreitet werden, daß Türnitz wieder seine große Attraktion zu bieten habe.

☐

»Wenn man diese Reise zu Fuß mit den Wallfahrtern macht, so muß man nicht allein zurückbleiben, weil die Gegenden oft zu einsam und schauderhaft, besonders durch Wälder sind; ich selbst war in einem Walde etwas verlegen, als zwey Männer seitwärts aus dem Walde auf mich zugingen, und mich fragten, ob noch eine Truppe Wallfahrter nach-käme; als ich diese Frage mit ja beantwortete, gingen sie weiter«, erzählt Johann Hofmann in seinem 1826 erschienenen Pilgerführer. Besonders der »Lange Wald« zwischen Türnitz und Annaberg galt als unheimlich, wozu aber sicherlich auch die Beklemmung aller aus dem Flachland Kom-menden in dem engen, dicht bewaldeten Gebirgstal beitrug.

In diesem Tal (das nun längst nicht mehr dicht bewaldet ist und von ei-ner breiten Autostraße durchzogen wird) steht eine der stimmungsvoll-sten Kapellen Österreichs: Maria Siebenbrünn, 1716 vom Wiener Hand-schuhmacher Georg Wagner zu Ehren der Mutter Maria und zum Troste der armen Seelen gestiftet und 1729 geweiht. (Handschuherzeugung muß damals ein recht einträgliches Geschäft gewesen sein; voll Stolz hat Herr Wagner auch einen Handschuh in der Stukkatur über dem Altar an-bringen lassen.) Die Wallfahrer erzählten bald, daß der Handschuhma-cher diese Kapelle gestiftet hat, weil seine Frau (Mutter von fünf Söhnen und drei Töchtern) an dieser Stelle ihr 7. Kind geboren haben soll. Aber schon vor Erbauung der Kapelle stand bei der Quelle, deren Wasser als heilkräftig galt, ein Kreuz, das »Zu den Sieben Brunnen« genannt wurde. Jeder Pilger, der einst zum erstenmal nach Mariazell zog, wurde mit die-sem Wasser angeschüttet.

Nach dieser Gaudi begann dann für die Wallfahrer bald der Ernst, der Steilaufschwung nach Annaberg. Er wurde entweder laut betend und singend zurückgelegt oder still und schweigend und ohne sich dabei um-zudrehen (weil man damit – nach dem Volksglauben – eine arme Seele aus dem Fegefeuer erlösen konnte). Manche Pilger legten diesen Weg zur Buße barfuß zurück – allerdings nur, wenn gutes Wetter herrschte; bei Schlechtwetter wagten oft die Wallfahrer auch nachts nicht, die Stiefel auszuziehen, weil sie fürchteten, dann nicht wieder hineinzukommen. Man stieg auch auf den Annaberg mit einem über die Schulter gelegten Stab, über dem die Arme ausgestreckt wurden – Erinnerung an Christus am Kreuz.

Es gab aber auch Prozessionen, die nicht so zelotisch dahinzogen. Be-sonders die Böhmen, Mährer und Ungarn boten ein herrliches Bild, nach-dem sie vor dem Annaberg das Reisegewand gegen ihre bunten und reichverzierten Trachten vertauscht hatten (dafür führten sie eigens einen oder mehrere »Binkerlwagen« mit).

Oben in Annaberg war während der Saison ständig ein Wachtposten auf Auslug. Bei jeder Prozession, die in Sicht kam, wurden dann die Glok-ken geläutet, die Geistlichkeit machte sich fertig zum »Einholen« der Wallfahrer und die »Standler« fürs Geschäft… ja, und wenn besonders viele Wallfahrer in Sicht waren, begannen die Wirte die Suppe zu wässern...

□

Das fällt den wenigsten Besuchern der Kirche von Annaberg auf: Schaut man vom Hochaltar zum offenen Hauptportal, dann sieht man darin wie in einem Rahmen den Ötscher vor sich. Das ist kein Zufall, das war auch schon beim Bau der Kirche beabsichtigt, diesen besonderen Berg in die Kirche miteinzubeziehen.

1217 hatte Abt Gebhart von Lilienfeld einige Mönche in die »Wildnuß Tannberg« geschickt, um dort Lichtungen auszuhauen und Viehweiden zu schaffen. Diese Mönche bauten eine kleine, der heiligen Anna geweihte Kapelle, und bald wurde aus dem Tannberg ein Annaberg, und schon 1298 konnte dort auch (urkundlich belegt) ein Ablaß angeboten werden. Mariazell durfte das erst ab dem Jahre 1330.

Als Pilgerort ist also Annaberg älter als Mariazell; und es war ein selbständiger Wallfahrtsort und keineswegs nur eine Kirche, die von den nach Mariazell gehenden Wallfahrern unterwegs »mitgenommen wurde«. Die Benediktiner von St. Lambrecht und die Zisterzienser von Lilienfeld, die Gottesmutter Maria und ihre Mutter Anna, Mariazell und Annaberg, standen einander im frommen Konkurrenzkampf gegenüber.

Ab dem 17. Jahrhundert konnte Annaberg die Pilger mit einer besonderen Attraktion überraschen, mit der »Ehrwürdigsten Hirn-Schaal der Heiligen Anna«. Und das ist die Geschichte der Reliquie, die heute in der Sakristei der Kirche aufbewahrt wird:

Nach dem Tod der heiligen Anna errichteten die ersten Christen über ihrem Grab in Jerusalem einen Tempel. Später brachte die heilige Helena, die Mutter Kaiser Konstantins des Großen, mit dem Kreuz Christi auch die Gebeine der heiligen Anna nach Konstantinopel. Im 13. Jahrhundert wurden diese dann geteilt und verteilt, die Stadt Mainz bekam das »Hochheilige Haubt«. Dieses wurde aber den Mainzern bald gestohlen und brüderlich von den Dieben aus der Stadt Düren und dem Kölner Minoritenkloster geteilt. 1651 schickte der Lilienfelder Abt einen Pater nach Köln, um die »Heilige Hirnschaal« zu erwerben, »wohl wissend, daß durch ein solches Heiligtum die Ehr und Andacht zur heiligen Anna zum besten könne befördert werden«. Dies gelingt dann auch dank Fürsprache der Kaiserswitwe Leonore. Seither wird ein ca. 2 Zentimeter großes herzförmiges Knochenstück in einer Monstranz den Gläubigen zum Kusse gereicht. Denn: »Wer soll nicht mit besonderen Seelen Trost auf das andächtigste küssen den Particul desselben Hochwürdigsten Haubt,

welchen ausser allen Zweifl die allerseeligste Jungfrau Maria mit ihren al-
lerreinsten Lefftzen, mit der Ehrenbietigkeit einer Tochter geküsset«,
heißt es in dem 1750 zu Wien erschienenen Werk von Pater Amadeus Carl
mit dem wahrhaft barocken Titel:

> »Neugründender Ehren Crantz der Heiligen Anna Mutter Mariae und Groß-Mutter Jesu
> Christi, geflochten Erstlich aus gründlichen Beweg-Ursachen zu ihrer eyfrigen Anruf-
> fung: Andertens aus Anführung vielfältiger auf ihre Fürbitt an den Heil. Anna-Berg in
> Unter-Österreich erhaltener Gnaden: Drittens aus verschiedenen zu ihrer Verehrung
> gottseelig-gesammeleten Andachten. Auf andächtiges Verlangen vieler eyfrigen Seelen
> und Obrigheitlichen Befehl verfasset.«

In diesem Buch führt der Pater auch unzählige Wunder an, die sich auf
dem Annaberg ereignet haben sollen. Denn so wie alle Heiligen und Für-
sprecher vor Gott, hatte auch die heilige Anna ihren bestimmten Kompe-
tenzkreis zugeteilt... sie half kranken Kindern, unfruchtbaren Frauen
und Müttern bei Schwangerschafts- und Geburtsschwierigkeiten.

In der Annaberger Kirche führt hinter dem Hochaltar eine steile Treppe
hinauf und hinter die Schnitzgruppe der Heiligen Anna Selbdritt, einem
Werk Jakob Kaschauers aus der Zeit um 1440... die heilige Anna, die Gottesmutter Maria und das Jesuskind darstellend. Hier war es alter Wallfah-
rerbrauch, daß die Leute weder dem Gottessohn noch der Gottesmutter,
sondern der geringsten der Gruppe – der Schnitzfigur der Gottesmutter-
mutter – ihre kleinen und großen Bitten ins Ohr flüstern, so nach dem
Grundsatz der irdischen Beamten-Monarchie: »Wenn du von den Höchsten etwas erbitten willst, dann mußt du es zuerst den Geringsten von ihnen begreiflich machen!« – Diese sachliche Wallfahrerphilosophie macht
auch die einstige hohe Wertschätzung der Annakirche zu Annaberg begreiflich.

Daß die Lilienfelder Mönche in der einstigen »Wildnuß Tannberg« eine
der heiligen Anna geweihte Kapelle errichteten und Pater Magnus aus St.
Lambrecht eine geschnitzte Madonna in dieses Gebiet mitnahm, geschah
aber auch nicht rein zufällig. Man wollte die hier stark verehrten heidnischen Muttergottheiten durch die katholischen heiligen Frauen ersetzen.

Als Sagengestalten leben die Heidenfrauen freilich munter weiter. Da
waren die Muhmen (siehe Seite 104), und da gab es die »Samperin« oder
»Sampermutter«, eine lokale Muttergottheit im südlichen Niederösterreich zwischen der Donau und Mariazell, eine der Frau Berchta ähnliche
Gestalt. Ihr Name ist ungeklärt. Steckt in dem »per« Berchta? Oder
kommt er von dem in dieser Gegend gebrauchten Dialektwort »sampad«
für unförmig dick (Fruchtbarkeitsidol der »Venus von Willendorf«)? Jedenfalls erscheint die Samperin in der Nacht vor dem Dreikönigstag mit

einer Schar ungetauft gestorbener, also unerlöster Kinder und will mit diesen auf den blitzblankgeputzten Tennen der Bauernhäuser tanzen. Ist alles in Ordnung und hat man der Samperin auch eine Schüssel Milch mit Semmelbrocken hingestellt, gibt es Glück fürs ganze Jahr.

Als Mitte unseres Jahrhunderts Wilhelmine Redl in Annaberg an ihrer 1953 vollendeten Dissertation »Wallfahrtsvolkskunde von Annaberg in Niederösterreich« arbeitete, war die »Samperin« dort noch für jung und alt ein Begriff. Frau Redl erzählt: »Es hat ganz den Schein, als ob die Annaberger dieser Glaubensgestalt noch sehr verbunden wären, denn man spricht nicht gern von ihr. Man gab mir auch meist nur widerwillig und verlegen und nach langem diplomatischem Herumreden darüber Auskunft, und einige entfernten sich überhaupt, als im Laufe des Gesprächs die Samperin genannt wurde. Man drohte mir schließlich auch halb scherzhaft, halb im Ernst, ich werde solange von der Samperin reden, bzw. sie ›bereden‹, bis sie mich eines Tages holen komme. Ich erfuhr auch im Laufe vorsichtiger Nachforschungen, daß diejenigen Annaberger, die vorgegeben hatten, von der Samperin überhaupt nichts zu wissen, in ihren Häusern in der Dreikönigsnacht heute noch die Milchschüssel mit den Semmelbrocken aufstellen...«

□

Zum richtigen Kraftakt wurde eine Wallfahrt für die Kreuz- und Fahnenträger. Jede Prozession wollte höchst reputierlich in Mariazell einziehen, und so hatten Kreuz und Fahnen oft Übergröße. Es gab sogar Fahnen, die von drei Männern getragen werden mußten – und das auch bei Sturm und Regen.

Bei Mitterbach aber, an der Grenze zur Steiermark, versperrten die »wackeren Männer« den Weg und verlangten ihren Tribut. Jeder Teilnehmer der Wallfahrt mußte sich den Weg nach Mariazell freikaufen.

Die Wallfahrer wurden recht oft zur Kasse gebeten. Jede Kirche, in der ein Meßopfer oder eine Segensandacht gefeiert wurde, hatte ihren Opferstock, in größeren Kirchen (in die sie mit Glockengeläut einzogen) wurde für sie ein Opfergang inszeniert. Dazu kamen die vielen Bettler am Wegrand und die Devotionalienhändler, welche ihre Kerzen und Andachtsbildchen zu »g'schmalzenen Preisen« verkauften. Auch wenn man die ganze Verpflegung für eine Woche und länger mitnahm und nur irgendwo auf dem Fußboden schlief, kostete eine Wallfahrt viel Geld. Manche Pilger sparten einige Jahre lang, bis sie das Geld dafür beisammen hatten.

Aber wenn die Wallfahrer dann beim »Urlauberkreuz« Mariazell vor

sich sahen, dachte keiner von ihnen an Entbehrungen, Müh und Plagen.
Dreimal wurden Kreuz und Fahnen zur Begrüßung der Gnadenstätte ge-
senkt, laut singend oder betend zog die Schar in die Kirche ein. Und drei-
mal ging sie dann rund um den Gnadenaltar, wie auch Germanen und
Kelten schon ihre Heiligtümer dreimal umschritten, bevor sie mit dem
Opfer begannen...

□

»Im fernen Kloster St. Lambrecht, zu dem der Besitz der Mariazeller
Gegend gehörte, faßte Abt Otker den Entschluß, den heiligmäßigen
Mönch Magnus in jene Gegend zu schicken, um die Seelsorge des dort
ansäßigen Hirtenvolkes zu übernehmen. Der Mönch hatte in seiner Klo-
sterzelle eine überaus geliebte Marienstatue, die er aus dem Holze einer
Linde in der Nähe des Klosters geschnitzt hatte. Mit Bewilligung des Abtes und mit seinem Segen durfte er sie auf seine weite Reise mit sich nehmen. Als er schon müde von der beschwerlichen Wanderung am Abend
des 21. Dezember (1157) nahe dem Ziele war, das er sich zur Niederlas-
sung ausersehen hatte, versperrte ihm plötzlich ein aufragender Felsblock den Weg. Da die Nacht schon hereingebrochen war, wurde der
Mönch zaghaft und wandte sich flehentlich an die Muttergottes um Hilfe.
Sogleich spaltete sich der Felsen und gestattete dem Mönch den Durchweg. Nachdem dieser das Ziel erreicht hatte, stellte er die Statue auf einen
Baumstrunk, der heute noch im Gnadenaltar erhalten ist, und begann für
sie eine Holzkapelle und eine Zelle für sich zu zimmern. Von hier aus übte
er die Seelsorge aus und alsbald wurde die Kapelle der geistliche Mittelpunkt der ganzen weiten Gegend.« – Das ist die Entstehungslegende von
Mariazell, in Kurzform nacherzählt von dem Historiker und Kunsthistori-
ker Dr. Pater Othmar Wonisch aus St. Lambrecht.

Die Holzstatue auf dem (heute in den Gnadenaltar eingebauten) Baumstrunk machte diese Stätte zu einem der bedeutendsten Wallfahrtsorte
Europas.

Nur 47 Zentimeter hoch ist die Statue und wahrscheinlich ein Werk aus
dem 12. Jahrhundert. Das auf dem Schoß von Maria sitzende Jesuskind
hält einen Apfel (Symbol der Erlösung von der Erbsünde) in den Händen,
Maria eine Frucht, die man lange Zeit für eine Birne hielt und in der man
heute – auf Grund vertiefter Kenntnisse über mittelalterliche Symbolik –
eine Feige (Symbol des Leidens wie auch der Abwehr gegen Leiden) erkennen will.

Das Holz der Statue soll – im Gegensatz zu anderen Plastiken aus dieser
Zeit – weder morsch noch wurmstichig sein, auch wird berichtet, daß auf

den Köpfen der »bekleideten« Figuren kein Staub halte. Man erzählt auch, daß es unmöglich wäre, von der Statue eine originalgetreue Kopie anzufertigen. Als Fischer von Erlach d. Ä. an dem neuen Hochaltar der Kirche arbeitete, sollen das acht Bildhauer versucht haben... »Aber kaum hatten sie begonnen, sahen sie, daß es ihnen unmöglich sei, das Werk zu vollenden. Sie wurden von solchem Schauder erfüllt, daß sie aus der Gnadenkapelle gleichsam flohen, während der Anstifter des Planes gelobte, nie mehr einen solchen Versuch zu machen.« (Wonisch) – Wahrscheinlicher ist aber, daß die acht Bildhauer die Arbeit aufgaben, weil sie als Barockmenschen »keine Hand« für romanische Formen hatten.

Was aber wirklich wie ein Wunder erscheint, ist die Tatsache, daß die Statue alle Kriegswirren und vor allem die vielen Brände (einigemale brannte die Kirche bis auf die Grundmauern aus!) unversehrt überstanden hat.

Bleibt die Frage, warum gerade diese kleine Holzplastik von ihrer Entstehung an so eine große Anziehungskraft hatte? Aber das ist eine Frage, auf die es – wie über die Entstehung der meisten Kultstätten dieser Welt – keine klare Antwort gibt. Und Hypothesen können auch nur Randzonen des Phänomens (vielleicht) aufhellen...

Als Tatsache können wir annehmen, daß das Mariazeller Gebiet schon vor dem (sagenhaften) Jahr 1157 besiedelt war von Menschen, die – wie es in einem Mirakelbuch aus dem 17. Jahrhundert heißt – noch »in blinder Heydenschaft« lebten. Mönch Magnus war also in die Waldwildnis geschickt worden, um diese Heiden zu bekehren.

Wir folgen der Entstehungslegende. Als der Mönch Magnus schon seinem Ziel nahe war, versperrte ihm ein Felsen den Weitergang. Doch sein Flehen an die Muttergottes blieb nicht ungehört... »Sogleich spaltete sich der Felsen und gestattete dem Mönch den Durchweg«.

Diesen Felsen gibt es heute noch, er befindet sich in Rasing und wird »Ursprung« genannt. An seiner Straßenseite steht in einer Nische die Statue des gegeißelten Heilands – ein Denkmal, das zur Abwendung der Pest in Wien nach 1718 errichtet wurde. Neben dem Stein befindet sich der Gasthof »Zum Ursprung«. Der einzige Zustieg zum »gespaltenen Fels« ist verwüstet, man kann den Spalt heute nur mühsam über die verwachsenen Steilhänge hinter dem Gasthof erreichen.

Der ganze Fels hätte damals und seinerzeit von Magnus aber ohne jedwede Mühe links oder rechts umgangen werden können. Und der Spalt, durch den er dann geschritten sein soll und durch den auch noch bis in unser Jahrhundert fast alle Mariazeller Wallfahrer aus dem Süden und Südosten – einem alten Brauch folgend – zogen, dieser Spalt wurde eindeutig von Menschenhand ausgehauen. Wahrscheinlich handelt es sich hier um einen sogenannten »Durchkriechstein« aus jener Zeit, als die Menschen in diesem Gebiet noch »in blinder Heydenschafft« lebten.

Das Durchkriechen hat seine Wurzeln in magischen Vorstellungen der Urzeit, in der noch nicht die Himmelsgötter dominierten. Damals glaubte man noch an eine große Erdmuttergöttin, von der alle Fruchtbarkeit, die des Menschen, der Tiere und der Felder, kam. Aber auch Krankheiten stiegen von der Erde auf, und kranke Menschen wollten diese dann wieder der Erde zurückgeben, indem sie im »ewigen Fels« durch natürliche oder auch künstliche enge Spalten krochen, um dabei sozusagen die Krankheit wieder abzustreifen (wie z.B. am Blasenstein bei St. Thomas/Mühlviertel oder an der »Heidnischen Kirche« über Kaprun).

Das kultische Durchkriechen oder auch nur Passieren von Engstellen hat in Mariazell in der Barockzeit noch ein zweites Denkmal entstehen lassen, das »Luckerte Kreuz«. Es ist ein gemauerter Bildstock, mit einem Bogen in der Mitte, der von allen den Mädchen durchschritten wurde, die sich innigst einen Mann wünschten. Dieses »Luckerte Kreuz« am Ortsende von Mariazell und über dem Halltal wurde daher auch »Heiratskreuz« genannt.

Nahe dem »gespaltenen Fels« in Rasing befindet sich ein markanter bewaldeter Felskegel mit einer dem hl. Sigmund geweihten Wehrkirche aus dem Ende des 15. Jahrhunderts. Vor Erbauung der Wehrkirche befand sich auf dem Sigmundsberg eine Kapelle aus dem Jahre 1443, deren Besuch mit Ablässen verbunden war. Bemerkenswert ist ein aus dem Felsen gehauener Sitz an der Ostseite der Kirche. Ist er einer jener Kultsitze aus alter Zeit, deren Bedeutung noch immer nicht recht geklärt ist? Und sollte durch die Kapelle von 1443 eine alte Kultstätte christianisiert werden? Neben der Kirche liegt ein gewaltiger Haufen Steine, von denen jeder einzelne das »Mitbringsel« eines Menschen ist. Steinedeponieren ist ein jahrtausendealter Kultbrauch, der lange Zeit auch noch bei christlichen Wallfahrten geübt wurde (so wie auf dem Mäuerlberg bei Puchenstuben oder auf dem Falkenstein bei St. Wolfgang).

Hoch über dem Becken von Mariazell erhebt sich die Gemeindealpe (1626 m), die in einer Urkunde aus dem 13. Jahrhundert »mons Mumenalbe« genannt wird. Die Muhmen wie auch die Sampermutter sind vorchristliche Muttergottheiten; der »mons Mumenalbe« dürfte wahrscheinlich als einer ihrer Wohnsitze angesehen worden sein.

Es befinden sich also im Raum Mariazell etliche Kultrelikte aus heidnischer Zeit, die bezeugen, daß er schon früh eine Sakrallandschaft war, in der vor allem Muttergottheiten besondere Verehrung erfuhren. Als der

Mönch Magnus seine Muttergottesstatue in diese Landschaft trug, geschah es mit der Absicht, damit diese Muttergottheiten zu christianisieren; er dürfte keine großen Schwierigkeiten gehabt haben, Mariazell zu gründen.

So weit kommt man mit halbwegs akzeptablen Hypothesen. Aber ist man so weit, dann ist man gleichzeitig auch am Ende aller Versuche, das »Phänomen Mariazell« zu deuten. Es gibt dann nicht mehr die geringste logische Erklärung dafür, warum diese rohe Holzschnitzerei ausgerechnet in dem damals und auch heute – trotz Bahn und Straßen – schwer zugänglichen Gebirgswinkel und an keineswegs markanter Stelle so schnell zur »Magna Mater Austriae« geworden ist.

☐

Das Relief über dem Hauptportal der Basilika von Mariazell entstand in den Jahren 1437/38 und zeigt links und rechts der Schutzmantelmadonna bedeutsame Szenen aus der Geschichte des Wallfahrtsortes: Markgraf Heinrich I. von Mähren und seine Frau litten an Gicht, und der heilige Wenzel riet ihnen im Traum, nach Mariazell zu pilgern und dort – nach ihrer Gesundung – eine Kirche zu erbauen (was dann um 1200 auch geschah); König Ludwig I. von Ungarn, dem die Mariazeller Maria im Traum riet, seine Feinde trotz ihrer Übermacht anzugreifen, und dem im Jahre 1377 ein glorioser Sieg über die mit den Türken verbündeten Bulgaren gelang (was alle Ungarn zu Mariazell-Pilgern werden ließ). Ganz rechts im Relief ist noch eine etwas seltsame Szene zu sehen... ein sitzender Mönch mit einem Buch in der Hand, der Rumpf eines Kindes, daneben sein abgeschlagener Kopf und ein Hackmesser, und eine liegende Frau, aus der ein ganzes Sortiment häßlicher Teufel in die Lüfte entweicht. Diese Szene zeigt die älteste bekannte Teufelsaustreibung; sie fand 1370 in Mariazell statt, und das besessene Weib hatte ihr eigenes Kind getötet.

Die Verfilmung des Romanes »Der Exorzist« hat das allgemeine Interesse für Teufelsaustreibungen wieder angefacht. Daß solche »Operationen« aber auch früher schon Aufsehen erregt hatten, beweist ein Buch über eine 1574 vollzogene Teufelsaustreibung auf Burg Starhemberg, das drei Auflagen erlebte und für diese Zeit sogar zum Bestseller wurde. Es hat den Titel:

> »Kurtze/Warhafftige/vnd summarischer weiss beschribne Historia/von einer Junckfrawen/ wölche mit dreissig vnnd etlichen bösen Geistern/leibhafftig besessen/vnd in der Schloss-Capeln zu Starnberg/nit weit von der Neustat/im Ertzhertzogthumb Oesterreich/vnder der Enns/dises lauffenden viervndsibentzigsten Jares/am 15. vnd 16. Nouembris/ im beysein vieler vom Adel/vnd anderer ehrlicher leut genediglich davon erlödiget worden.«

Ein Dienstmädchen der Herren von Taxis auf Starhemberg war halb
»lutherisch« geworden und halb katholisch geblieben, und dieser Zwie-
spalt machte sie verrückt. Der Jesuit Johann Nicolaus Brabanter sollte ihr
in der Schloßkapelle von Starhemberg den Teufel austreiben. Das ging
dann so vor sich: »Zuerst gingen vier Teufel ab, und zwar mit solchem Ge-
stank von Pech und Schwefel, dass eine Frau in Ohnmacht fiel, und sogar
Männern übel wurde. Allein es waren noch mehr drinnen. Nun wurde
die Beschwörungsdosis verstärkt; die Person schwoll an Brust und Hals
auf, weil das Höllenzeug da oben sich festkrallte; das Mädchen reckte sich
und streckte sich, und krampfte bis zur Kugel zusammen, allein der Widerstand der Teufelsbrut war vergeblich, und binnen zehn Stunden flo-
gen mehr als 30 böse Geister aus. Jeder von ihnen machte sich den Spaß,
Ferdinand von Taxis, der ziemlich weitab eine brennende Kerze hielt, im
Vorbeifahren das Licht auszublasen; der letzte ging auch ab, allein am
schwersten, und als er herausfuhr, riss er das Altartuch mit allen Gerä-
then herab, trat auf der Sacramentstasche herum, und schmiss vom Hofe
noch Kiesel auf die staunende Gesellschaft in der Capelle. Das Mädchen
aber kam zu sich, lobte Gott und seinen Diener und schwor sofort das Lu-
thertum ab.«

Aberglaube von anno dazumal?

Im RITUALE ROMANUM (Auf Befehl des höchsten Pontifex Paul V.
herausgegeben unter der Fürsorge anderer Päpste geprüft und angepaßt
den Vorschriften des Codex Juris Canonici in Vollmacht unseres Heilig-
sten Herrn Papst Pius XII. gedruckt und vermehrt und erschienen in der
vielsprachigen Druckerei des Vatikans im Jahre des Herrn 1954) können
wir unter den auch noch heute gültigen »Richtlinien zur Beschwörung eines bösen Geistes« u.a. lesen:

»14. Der Exorzist soll sich nicht in weitschweifigen Reden ergehen oder
in überflüssigen und neugierigen Fragen, insbesondere über künftige
oder geheime Dinge, die sich nicht auf seine Aufgabe beziehen; sondern
er soll dem unreinen Geist befehlen zu schweigen und nur auf Fragen zu
antworten; er soll ihm nicht glauben, wenn der Teufel vorspiegelt, er sei
die Seele eines Heiligen oder eines Verstorbenen oder ein guter Engel.

17. Und er achte auch darauf, auf welche Worte die Teufel mehr erzit-
tern; diese soll er dann öfter wiederholen; und wenn es zu einer Bedro-
hung gekommen ist, so soll er diese wiederum und öfter aussprechen unter ständiger Erhöhung der Strafe; und wenn er sieht, daß er Fortschritte
macht, so soll er dabei verharren für zwei, drei, vier Stunden und mehr,
solange er kann, bis er den Sieg erringt.«

Für die Katholische Kirche war und ist der Teufel noch immer ein Faktum, das jeden Katholiken verpflichtet, an dessen Existenz ebenso zu glauben wie an die Gottes. Allerdings: Daß eine Exorzismusdarstellung auch auf dem Relief mit den bedeutsamsten Szenen aus der Geschichte des Wallfahrtsortes Mariazell Platz fand, das verstehen heute viele Gläubige nicht mehr…

Ein biederer Landpfarrer antwortete auf die Frage seiner Wallfahrer, »was das zerhackte Kindl da oben bedeuten soll?« ganz präzis: »Das ist a unschuldiges Kindl, das der Herodes umbringen hat lassen!«

☐

Die meisten Wallfahrer sind nach dem Ende der Messen und Andachten in der Mariazeller Basilika weniger an deren Kunstschätzen interessiert, sondern steigen auch heute noch viel lieber auf die Emporen zum »Büldlanschauen«. Das sind die Öl-, Wand- und Deckengemälde – alle im 17. Jahrhundert entstanden – welche in älteren Mirakelbüchern geschilderte Wunderbegebenheiten darstellen wie z.B.:

Ein zum Tode durch Enthauptung Verurteilter bleibt unverletzt (1406).

Ein Priester, der auf einer Reise von Juden auf einen Scheiterhaufen geworfen wurde und mit 29 anderen verbrannt werden sollte, blieb auf Anrufung der Mariazeller Gnadenmutter als einziger unversehrt (1430… Wo zu dieser Zeit noch Juden 30 Priester auf einen Scheiterhaufen werfen konnten, verschweigt allerdings das Mirakelbuch).

Ein einem Löwen vorgeworfener Jüngling bezwingt ihn (1512… Wo warf man damals noch Jünglinge den Löwen vor? Wurden vielleicht auch noch Geschichten aus Neros Zeiten in das Mirakelbuch aufgenommen?).

In der Mirakelgalerie von Mariazell sind aber auch viele »normale« Wunderbegebenheiten dargestellt, z.B.:

Maria beschützt eine durch Steinschlag gefährdete Wallfahrerschar (1640).

Ein Jäger glaubte, auf einen Bären zu schießen, traf aber einen Mann. Eilends verlobte er sich nach Mariazell und erlangte dadurch dem Angeschossenen das Leben (1502).

Eine durch eine Sichel am Fuße schwer Verwundete wird wieder heil (1653).

Außer den Mirakeln aus den Mirakelbüchern sind auf den Emporen auch noch viele Votivbilder zu sehen, die in unzähligen Variationen zeigen, wie lebensgefährlich das Leben ist. Und auch kleine Zettel sind da aus jüngster Zeit in die Rahmen der Bilder gesteckt mit Bitten wie »Maria hielf Mir bei der Schularbeit« (Hoffentlich war das keine in Deutsch!).

Es gibt einen Gottvater, einen Gottsohn und einen Heiligen Geist, in Mariazell gibt es nur eine Himmelsmutter.

☐

Den Wallfahrern von anno dazumal war in Mariazell kein langer Aufenthalt gegönnt. Sie erreichten den Ort um die Mittagszeit, verbrachten dort den halben und noch einen ganzen Tag und traten dann wieder den Heimweg an. Mit zum Gnadenaltar gewendetem Gesicht gingen sie langsam aus der Kirche.

Die Männer hatten sich Andachtsbilder auf den Hut gesteckt... jeder konnte und sollte jetzt sehen, daß sie »Mariazeller« waren. (Heute stecken sich die Leute Wanderabzeichen auf den Hut.) Die Frauen hatten vorsorglich »Schluckbilder« für die ganze Familie eingekauft. Das waren Papierbogen mit (meist 18) briefmarkengroßen Abbildungen des Gnadenbildes, die vor dem Verkauf geweiht worden waren. Bei Krankheit wurde ein solches Bildchen mit der Schere abgeschnitten und als wundertätige Medizin verschluckt. Aberglaube? Österreichs Altmeister der Volkskunde Gustav Gugitz schrieb über diese Schluckbilder: »In ihnen suchte die hilfsbedürftige Menschheit – man sollte, statt darüber zu lächeln, nur nachdenklich sein – wunderwirkende Kräfte, wie ehedem in anderen Dingen, die durch die Bewährung mit einer das Menschliche überragenden Potenz den Glauben an ein ihnen nun innewohnendes Heiltum erweckten. Was die Menschheit aber in diesen kleinen Andachtsbildern, allein auf die Einfalt des Glaubens gestützt, suchte und zu finden glaubte, war eben eine wenn auch dumpfe, aber trotzdem göttliche Ahnung und Verheißung dessen, was ihr die Wissenschaft einmal vielleicht an vielfach noch unbekannten Ausstrahlungen des Heils aus dem gleichen göttlichen Ursprung wird bieten können.«

Der Abschied von Mariazell war von Wehmut überschattet. Viele Pilger wußten genau, daß sie sich ein zweites Mal eine solche Wallfahrt nicht leisten konnten. Sie war ein Höhepunkt ihres Lebens, von dem sie noch lange zehren sollten. Ältere Leute wußten nicht, ob sie noch einmal gesundheitlich imstande sein würden, die Strapazen ohne Schaden auf sich zu nehmen.

*Auf Seite 109:*
*Der Ötscher und sein*
*Rauher Kamm*
*Auf Seite 112:*
*Auf dem Ötschergipfel*

*Oben: Trickaufnahme der »Ötschergeister« von der*
*Geldloch-Expedition im Jahre 1901 —*
*Rechts: Felsensteig zwischen den Ötschergräben*
*und Wienerbruck*

Schon manchem waren die Anstrengungen zu viel geworden, so wie dem bürgerlichen Handelsherrn zu Wien Paul Panckl, der am 26.7.1765 in Mariazell gestorben ist und auf dessen Grabstein (jetzt am Geistlichen Haus eingelassen) die Inschrift lautet:

> Von Wien bin ich alhier ankommen,
> Zu danken dieser Gnadenquell.
> Nach meinem Wunsch hat aufgenommen
> Zu Maria Cell Gott meine Seell.
> Solt dise vielleicht annoch leyden,
> Gedenk durch etlich Ave mein,
> Die bittere Quallen bald zu meiden.
> Gott wird gewiß der Zahler sein.

Außer dem religiösen Erlebnis und dem Gemeinschaftserlebnis hatte bei einer Wallfahrt nach Mariazell für Menschen aus dem Flach- und Hügelland die Begegnung mit dem Gebirge erregend gewirkt. Sogar im Hochsommer, wo zu Hause alles grün und reif ist, konnte man dort auf dem Ötscher manchmal Neuschnee sehen!

Mariazell war in der noch kleineren Welt von einst für unzählige Menschen die wundervolle, weite Welt.

*Mariazells Gründung: Der Mönch Magnus stellt seine Marienstatue auf einen Baumstrunk.*
*Ansichtskarte aus dem Jahre 1908*

# ÖTSCHERLAND

Der Habsburger Rudolf II. zeigte großes Interesse für den Ötscher. Allerdings war der mit Alchemie, Astrologie und mit seiner »Kunst- und Wunderkammer« hauptsächlich beschäftigte Kaiser weniger am Berg interessiert, sondern mehr an den sagenhaften Schätzen, die in ihm verborgen sein sollten. 1592 zog eine kaiserliche Expedition los, diese zu bergen. Jedoch das sogenannte »Geldloch« blieb seinem Namen alles schuldig, man fand darin nur einige »Vögelfedern«…

Ein Teilnehmer dieser Expedition war der Diener des Priors der Kartause Gaming namens Hannsen Gasner. Schon einige Wochen später »verordnete« der Prior diesem Gasner und »anderen Eylf seiner unterthanen«, noch einmal in die Höhle zu gehen, um zu erkunden, ob diese nicht auch einen Ausgang auf einer anderen Seite des Berges habe. Bei diesem Unternehmen wurde das Ende des linken, fast einen Kilometer langen Höhlenastes erreicht. Eine Steilwand schien unüberwindbar, aber einer der Männer kletterte schließlich hinauf, und die anderen folgten ihm – nur Gasner wagte das lange nicht. Doch weil er fürchtete, daß die anderen einen Ausweg finden und ihn zurücklassen könnten, ließ er sich schließlich ebenfalls Fußeisen zuwerfen und erkletterte die Wand. Und nur, weil er der einzige dieses Unternehmens war, von dem man den Namen weiß, heißt diese Wand (vor der heute noch viele Höhlenbesucher kapitulieren) jetzt »Gasnerwand«.

Die nächste Expedition fand 1747 statt. Im Auftrage von Kaiser Franz I. sollte der spätere kaiserliche Mathematicus J. A. Nagel das Geldloch »in Augenschein« nehmen. Das tat er fast wortwörtlich… er wagte sich nicht mehr als etwa hundert Meter in die Höhle hinein.

Zu viele schreckliche barocke Geschichten hatte man ihm erzählt… »dass alle diejenige Teufflen, so aus denen Besessenen ausgetrieben werden, auf diesen Berg ihren Aufenthalt nehmen müssen; welcher ihnen aber, ihren eigenen Geständniss nach, so unangenehm fallen soll: dass sie auch viel lieber in alle andere abscheuliche Orte, als hiehin wandern möchten. Dan, sollen sie ausgesagt haben, der Ötscher-Hölen seynd von unseren Gesellen bereits so sehr angefüllet, dass sie fast darin ersticken, und verschimlen müssen.« – Als Nagel und seinen Gefährten dann einige aufgescheuchte Vögel entgegengeflogen kamen, fürchteten sie, es könnten dies einige der »Teufflen« sein!

»Der inwendige Ötscher und seine Wunder« war der Titel einer (nun schon lange verschollenen) Handschrift aus der Zeit um 1700 in der Lilienfelder Stiftsbibliothek. Keine andere Höhle der Welt hat seit schon so langer Zeit nicht nur die Gemüter von Herrschern, sondern auch des Volkes bewegt. Aber erst im Jahre 1901 – also mehr als dreihundert Jahre nach Gasner & Co. – drang wieder eine Expedition bis zum Ende des linken Höhlenastes vor.

Es war ein Team von Bergsteigern, Höhlenforschern und Naturwissenschaftlern, die von der Höhle einen Grundriß anfertigten, Vermessungsarbeiten durchführten, Forschungsarbeit betrieben und dabei zwischen 1900 und 1902 sehr oft in der Höhle tätig waren. Einer von ihnen, Eugen Berr, hat im »Alpenvereinsjahrbuch 1901« über diese Arbeit berichtet und gleichzeitig die Höhle sehr poetisch geschildert: »Zwei mächtige Eissäulen, die oft bis zur Decke des hier plötzlich sehr hohen Gewölbes reichen, krönen die Eiswand und bilden gleichsam das Eintrittstor in den oberhalb gelegenen großen Eisdom. Zwischen den beiden Eissäulen stehend, befindet man sich an der Schwelle eines erhabenen Domes, dessen Boden mit spiegelglattem, festem Eise bedeckt ist. In der Mitte des Domes erhebt sich eine mannshohe Eisbalustrade in den abenteurlichsten Formen und von der Decke des Gewölbes, die in mystischem Dunkel verschwimmt, hängen gigantische Eiszapfen, während die Lichter der Fackeln und Laternen sich ringsum in vielfachen zauberhaften Reflexen spiegeln – nichts unterbricht die weihevolle Ruhe als der melodische Tropfenfall von der Decke! Wie ein Phantasiegebilde eines Jules Verne erscheint dieser durch seine Großartigkeit tiefernst wirkende Dom mit den formenreichen Eisbildungen und den Lichtreflexen...«

Damals wurden auch die ersten Fotos im Geldloch geschossen – und das im wahrsten Sinne des Wortes durch Abbrennen von vielen Kilo Magnesiumpulvers. Und auch einem Scherzchen waren die würdigen Herren nicht abgeneigt: Zwei von ihnen verkleideten sich für eine Trickaufnahme als »Ötschergeister«. Welcher Wissenschaftler von heute würde ein solches Scherzchen in unserer – angeblich – so freien und lockerer gewordenen Zeit noch wagen?

1923 wurde auch der rechte Ast des Geldlochs erforscht. Unterstützt von einer ganzen Infanteriekompanie des österreichischen Bundesheeres erreichte man dabei eine Tiefe von 410 Metern – das war damals »Höhlentiefen-Weltrekord«! 1953 erfolgte eine zweite große »Geldlochexpedition«, welche genaue Vermessungen durchführte. Dazu ein Kommentar des Höhlenerforschers und Leiters dieser Expedition Univ. Prof. Mag. Dr. Hubert Trimmel: »Bei Forschungsvorstößen in diesen Schacht kann auf eine Telefonverbindung mit der Außenwelt nicht verzichtet werden, über die beim Einsetzen von starken Regenfällen oder Gewittern sofort eine Warnung an die im Schacht befindlichen Forscher durchgegeben werden kann. Im Falle einer Warnung muß die Drahtseilleiter, die den Abstieg vermittelt, sofort verlassen werden, da es erfahrungsgemäß nur wenige Minuten dauert, bis die unterirdisch abfließenden Niederschlagswässer aus dem Bereich des Rauhen Kammes den Schacht erreichen und über die erste Schachtstufe in einem brausenden, 80 Meter hohen Wasserfall herniederstürzen.«

Durch die Entwicklung der Alpintechnik hat die Höhlenforschung seit damals eine gewaltige Wandlung erlebt. Feste Bohrhaken und leicht transportable Fixseile, Steigklemmen, Funksprechgeräte, u. a. ermöglichen es heute in die Tiefe vorzustoßen – mit einem Minimum des Aufwandes von einst an Menschen, Material und Zeit. Und unser Geldloch mit seinem Höhenunterschied von +101 m und −434m ist in der Weltrangliste der tiefsten Höhlen jetzt nur noch unter »Ferner liefen« zu finden. Man hat inzwischen schon Höhlen befahren, deren Tiefe fast ein Dreifaches ausmacht, Rekorde auch in der »Welt ohne Licht«.

1980 begann eine kleine Gruppe von jungen Höhlenforschern aus der Wachau das neben dem »Geldloch« befindliche und bisher weniger spektakuläre »Taubenloch« zu befahren. Auch in ihm stieß man in eine Tiefe vor, die wie beim »Geldloch« vier- bis fünfhundert Meter unter dem Fuß des »Rauhen Kammes« liegt, der eigentlich besser »Hohler Kamm« heißen sollte. Weil »Geldloch« und »Taubenloch« wahrscheinlich ein zusammenhängendes Höhlensystem von über zehn Kilometer Ausdehnung bilden, geht der Wanderer auf diesem schönsten Ötscheranstieg über einem unterirdischen Labyrinth, in dem es einen Akustikschacht und einen Spiegelgang, ein Schlotmonster und einen Seilzipferlcanyon gibt.

Leiter dieser Expeditionen ins »Taubenloch« ist Jeremia Eisenbauer, Pater im Benediktinerstift Melk. Und »Melker Dom« benannten er und seine abenteuerlustigen Freunde deshalb die von ihnen als den ersten Menschen betretene gigantische Halle, die mit ihren 110 Metern Länge, 75 Metern Breite und 40 Metern Höhe derzeit »Österreichs größten Höhlenraum« darstellt. Ein Vergleich mit den Maßen des Wiener Stephansdomes – Länge 91,8 Meter, Gesamtbreite des Langhauses 38,9 Meter, Höhe des Langhaus-Mittelschiffes 28 Meter – macht die Größe dieses Höhlendoms vorstellbar...

Der »inwendige Ötscher und seine Wunder«!

Im Geldloch kann jeder trittsichere Bergwanderer bis zur schönsten Stelle der Höhle vordringen, weil sie nahe am Eingang ist (Eisdom, ca. 140 Meter weit). Zur Überquerung des bis in den Sommer gefrorenen Eissees sei die Mitnahme eines Eispickels empfohlen, zum Ausleuchten des hohen Domes ein starkes Licht. Im Frühjahr ist der Höhlenzustieg (aus den Ötschergräben wie auch vom Rauhen Kamm weg) oft lawinengefährdet.

☐

Der Ötscher wurde infolge seiner isolierten Lage von den Bewohnern des Hügellandes lange als der höchste aller Berge gesehen – obwohl ihm sogar zu einem Zweitausender noch volle 107 Meter fehlen. Man nannte ihn »Othza« (=slawisch »Vaterberg«).

Der mächtige Berg, dessen Gipfel oft bis in die Wolken ragt, war einst für das Volk ein wahrer Wunderberg...

- Er galt als jener Ort, an dem das Wetter gemacht wird, und man verfluchte ihn, wenn es zuviel oder zuwenig regnete.
- Man erzählte, daß auf ihm Riesen und Zwerge hausen und in einem See, in der Gestalt eines Fisches, der Geist des Pontius Pilatus.
- Er galt als Aufenthalt aller unerlösten Seelen, und noch 1849(!) verbannte ein neugeweihter Priester aus Zwettl den spukenden Geist des Oberamtmannes Harold (der »seine« Bauern zu dieser Zeit noch ausgepeitscht hatte) für die nächsten hundert Jahre auf den Ötscher.
- Er war angeblich beliebter Treffpunkt aller Hexen. Auch die 1583 letzte in Wien verbrannte Hexe, die schwachsinnge Elisabeth Plainacher, hatte unter Folter und Suggestion der Jesuiten gestanden, auf den Ötscher geflogen zu sein.

1574 hatte der Hofbotaniker von Kaiser Maximilian II. Charles de l'Ecluse – Clusius, wie er sich auch nannte – den Ötscher erstiegen und gilt seither als sein Erstersteiger. Ganz bestimmt aber war schon vor Clusius ein Jäger oder Hirte auf diesem Berg gewesen, Clusius war nur der erste Mensch, der darüber einen Bericht geschrieben hatte. Erst in unserer Zeit beginnt man auch die Alpingeschichte zu revidieren, die das sogenannte »Bauernbergsteigen« bisher überhaupt nicht zur Kenntnis genommen hatte.

Bald nach der Ersteigung durch Clusius bekam der Ötscher ein Gipfelkreuz. Das heutige Ötscherkreuz wurde 1951 aufgestellt. Außer dem in Einzelteile zerlegten Kreuz wurden damals von Heimkehrern aus dem Zweiten Weltkrieg 400kg Sand, 250 kg Zement und 300 Liter Wasser auf den Gipfel getragen.

Und weil wir schon bei Zahlen sind: Vor einigen Jahren zählte ein Bergsteiger genau nach, wie oft das bekannte »Ötschergedicht« im Gipfelbuch
eingetragen worden war...

> »Zwei Knaben stiegen auf den Ötscher,
> Der eine matsch, der andere mätscher.
> Da sagte der Mätschere zum Matschen:
> »Geh, laß uns wieder abihatschen!«

Auf 60 Seiten fand er es 27mal eingetragen, ja einige Male sogar auch
auf jeder von zwei einander gegenüberliegenden Seiten. Das Zitieren
oder Niederschreiben dieses simplen Gedichts ist eine Sucht geworden,
die der unbekannte Verfasser seinerzeit wohl nie und nimmer vorausah-
nen konnte; kein anderer Berg der Welt kann ein solches poetisches Phänomen aufweisen.

☐

Der landschaftlich schönste und interessanteste Ötscheranstieg ist der
»Rauhe Kamm«. Es läßt sich nicht mehr feststellen, wann Gemsenjäger
erstmals über diesen markanten Felskamm zum Ötschergipfel hinaufgeklettert sind, und auch nicht, wer die ersten Touristen waren, welche sich
dann um die Mitte des 19. Jahrhunderts darüberwagten. Jedenfalls galt er
dann bald als ein »Gang zwischen Himmel und Erde«, und man erzählte
Schauermärchen von seinen »gruseligen Passagen«. Kein Wunder, daß
einstmals die Bezwinger des »Rauhen Kammes« mit stolzgeschwellter
Brust ins Ötscherhaus einzogen, wobei ein ehrfurchtsvolles Raunen
durch die Gaststube ging... »Die kommen vom Rauhen Kamm!«
Man erlebte zu dieser Zeit die Natur noch intensiver, und jedes Detail
eines Felsenanstieges wurde bewußt erlebt. Heute sind die Texte der
Führerwerke knapp und sachlich, früher waren sie weitschweifiger, aber
dafür auch sehr stimulierend. Ein Meister im Formulieren von solchen
Wegbeschreibungen mit Herz war um die Jahrhundertwende der Verfas-
ser des Raxführers (1894) und des Schneebergführers (1897): Der spätere
Hofrat Dr. Fritz Benesch (1868 - 1949). Hier ein Auszug seiner Wegbe-
schreibung des »Rauhen Kammes«:
»Wir betreten den Rauhen Kamm 900 Meter über Trübenbach bei den
letzten Wetterfichten. Deutlich sehen wir, zwei Meilen von hier, die Häu-
ser von Mariazell, erkennen mit unbewaffnetem Auge die glitzernden
Türme und die großen Hotels, und bisweilen trägt der Wind dumpfes
Glockengeläute herüber...
... Vor uns erhebt sich in einiger Entfernung ein hoher Gratauf-

schwung als steil aufgerichtetes, rundliches Felshorn von so abweisender Gestalt, daß bei dem Anblick manchem Neuling das Herz in die Hose fällt. Doch die Sache ist nicht so schlimm, wie sie aussieht…

… Die Kante ist überaus luftig, denn unter uns wölbt sich ein Absturz so steil in die Tiefe, daß der Blick erst Hunderte von Metern darunter den Boden erreicht. Doch sind die Felsen hier gut gestuft und zu einer förmlichen Rampe geformt. Noch einige Schritte nach rechts und wir stehen auf der Spitze des Turmes.

Langsam steigen wir zur nächsten Scharte hinab. Der Grat wird schmal, der Fels fest und plattig. Vorsicht ist angezeigt, denn ein Ausgleiten wäre hier, wo es rechts und links wie über eine Mauer hinabgeht, gefährlich. Tief sind die Abstürze nicht, denn der große Abgrund der Höhlenwand ist längst hinter uns und der Berg trotz seiner Steilheit von grünen Terrassen und Bändern durchzogen. Aber es löst doch ein leises Schwindelgefühl aus, wenn man am folgenden Gratstück wie an einer Hauswand entlang klettert, und nicht ungern ergreift der Zaghafte die Eisenstifte, die ihn auf die sichere Grathöhe bringen…«

Fritz Benesch sagte einmal: »Man muß den Leuten immer sagen, wo sie sind und was sie sehen können!« Und dann, fast entschuldigend: »Weil sie selber halt keine Augen dafür haben.«

☐

Man hat den Ötscher auch schon den »Fujijama von Niederösterreich« genannt und Lackenhof als »Heiligenblut Niederösterreichs« bezeichnet.

1887 konnte in der Zeitschrift »Der Tourist« ein Berichterstatter aus Lackenhof sehr Erfreuliches berichten: Nach der Eröffnung des Ötscher-Schutzhauses (1886) »wird das Dörfchen von Fremden so stark frequentiert wie nie zuvor« und – so schließt der Bericht: »Ich sehe schon im Geiste das kleine, reizende Lackenhof, welches heute nur aus Kirche, Pfarrhof, Schulhaus, dem Gasthause und 5 oder 6 Bauernhöfen besteht zum Range eines Luftkurortes erhoben, die schmucke Kellnerin Hanne des Schrottmüller'schen Gasthauses, welche heute errötend des Wanderers Hut mit Floras Kindern ziert, von schwarzbefrackten Ganymeds verdrängt, und statt des gemüthlichen Alpenhospizes mit seinem getrauten Gärtchen ein vielstockhohes Hotel den stillen Thalwinkel von Lackenhof verunstalten.«

Aber noch 1951 wird Lackenhof in einer Werbeschrift des Landesfremdenverkehrsverbandes Niederösterreich ein »geruhsames und einsames Dörfchen« genannt, in dem es nur zwei Gasthöfe gab, den »Kirchenwirt« und die »Linde« (Vollpension S 16. – bis 18. –).

Erst nach der Eröffnung des Ötschersesselliftes im Jahre 1963 wurde Lackenhof – wie schon 1887 prophezeit – »verunstaltet«. Übrigens: Für eine Bergbahn auf den Ötscher wurde schon im Jahre 1898 dem Wiener Ingenieur Josef Tauber eine Vorkonzession erteilt. Daß dieses Projekt dann nicht ausgeführt wurde, scheiterte nur an einer Kleinigkeit... am fehlenden Geld.

In Lackenhof haben seinerzeit die Touristen für ihre Ötscherbesteigung einen Bergführer engagiert, obwohl der Anstieg zum Gipfel schon immer ein leicht zu findender und leicht begehbarer Kuhweg war. Aber weil die Engländer in den Westalpen nur mit Führern auf die Viertausender stiegen, wollte man ihnen auf dem zwar nur 1893m hohen Ötscher schon aus Prestigegründen nicht nachstehen.

Ein berühmter Führer war der 1794 geborene Andreas Schöggl, Schuster von Lackenhof, der nicht bei seinen Leisten blieb, sondern insgesamt mehr als 800mal und oft sogar zweimal an einem Tag Leute auf den Ötscher führte. Seine Erklärung des Panoramas war immer gleich: »Ich bitte, der Berg dort, der wie ein Dreieck hersieht, das ist der Tamischbachturm, und der rechts hinten mit dem Riß in der Mitten, das ist der Reichenstein, und der wie ein Schubladkasten dort weiter rechts, das ist der große Buchstein. Aber Sie werden das alles wohl eh' wissen.«

Von einem anderen Führer erzählt der »niederösterreichische Rosegger« Johann Jantsch (siehe Seite 195):

»Auf einer Tour in das Ötschergebiet wurde mir in Lackenhof der Holzknechtpeterl, ein schon älterer Mann, als verlässlicher Führer empfohlen. Noch am selben Abend suchte ich ihn in seiner Keusche auf, traf beide Eheleute in bester Harmonie beim Nachtmahle an, trug dem Peterl mein Anliegen vor und bald waren wir handelseinig. Ich bestellte ihn als Begleiter auf und um den Ötscher für eine dreitägige Tour, wofür er nur den üblichen Taglohn, 1 fl. 20 kr. pro Tag, beanspruchte. Das Geld übergab er seinem Weibe mit dem Auftrage, ihm Proviant zu richten, und für den Morgen eine tüchtige Pfanne »Spatzen« zu kochen, er will sich etwas vorausessen. Außer dem Vorausessen fiel mir gar nichts besonderes auf, die Leutchen schienen so recht friedlich und glücklich in ihrer Keusche zu leben.

Als ich mit dem Morgengrauen wieder in seine Hütte kam, war er gerade bei den Spatzen im Vorausessen. Sein Weibchen stopfte seinen Rucksack mit Proviant. Alles schien in bester Harmonie, der eheliche Himmel klar, kein Wölkchen deutete auf Veränderung. Der letzte Spatze war unter Dach, der fettropfende Mund mit der Hand gereinigt, der Rucksack am Buckel, sein Weibchen gab ihm den Stock in die Hand, be-

sprengte ihn mit Weihwasser, machte ihm drei Kreuze, öffnete die
Thüre und sagte: »Pfirt di Gott, Peda, und bleib g'sund.«. »Was Gott will
und du a«, sagte er, dann schritten wir hinaus über den kleinen Hof.
Plötzlich blieb er stehen, kratzte sich hinterm Ohr und meinte: »Sapper-
lot, hob nu wos wichtig's vagess'n, woat'ns a bisserl, bin glei' wieda do.«
Ich blieb stehen und betrachtete indessen das herrliche Morgengestirn.
Plötzlich hörte ich, ich traute meinen Ohren kaum, Jammern, Geheul und
wuchtige Stockhiebe aus der Keusche. Erschrocken eilte ich zurück; doch
der Peter trat in demselben Momente kalt und gemessen aus der Thüre.
»Herr Peter, was ist denn geschehen?« frug ich ängstlich. »Ah nix, mei'
Olde hot so a Gethuar g'mocht, weil i's prüg'lt hob«. »Ja, Mann, warum?«
frug ich ihn erstaunt, »Warum? Weil's sonsta a Bisgurn wird. Wonn i 's
oba alle 8 Tog oamol prügl', is s' beste Wei' von da Weld. 's is ma eh hoat
onkemma, weil erst üwamorg'n da Prüg'ltog is; weil i owa do nit dahoam
bi', so hob i's in Voraus prügl't. Sicha is sicha«. – War das nicht ein selte-
nes Original, der Aufzeichnung wert, ein Mann, der sich im voraus satt
isst, der im voraus sein Weibchen prügelt, ein Mann, der Numero sicher
geht?«

□

Im Jahre 1813 wurde der Lassingfall entdeckt. Entdeckt?
Natürlich haben die Holzknechte, Jäger, Hirten dieser Gegend von ihm
gewußt, aber keiner der Leute sah in den über die Felsen herabstürzen-
den Wassermassen der Großen Lassing etwas Besonderes. Sein Kolum-
bus wurde der Besitzer der Messingfabrik zu Öd August Rosthorn, der
auf seinen botanischen Exkursionen zufällig in die Schlucht geraten war.
»Überrascht durch die seltene Schönheit, verbreitete er seinen Ruf, und
machte alle gebildeten Reisenden, mit denen er zu sprechen kam, hierauf
aufmerksam. Unter andern schilderte er auch Seiner kaiserlichen Hoheit,
dem durchlauchtigsten Erzherzog Carl, die Pracht dieses Wassersturzes,
und Höchstderselbe fanden sich dadurch veranlaßt, sich von ihm hinfüh-
ren zu lassen, welches damals, wo noch kein Weg in diese Schlucht gebahnt war, als die Fußpfade der Holzknechte, mit nicht geringen Beschwerden verbunden war. Seiner kaiserlichen Hoheit bestätigte indeß
das Urtheil Rosthorns, und erklärten sich durch den Genuß, welcher Ihnen dieses herrliche Naturschauspiel verschafft habe, reichlich belohnt
für alle Beschwerden. Nun stieg der Ruf des Lasingfalles. Der damahlige
Herr Abt von Lilienfeld, Ladislaus Pyrker, ließ den Weg dahin bahnen,
und bald war nun der Lasingfall allgemein besucht.« So berichtete der
Reiseschriftsteller F.C. Weidmann im Jahre 1830.

Zu dieser Zeit hatte der Gastwirt von »Wienerbrückl« (wie Wienerbruck damals noch hieß) für die gebildeten Reisenden bereits eine Frem-
denverkehrsattraktion parat. Wenn man ihn einen Tag vorher per Boten
verständigte, ließ er das Wasser in der alten Lassingklause stauen und
dann bei Ankunft der p.t. Gäste (und natürlich gegen eine Gebühr) über
den Fall in die Tiefe rauschen... Johann Hofmann erzählt darüber in seinem 1826 erschienenen Mariazeller-Reiseführer: »Die Klause ist voll, das
Schleusenthor öffnet sich, ein dumpfes Brausen macht sich vernehmbar,
und Wogen, Massen und Berge von Schaum schießen mit donnerndem
Getöse hervor, weit hinaus über die dreyfache Vorragung, keine berüh-
rend, und noch in der Luft in die feinsten Wasserstäubchen zerfließend,
auf welche die Strahlen der Sonne Regenbogen mahlen, und den stäubi-
gen Nebel magisch beleuchten. Mit diesem Schauspiele ändern sich auch
zugleich die Empfindungen des Beobachters; wo man im Anschauen und
stillen Betrachten der schönen Natur ein seliges Vergnügen genoß, da tritt
nun betäubtes Staunen, ja fast Entsetzen an die Stelle. An die Vorstellung
und Berechnung, der Wuth und Gewalt, mit welcher man die Fluth her-
vorbrechen sieht, reihet sich die Idee von dem unvermeidlichen Verder-
ben dessen, den die entfesselte Woge zu fassen vermöchte, und füllt mit
einem unwillkührlichen Bangen die Brust. Drückt endlich auf das Klau-
senwasser die Last von 7 bis 800 Klafter Scheiter, dann – hier entsinkt mir
die Feder – sie vermag nicht dieses Schauspiel zu schildern und auch die
furchtbarste Fantasie wird sich vergebens nach einem Bilde umsehen, um
diesen Kampf in Wuth gerathener Kräfte zu vergleichen und zu schildern.«

Das Geschäft mit dem manipulierten Wasserfall blühte und gedieh bis
zur Erbauung des Kraftwerkes Wienerbruck für die Mariazellerbahn, das
von der Lassing betrieben wird und soviel Wasser schluckt, daß für unseren Wasserfall nicht mehr viel übrig bleibt. Der Lassingfall ist heute nur
noch ein kümmerliches Gerinnsel, ein Schatten von dem, was er einst war.

Der zweite große Wasserfall in diesem Gebiet ist der Trefflingfall, der
1897 vom Niederösterreichischen Gebirgsverein durch eine Steiganlage
erschlossen wurde. Diese hatte 550 Gulden gekostet. Ob das viel oder wenig Geld ist? Nun: Die Fahrt mit dem Sonderzug zur feierlichen Eröffnung
des Trefflingfallsteiges kostete von Wien nach Kienberg-Gaming hin und
zurück 1 Gulden 80.

Samstag abend um 21 Uhr 15 war der Zug abgefahren, am Sonntag um
2 Uhr in der Nacht in Kienberg angekommen. Mit Laternen zogen die
Festgäste durch das Erlauftal zum Wasserfall, wo sie – »an einem Ort wo
noch nie Musik ertönt war« – von einer Musikkapelle begrüßt wurden.

Bei der feierlichen Eröffnung des Trefflingfallsteiges wurden nicht nur viele Reden gehalten und Begrüßungsschreiben verlesen (u.a. auch von den Alpenvereinssektionen Prag und Berlin), die werten Festgäste haben auch ganz beachtliche Entfernungen zurückgelegt . . . von Kienberg zum Trefflingfall, dann weiter nach Puchenstuben und von dort bis zum Bahnhof Scheibbs, wo um 9 Uhr abends die Rückfahrt nach Wien angetreten wurde. Ankunft in Wien: Montag 1/2 2 Uhr in der Nacht. Nach zwei fast schlaflosen Nächten ging man dann »neugestärkt von der Natur« – wie es hieß – wieder an die Arbeit.

□

So wie der Lassingfall seinerzeit für die Berglandbewohner »nichts Besonderes« bedeutete, so waren sie auch nicht imstande, Schönheit in den Ötschergräben oder Tormäuern zu sehen. Schön war für sie ein »g'standener Wald« oder eine saftige Wiese.

Auch das Landschaftsgefühl des Stadtmenschen erfuhr Wandlungen. War im Barock noch der gepflegte Garten Inbegriff einer »schönen Landschaft«, so liebte man später den »romantischen Winkel« und noch später die »erhabene Wildnis«. Ötschergräben und Tormäuer wurden für die Touristen zur Kultlandschaft. Sogar der Autor eines sonst recht sachlichen, 1908 erschienenen Führers für die Reisenden der Mariazellerbahn kommt bei der Schilderung dieser Schluchtenwildnis ins Schwärmen: »Diese Partie bietet unter allen die großartigsten und schauerlichsten Felsenszenerien. Der schmale Pfad läuft nur wenige Meter über der Erlaf fort, stellenweise über Holzbrückeln direkt über dem Wasser an den Wänden. An ausgedehnten Schutthalden vorüber, dann wieder entlang zerklüfteter Steilwände, die majestätisch himmelwärts ragen und scheinbar die Schlucht versperren, drängt sich dem Wanderer bei dem Gedanken an die tragischen Bergschrecknisse, herbeigeführt durch Lawinen- und Felsenstürze, das Gefühl der Unheimlichkeit auf...

... Wie Blumengewinde auf Leichenfeldern umrahmen und schmükken hier rotblütige Alpenrosen, gelbe Alpenveilchen, weiße Ranunkeln, Aurikeln und der dunkelblaue Enzian, aus Felsenspalten hervorsprießend, diese ungeheure Steinwüstenei, derweil auf Wiesen, Gehängen und Matten Orchideen aller Farben und Formen den Bienen ihre Kelche öffnen, die daraus den Stoff zur Bereitung eines köstlichen Honigs saugen...«

Hoppla! Almrausch und Enzian von Bienen umschwärmt, die gleichzeitig auch aus Orchideen ihren Honigstoff zuzeln?

Zuviel dichterische Freiheit?

Keineswegs! Wir stehen hier nämlich tatsächlich vor einem botanischen Phänomen, das sogar seinen Namen hat: »Ötscher-Enklave«.

Nach Duden ist eine Enklave ein »vom eigenen Staatsgebiet einge-
schlossener Teil eines fremden Staatsgebietes«. Unterm Ötscher gedeihen im Staatsverband der Buchen- und Fichtenwälder nicht nur die
fremdstaatlichen Latschen, sondern auch andere alpine Flüchtlinge wie
Almrausch und Enzian im Exil. Konkret: In einer Meereshöhe unter 1000
bis 500 Meter.

Zwei Hypothesen gibt es über die Ursache der »Ötscher-Enklaven«:

- Die Samen der alpinen Pflanzen wurden vom Wasser aus höher gelegenen Böden herabgeschwemmt.
- Sie sind Überbleibsel aus der Eiszeit und einer im kälteren Klima tiefer
herabreichenden Alpenflora. Die Pflanzen haben sich hier aus unbekannten Gründen mit dem langsamen Abklingen der Eiszeit allmählich an unser wärmeres Klima so gewöhnt, daß sie in den Enklaven
trotz Hitze und Dürre ebenso prächtig gedeihen wie ihre Verwandten,
die sich in höhere, rauhere Gebiete zurückgezogen haben (Hypothese
nach dem Botaniker Wettstein).

Der Eintrittskartenverkäufer für den heutigen Naturpark »Ötscher-
Tormäuer« formulierte das Phänomen »Ötscher-Enklave« wesentlich
verständlicher: »Bei uns können Sie für die paar Schilling so viele Blea-
merl (Blumen) sehen, für die Sie anderswo gut tausend Meter höher hin-
aufhatschen müßten!«

□

»Der Weg ist weniger physisch als geistig anstrengend, da man einer-
seits auf jeden Schritt und Tritt achten muß, anderseits die Gewaltigkeit
der Eindrücke eine solche ist, daß sie aufregend wirkt.« – So warnt der
Autor in dem vorhin zitierten, 1908 erschienenen Reiseführer vor den
Tormäuern.

»Da der Pfad in den Oetschergräben meist nur ungefähr 50 Zentimeter,
stellenweise sogar nur 30 Zentimeter breit, beinahe 2 Stunden lang fast
senkrecht über die Erlauf an schroffen Steilwänden fortläuft, so ist es
ratsam, daß Wanderer, welche nicht schwindelfrei oder nicht trittsicher
sind, diese Wanderung nicht ganz allein unternehmen, und ist bei nasser
Witterung besondere Vorsicht geboten.« So schrieb Eugen Brietze in seinem 1895 erschienenen »Voralpenführer«.

Die Schluchtwege durch die Tormäuer, Stierwaschmäuer und Ötschergräben wurden schon im 18. Jahrhundert von jenen Holzknechten angelegt, die den Ötscherbach und die Erlaf zum Holzschwemmen benutzten.

Überbleibsel der alten Schwemmeinrichtungen sind noch an etlichen Stellen erkennbar. So ist zum Beispiel zwischen der Jausenstation »Ötscherhias« und dem E-Werk Wienerbruck (dort, wo ein Brückl über einen mächtigen Felsblock von der orographisch rechten auf die linke Uferseite bringt) noch ein schönes Stück einer urtümlichen Staumauer zu sehen, die aus »holzverpackten« Steinen besteht.

Später begannen die alpinen Vereine, diese Arbeitswege der Holzknechte allmählich zu Touristenpfaden auszubauen. Man verbreiterte den Pfad, wo es nötig war, und ersetzte die über das Wasser gelegten rohen Baumstämme durch sichere Brücken. Trotzdem kam es immer wieder vor, daß weniger trittsichere Bergwanderer an schmalen Wegstellen ausrutschten und unfreiwillig baden gingen.

1960 begann man mit den Vorbereitungen für einen Kraftwerkbau in den Tormäuern. Natürlich protestierten alle dagegen, für die Niederösterreichs Schluchtenwildnis mehr bedeutete als nur ein Stück Ödland. Beim Toreck hätte eine 80 Meter hohe Staumauer errichtet werden sollen und die malerische Felsenschlucht und die Häuser der alten Holzknechtsiedlung Trübenbach wie auch das skurrile Konglomerat-Felsengebilde »Teufelskirche« wären im Wasser versunken. Daß dieser Plan nicht ausgeführt wurde, war aber kein Erfolg der Proteste und auch nicht etwa ein »Zur-Einsicht-Kommen« der Schnellplaner, sondern nur die Folge einer etwas genaueren Nachprüfung des Projekts, die ergab, daß die Wasser dieses Gebietes für ein Großkraftwerk nicht ausreichen würden. Darauf schalteten die Naturschützer schnell und erreichten, daß das Land Niederösterreich die Tormäuer in einen Naturpark verwandelte, der 1970 – im Europäischen Naturschutzjahr – eröffnet wurde.

Die »Große Schluchtenwanderung« (Vordere und Hintere Tormäuer – Ötschergräben) hat in ihrer Ausdehnung kein Gegenstück in Österreich. Man empfindet sie nur nicht als lang, weil sie so abwechslungsreich und faszinierend ist und die Zeit daher wie im Fluge vergeht. Höhepunkte dieser Wanderung sind die noch naturbelassenen Ötschergräben, während die naturgeschützten Vorderen Tormäuer mit ihren pseudo-urigen Tafeln und Rastplätzen mit Klotztischen und -bänken, an denen kein Mensch gut sitzt, und mit den meist übervollen Mistkübeln das Zwiespältige aller Naturparks zeigen, nämlich daß sie eigentlich »Erholungsbedürfnisanstalten« geworden sind. Bei der seinerzeitigen Naturschutz-Aktion »Rettet die Tormäuer« hatte der verdienstvolle Naturschützer Lothar Machura in der Zeitschrift »Natur und Land« noch deren hölzerne Weg- und Steganlagen als primitiv und verbesserungswürdig bezeichnet. Jetzt sind sie verbessert – aber wie! Man ersetzte Holz durch Eisen und Beton, und das paßt ebensowenig in die Landschaft wie ein Kamel auf eine Eisscholle in der Antarktis paßt. Auch Naturschützer haben schon in gutem Glauben Landschaftszerstörung betrieben...

Als Baldur von Schirach unter Hitler Gauleiter von Wien wurde, fragte er einmal einen bekannten Schauspieler, was man für Wiens Kultur machen könne. Dieser antwortete: »In Ruhe lassen!« Das sollte auch für die Natur gelten.

☐

Mitte des 18. Jahrhunderts ließ der Holzhändler Franz Josef Giegl, im Auftrage von Stift Lilienfeld, zum Schlägern der Urwälder am »Oetschanberg« Spezialisten für Steilhänge kommen. Es waren Holzknechte aus dem Dachsteingebiet. Und als diese dann voll Schwung mit der Arbeit anfingen, mußte Giegl zu seinem Schrecken feststellen, daß er »ketzerische Protestanten« in das »heilige Land« um den Gnadenort Mariazell gebracht hatte! Sie hielten heimliche Zusammenkünfte ab und ihr heiliges Buch war die Lutherbibel.

In Stift Lilienfeld erfuhr man bald von dieser Ketzerei und beschloß, die Holzknechte wieder katholisch zu machen. Herr Giegl wurde verpflichtet, für einen Kirchen- und Pfarrhausbau im Hagen (nahe der Erlaufklause) Geld zu spenden und auch eine hübsche Summe an Meßgeldern jährlich auszulegen. So entstand 1759 die Pfarre »St. Johann in der Wüste«. 1776 brannte die hölzerne Kirche mitsamt dem Pfarrhof ab, wobei die Brandursache ungeklärt blieb. Der Neubau wurde dann jedenfalls aus Steinen durchgeführt.

Überhaupt hatte der katholische Pfarrherr recht wenig Freude an seiner Gemeinde. Die Holzknechte kamen höchst selten in das Kirchlein – und das auch nur für ein »Gesichtsbad«, um Repressalien zu entgehen. Ihre heimlichen Zusammenkünfte fanden weiterhin statt. Schließlich beschloß das Passauer Domkapitel ganz energisch durchzugreifen...

... doch da erließ am 13. Oktober 1781 Kaiser Josef II. das Toleranzpatent. Bis zu Weihnachten konnte man dieses noch den Leuten »in der Wüste« verheimlichen, aber dann brachten Besucher aus dem Gosau ihren Verwandten die große Neuigkeit, daß es nun Religionsfreiheit gäbe. Am 22. Februar 1782 meldet sich in der Pfarrkanzlei Annaberg zuallererst eine Frau »als evangelisch« – es war die Magd Sabine Gamsjäger. Ihr folgten dann auch die Männer, und »St. Johann in der Wüste« war somit zu einer Pfarre ohne Gemeinde geworden. 1788 wurde sie aufgelassen.

In der 1785 in Mitterbach erbauten protestantischen Kirche hängen links und rechts vom Altar zwei Rokokoengel – sie sind alles, was von der

Einrichtung der Kirche »St. Johann in der Wüste« noch erhalten geblieben ist. Diese zwei ätherischen, fast schon schwindsüchtig wirkenden »z'niachtigen Mandln« müssen den rauhen Holzfällern von einst wirklich wie Wesen aus einer anderen Welt erschienen sein.

Folgt man heute der Ötscher-Forststraße vom Erlaufstausee weiter, so gelangt man (nach dem ersten großen Taleinschnitt hinter dem Hagenforsthaus) zu einem Gedenkstein, der an die erste protestantische Gemeinde am Ötscher erinnert. In der weiten Blumenwiese hinter dem Stein steht eine große Esche; unter ihr sind noch kümmerliche und von Brennnesseln umwucherte Mauerfragmente zu erkennen – die Reste von »St. Johann in der Wüste«.

Am Rande der Wiese erhebt sich der Pfarrerkogel. Es haben aber auch viele der Holzknechte von einst den Kuppen über dem Ötschergraben den Namen gegeben... so zum Beispiel der Sepp Rott dem »Rott-Seppen-Bichl«. Jedoch die Zeit ändert viel, und auf der Österreichischen Karte 1:50 000 ist diese Kuppe mittlerweile zu einem »Brotseppen Bühel« geworden...

☐

Wie in allen Pfarreien an den Wegen nach Mariazell ist auch in dem 1012 m hoch gelegenen Josefsberg ein größeres Gästezimmer vorhanden. 1953 wandte sich der damalige Pfarrer mit folgendem Anliegen an das Bundesdenkmalamt: Sein Gästezimmer mit recht alten Fresken sei schon 125 Jahre nicht renoviert worden, und er schäme sich, darin Gäste aufzunehmen. Ob das Amt an den Fresken interessiert wäre? Andernfalls würde er von einem Zimmermaler den Raum weiß »ausputzen« lassen.

Der Landeskonservator kam und mußte erstaunt feststellen, daß er hier vor bisher unbekannten, jedoch hochinteressanten Wandmalereien stand. Er leitete sofort die Restaurierung ein.

Der Schöpfer dieser Fresken war der Zisterzienserpater Chrysostomus Sandweger gewesen, der 1778 in Bayern geboren, Konviktzögling in Lilienfeld und Philosophiestudent an der Wiener Universität war. Priesterweihe in Lilienfeld, Kooperator in Lilienfeld und Kaumberg, Pfarrer in Eschenau und Türnitz, Administrator in Kreisbach und elf Jahre lang »Waldmeister und Straßeninspektor« von Stift Lilienfeld, waren seine weiteren Stationen; ab 1828 war er Pfarrer in Josefsberg, wo er 1838 starb und auch begraben wurde. Er war zweifellos ein begabter, musischer Mann, der 1825 beinahe Abt von Lilienfeld geworden wäre.

In seiner Josefsberger Zeit hatte Pfarrer Sandweger die Wände seines Gästezimmers mit Malereien geschmückt; aber weder mit biblischen oder

mythologischen Themen, sondern vor allem mit Szenen aus dem Arbeits-
leben der Holzknechte. Und weil es vom Anfang des 19. Jahrhunderts
wohl viele Veduten gibt, aber nur wenige Darstellungen aus der Arbeits-
welt, sind diese Fresken einmalige Bilddokumente.

Wir sehen an den Wänden des Gästezimmers in naiver, aber doch recht
gekonnter Pinselmalerei Holzscheiteln aus den Holzriesen durch die
Luft fliegen; ein Winterbild zeigt, wie die Holzknechte mit ihren Schlitten das Holz talwärts bringen. Diese gefährliche und unzählige Todesop-
fer fordernde Arbeit hat Pfarrer Sandweger allerdings nur als eine harmlose, lustige Schlittenabfahrt dargestellt. Und neben einer Unterkunft der
Holzknechte ist eine Vogelfalle aufgestellt... ein auf einige Holzstäbchen
gestelltes Sieb, unter das Futter gestreut war. Ein Zug an der Schnur und
die Falle war zu. Die Holzknechte lebten damals hauptsächlich von Brei-
und Mehlspeisen, jedes Stück Fleisch war für sie ein Sonntagsessen. Und
wir sehen Holzknechte nicht nur beim Bäumefällen, sondern auch beim
Transport der schon geschnittenen Scheiteln durch die Schwemmen mit
den Holzrechen. Alles in allem: Eine faszinierende Bilderschau!

Das interessanteste der Josefsberger Fresken ist die Darstellung des
»Hubmertunnels« am Gscheidl. Der ehemalige »Zisterzienser Waldmeister« Sandweger hat diesen ohne Zweifel mit eigenen Augen gesehen,
sein Fresko ist daher ein einmaliges Bilddokument.

Dieser »Hubmertunnel« war zu jener Zeit ein technisches Unikum,
dessen Entstehungsgeschichte interessant ist:

Zu Beginn des 19. Jahrhunderts hatte Österreich zum erstenmal Ener-
gieprobleme. Der Rohstoff Holz war knapp geworden, Holz nicht nur
zum Heizen und Kochen sondern auch für die Eisen (Kriegs) industrie.
Alle Wälder entlang der Straßen und Flüsse waren damals bereits kahlge-
schlägert.

Zu dieser Zeit gab es allerdings noch größere Wälder, die noch kein
Holzknecht betreten hatte, weil es aussichtslos schien, das gefällte Holz
aus ihnen auch ins Tal zu bringen.

Man engagierte also Spezialisten für die Holzbringung. Georg Hubmer
(1755-1833) war einer. Er war mit seinem Bruder Johann aus dem Salz-
kammergut nach Ostösterreich gekommen und hatte bald die zunächst
unlösbar scheinende Aufgabe gemeistert, Holz aus dem hintersten Winkel der Rax, dem Naßwald, nach Wien zu bringen.

Aber auch dieser Naßwald war bald gelichtet. Doch jenseits vom
Gscheidl, drüben im Steirischen, gab es noch immer Urwälder mit Riesenbäumen. Die zu fällen und über das 1134 m hohe Gscheidl zu transportieren, erwies sich allerdings zu mühsam und zu kostspielig.

Auf Seite 129: Marterl für einen Verunglückten der Pferdeeisenbahn im Rothwald

*Links oben: In dem 1853 vollendeten zweiten Schwemmtunnel am Gscheidl — Unten: Im Grünloch am Dürrenstein. Überbleibsel von der dort im Kriegsjahr 1943 errichteten Forschungsstation . . . letzte Erinnerungen an das »Tausendjährige Reich«*

| Am 17. Jänner 1878, ½5 Uhr Abends wurden Nachbenannte durch eine von Göller zu Tal gegangenen gewaltigen Lawine getötet: | | |
|---|---|---|
| Herz Balthasar, Schulvorsteher | 41 Jahre alt aufgefunden nach | 97 Tagen |
| Herz Ignatz, dessen Sohn, | 11 | 97 |
| Bärenkopf Josef | 28 | 35 |
| Bärenkopf Hermann | 25 | 3 |
| Reisenauer Johann | 26 | 3 |
| Reisenauer Heinrich | 19 | 1 |
| Schitter Johann | 25 | 35 |
| Schitter Amalia | 19 | 4 |
| Schitter Josef, Ehegatte | 46 | 3 |
| Schitter Theresia, Gattin | 46 | 1 |
| Laimer Alexander | 24 | 3 |
| Laimer Maria | 11 | 199 |
| Laimer Christine | 7 | 120 |

„Es ist der Herr, er thue was ihm wohlgefällt." I. Samuel, III, 18.

Es ist die Reihe heut an mir – Wer weiß vielleicht gilts morgen Dir.

*Oben: Die ursprünglich am Lahnsattel angebrachte Erinnerungstafel an das Lawinenunglück vom Jahr 1878 befindet sich heute im Lawinen-Gedenkraum des Ortes Lahnsattel. — Auch in späterer Zeit gingen am Lahnsattel große Lawinen nieder, wie dieses Foto (Bild rechts) von der Lawine des Jahres 1923 zeigt.*

*Auf Seite 132: Fresko im Gästezimmer des Pfarrhofs Josefberg. Links im Bild ein Holzknecht mit Vogelfalle, oben eine Holzriese*

Da hatte Hubmer eine geniale Idee. Er wollte alle hochgelegenen Quellen der Mürz sammeln, das Gscheidl mit einem Tunnel durchbohren und das steirische Holz mit steirischem Wasser nach Niederösterreich und auf dem Preinbach, Naßbach, der Schwarza und dem Kehrbach – und zuletzt auf dem Wiener-Neustädter Kanal – bis nach Wien bringen.

Georg Hubmer, der weder lesen noch schreiben konnte, wurde zum Ingenieur. 1822 begann er mit seinem Tunnelbau am Gscheidl, 1827 war der 431 Meter lange Tunnel vollendet. Hubmer hatte nur ein primitives »Richtscheit« als technisches Hilfsmittel gehabt und trotzdem den Tunnel von beiden Seiten vortreiben lassen. Als beide Stollen haargenau bis vor die letzte Trennwand vorgetrieben waren, wurde sie in Hubmers Gegenwart durchschlagen, und er kroch dann als erster durch das enge Loch von einer Seite auf die andere. Damals war er 72 Jahre alt.

Außer dem Tunnelbau am Gscheidl wurden in dem »Neuwald« noch (aus 22 Quellen gespeiste) schiffbare Kanäle mit einer Gesamtlänge von elfeinhalb Kilometern geschaffen, auf denen die mit Scheiteln beladenen Plätten mittels Pferdezug bis zum »Hafen« unterhalb des Tunnels gezogen wurden. Von dort brachte ein 228 Meter langer und von einem Wasserrad betriebener Aufzug das Holz hinauf zum Schwemmtunnel.

Alle diese technischen Bauten am Gscheidl wurden damals wohl als Wunderwerke angesehen und von vielen Reiseschriftstellern (den Vorgängern der heutigen Reporter) auch genau beschrieben – aber nur das Fresko des Pfarrers Sandweger zeigt die ganze Anlage im Betrieb. Das macht es historisch so wertvoll.

Pfarrer Sandweger ist deswegen nicht Abt zu Lilienfeld geworden, weil er das nicht werden wollte und das allen Mitbrüdern auch sagte. Als ehemaliger »Pater Waldmeister« fühlte er sich sosehr den Menschen des Voralpenlandes verbunden, daß er der Würde eines Abtes entsagte, um viel lieber Seelsorger einer kleinen Gemeinde zu werden. Ein Aussteiger?

Auf seinem Grab in Josefsberg, wo es neun Monate des Jahres kalt ist, stehen die Worte:

> »Hier ruht
> P. Chrysostomus Sandweger
> durch 10 Jahre Pfarrer allhier,
> ein Vater der Armen, ein Muster
> christlicher Duldsamkeit, ein treuer Freund,
> unvergeßlich allen, die ihn kannten.
> geb. den 4. May 1778, gest. den 27. März 1838«

Ein Besuch im Josefsberger Pfarrhaus animiert natürlich zu einem Besuch des Gscheidls über dem Preintal bei Schwarzau im Gebirge...

Einige Holzhäuser aus der Zeit Hubmers sind dort noch heute zu sehen, aber die berühmte »alte Mirz«, die in einem davon eine Schankwirtschaft betrieben hat, ist nun auch schon gestorben. Sie war die Enkelin eines jener Holzknechte, die seinerzeit mit Hubmer aus dem Dachsteingebiet in unsere Voralpen gekommen sind, und sie konnte unzählige Geschichten aus dieser Zeit erzählen. Jetzt wächst schon hoch das Unkraut um ihr leeres Häusl, es wird eines nicht fernen Tages einstürzen, wenn man es nicht bald renoviert.

Die »alte Mirz« war eine sehr kluge Frau. Sie hatte mit dem Österreichischen Bundesdenkmalamt (natürlich vergeblich) um Unterschutzstellung der alten Hubmerhäusln auf dem Gscheidl korrespondiert. Ihre Argumente: »Kultur – des sind doch net nur die alten Ritterburgen oder Kirchen. Was unsere Leut da g'schaffen haben, das war doch auch Kultur, ohne das hätten's in Wien damals gar net recht leben können!« – Nebstbei: Die »alte Mirz« führte ihre Korrespondenz in gestochen klarer Schönschrift und ohne jeden Rechtschreib- oder Beistrichfehler! Zuletzt sagte sie: »Jetzt leb' ich noch, aber wenn ich nimmer bin, dann wird auch alles von unseren Leuten da heroben gestorben sein!«

Der seinerzeit so bewunderte Hubmersche Schwemmtunnel ist schon lange verstürzt. Das heißt: Sein Eingang ist vom herabgeschwemmten Erdreich überdeckt, eine Ausgrabung könnte dieses kulturgeschichtlich wertvolle Denkmal wohl wieder freilegen. 1853 wurde auf dem Gscheidl von Hubmers Nachfolgern ein zweiter Tunnelbau vollendet, der, etwas tiefer angelegt, den Holzaufzug unnötig machte. Er wurde nach dem großen Vorbild angelegt und war etwa 750 Meter lang; auf der niederösterreichischen Seite ist er ebenfalls eingestürzt, aber auf der steirischen Seite kann man noch ein gutes Stück in ihn hineingehen. Eine Durchschreitung dieses Tunnels im Jahre 1856 schildert der Reiseschriftsteller Rafael Hellbach: »Ein fast unheimliches Gefühl befällt einen, wenn man, in der Mitte des Tunnels angelangt, plötzlich von der tiefsten Dunkelheit umfangen wird, und die beiden Ausgänge nur als Lichtpünktchen erscheinen. Wieder an das Tageslicht getreten, steht man im Angesichte des Neuwaldes, der vor weniger denn vierzig Jahren noch ein Urwald war. In der großen Lichtung sieht man jetzt einen schiffbaren Kanal, von der Quelle der stillen Mürz gefüllt, und mehrere Hütten. Der weitere Weg nach Maria-Zell führt nun durch den Neuwald selbst, und zwar längs des Schiffahrtskanales auf dem bequemen Treppelwege neben demselben. Die kühne Führung dieses Kanales, der theils in Felsen gesprengt, theils

mit klafterhohen Mauern am steilen Bergabhange unterbaut ist, wird mit
gerechten Staunen erfüllen; ebenso die großartige Wildniß, welche man
an zwei Stunden durchwandert, und die herrlichen Bäume, welche längs
des Weges verfaulen, ehe der Wald zugänglich war.«

Dort wo einst der Schiffahrtskanal verlief, führt heute eine breite Forststraße dahin; Teile der Stützmauern des Kanals sind noch zu sehen. Fast
nichts mehr zu sehen ist hingegen von der einst »großartigen Wildnis«
des Neuwaldes. Nur kurz vor dem Ort Lahnsattel gibt es noch einen Rest
des großen Waldes (sogenannter »Lahnsattler Urwald«) mit bis zu 50 Meter hohen Nadelbäumen. Einige solcher gefallenen Riesen sind schon am
Vermodern; geht man an diesen Baumleichen entlang, bekommt man erst
eine wahre Vorstellung von ihrer Größe.

Vor Beginn der Schlägerung durch Hubmer war der Neuwald ein
3600 ha umfassendes Urwaldgebiet, in dem Bäume mit über sechzig Me-
ter Höhe und einem Alter bis über 600 Jahre standen. Von diesem Ur-
Neuwald gibt es eine höchst abenteuerliche Beschreibung, nämlich den
Bericht des General-Domänen-Inspectors und Forstakademie-Directors
Joseph Wessely über einen Besuch im Jahre 1833. Hier einige Ausschnitte:

»Die Natur, welche hier seit den Tagen der jetzigen Weltgestaltung allein und ungestört waltete, hatte da ein Unglaubliches an vegetativer
Kraft und Erzeugung zusammengehäuft, sie hatte hier Anfang und Vollendung, pflanzliches Leben und Tod in riesenhaften Formen imponierend nebeneinander geordnet.

Die Majestät dieses gewaltigen Hochholzes ist aber eine schauerliche,
denn inmitten der Stämme höchster Lebenskraft stehen allenthalben die
abgestorbenen Zeugen früherer Jahrhunderte mit ihren gebrochenen
Ästen und Gipfeln umher; die rindenlosen Schäfte geisterbleich und vielfach durchlöchert von den Insecten suchenden Spechten; öfter auch in
langgestreckten Splittern endende Strünke vom Sturme gebrochener
Fichten und Tannen...

... Ohne Unterlass zog es uns vom Steige ab, den wir verfolgen sollten;
dieses Eindringen in die anscheinend noch unbetretene Wildniss übte einen unnennbaren Reiz, dem Keiner zu widerstehen vermochte; es war
ein Gefühl, wie es die grossen Weltumsegler bewegt haben mag, als sie
neue Erdtheile entdeckten! Mit ungeheurer Anstrengung schwangen wir
uns über einen oder den anderen Schaft hinüber, mühsam durchkrochen
wir andernorts die Gipfel oder zwängten uns zwischen dem Boden und
dem Schafte durch. Öfter sprangen wir auf ein dichtbemoostes Stamm-
stück; aber es brach unter uns ein und wir versanken bis über die Knie in
Holzmoder...

… Zum ersten Male machte mir der Wald, sonst der trauteste Freund, wahrhaftig bange. Ich zog die Uhr, sie wies auf ein Viertel auf Eins. Draussen schien – wie ich mich später überzeugte – die Sonne in hellstem Mittagsglanze. Aber nicht ein Strahl dieser heißen August-Sonne drang in das ewige Dunkel. Nun erst begriff ich die schauerlichen Geschichten, welche mein Oheim in der Spinnstube meines Grossvaters öfter zum Besten gegeben hatte.

Ein junger Apotheker aus Wien, erzählte er unter Anderem, kam botanisiren hieher. Auf der Hubmerschen Colonie im Nasswalde, wo er übernachtete, erzählte man ihm wohl, wie gefährlich es für einen Fremden sei, den Neuwald allein zu besuchen und etwa gar vom Steige abzuweichen, indem ja selbst die heimischen Holzknechte sich dort gar oft nicht zurecht finden können. Vergebens. Er verlachte alle Warnungen und glaubte wahrscheinlich, man wolle ihm nur einen kostspieligen Führer aufdringen. Am nächsten Morgen überstieg er allein das Gscheid und vertiefte sich dann in die Neuwald-Wildniss.

Als er nach Verlauf der für seinen Ausflug anberaumten Zeit nicht wieder zu den Seinen zurückkam, stellten diese Neuforschungen an; sie verfolgten seine Spur leicht bis an den Nasswald, wo man ihnen mittheilte, dass der Vermisste sich vor etwa drei Wochen von hier aus auf den Weg machte, um den Neuwald in der Richtung der Terz durchzumachen.

Aber weder in der Terz, noch in der Frein wollte man diesen Fremden haben ankommen sehen, seine weitere Spur war nirgends aufzufinden. Es unterlag keinem Zweifel, er war aus dem Neuwalde nicht mehr herausgekommen! Man bot die Holzknechte auf, den vielleicht schon Verhungerten aufzusuchen, aber alles Suchen war nutzlos. Jetzt erst wurde diesen Leuten klar, was das dumpfe Schreien und Wimmern zu bedeuten hatte, das sie vor einigen Wochen, zwei Stunden vor Mitternacht, aus dem Kessel dieses Urwaldes bis in ihren Holzschlag hinauf vernahmen und was sie – abergläubisch, wie sie schon waren – für Geisterspuk gehalten hatten. Es war der Todesschrei des unglücklichen Botanikers!

Als nach einigen Jahren die Holzschläge auch in diesen Kessel vorrückten, trafen die Arbeiter ein zwischen zwei übereinander gestürzten Baumschäften eingezwängtes menschliches Gerippe, daneben eine ganz verrostete Botanisirbüchse, zweifelsohne die Reste des botanisirenden Apothekers aus Wien.«

Der alte »Zellersteig« durch den einst so unheimlichen Neuwald heißt jetzt »Burgenländischer Mariazellerweg«, ist numeriert (06) und markiert und wird häufig begangen. Und ein neuer Brauch ist im Entstehen!

Die Fußwallfahrer nach Mariazell bringen kleine Erinnerungstafeln an

Bäumen oder an Steinen an; einige sind aus Bronze, die meisten aus Holz... »Zur Erinnerung an unsere dritte Wallfahrt nach Mariazell«... einmal ist sogar von einer »Wahlfahrt« die Rede. Und man bringt diese Tafeln im Neuwald an, weil dort noch immer alles der Welt entrückt erscheint!

☐

Nur so nebstbei erzählt der evangelische Pfarrer von Mitterbach in der 1950 erschienenen Geschichte seiner Gemeinde, daß er bei seinen Amtsgängen im Winter im Neuschnee schon oft fast versunken wäre und einmal sogar über Telefondrähte steigen mußte – so hoch lag der Schnee. Und das Totenbuch – so meldet außerdem der Herr Pfarrer – »weist je und je Gemeindemitglieder auf, die durch Lawinen umkamen«.

Von den vielen Lawinenunglücken in den Voralpen ist das vom Lahnsattel fast schon zu einer Sage geworden. 17. Jänner 1878. Eine Riesenlawine stürzt um 1/2 5 Uhr nachmittag vom Göller herab, fegt das Höchbauernhaus mit seinen Bewohnern hinweg und verschüttet auch eine Gruppe von Leuten, die auf dem Rückweg von einem Begräbnis waren. Dreizehn Tote lagen in den niedergegangenen Schneemassen, die so hoch und kompakt waren, daß sie in diesem Jahr dann nicht mehr ganz zerschmolzen.

Bei diesem Unglück ereignete sich auch etwas ganz Seltsames, das den Berglandbewohnern lange nicht aus dem Sinn ging.

Einige Fuhrleute waren mit ihren Pferdeschlitten an jenem Nachmittag ebenfalls über den Lahnsattel unterwegs und hatten dann oben im Höchbauernhaus kurz rasten wollen... sich ein wenig aufwärmen, eine Pfeife rauchen. Doch so folgsam ihre Pferde sonst waren – an diesem Winternachmittag zogen sie laut wiehernd an den Geschirren und waren vor dem Gehöft nicht zum Halten zu bringen. Schimpfend und fluchend gaben schließlich die Fuhrwerker die Zügel frei – und das hat ihnen das Leben gerettet!

Haben Tiere mit ihrem Instinkt den Menschen etwas voraus? Hundert Jahre später wurde auf dem Lahnsattel (1006 m) eine hölzerne Säule zur Erinnerung an die »Große Lahn« aufgestellt und in der alten Schule des kleinen Ortes Lahnsattel ein Gedenkraum eingerichtet, in dem auch recht unheimliche Fotos von späteren Lawinenabgängen zu sehen sind. Die alte Erinnerungstafel vom Lahnsattel hat in dem Raum einen Ehrenplatz. Namen und Alter der Toten sind darauf angeführt und auch die Zahl der Tage, nach der sie geborgen werden konnten... das letzte Opfer erst nach 199 Tagen! Unter der traurigen Liste steht der Spruch:

Es ist der Herr, der thue, was ihm wohlgefällt.
Es ist die Reihe heut an mir, wer weiß, vielleicht gilt's morgen dir!

# »SCHWARZE GRAFEN« UND URWÄLDER –
# UNTERWEGS IN DER »EISENWURZEN«

Schon seit dem 16. Jahrhundert wird das eisenverarbeitende Land vor dem steirischen Erzberg allgemein die »Eisenwurzen« genannt, Teil des südwestlichen Niederösterreichs und des benachbarten Oberösterreichs. In dieser »Eisenwurzen« befanden sich nicht nur viele große Hammer- und Walzwerke sondern auch unzählige Kleinbetriebe mit uns heute schon seltsam erscheinenden Firmenbezeichnungen wie Krautmesser- schmieden, Schiffklampfelschmieden oder Spalierhagelschmieden...

»Eisenwurzen« – ein gutes, urtümlich klingendes solides Wort. Und doch gibt es kein anderes Gebiet in Österreich, das sosehr den Gescheh- nissen der Zeit unterworfen war und ist. Schon im 19. Jahrhundert lebte diese Industrie nur vom Krieg und konnte in den Friedenszeiten nicht mehr viel aufstecken.

Von Hans Habe gibt es eine eindrucksvolle (1932 in der »Wiener Sonn- und Montags-Zeitung« erschienene) Reportage über die Not in der Eisen- stadt Steyr während der Zwischenkriegszeit: »Der Bürgermeister hat in der jüngsten Sitzung des Gemeinderates mitgeteilt, daß von den zwei- undzwanzigtausend Einwohnern der Stadt etwa elftausend vollkommen erwerblos, daß neunzig Prozent aller Kinder unterernährt sind, daß sich das Gespenst der Tuberkulose der Stadt bemächtigt hat und daß ein gro- ßer Teil der Bevölkerung darauf angewiesen ist, vom Betteln zu leben.«

Wie alte Mühlen sind auch alte Eisenwerke voll Poesie. Viele davon sind heute nur noch malerische Ruinen, von denen nun auch bereits eine nach der anderen von Planierraupen als unnütz weggefegt wird. Die »Ei- senwurzen« wird immer dürrer.

»Schwarze Grafen« – so nannte man einst die Hammerwerksbesitzer in der Eisenwurzen. Zwei der bedeutendsten waren Franz von Amon und Andreas Töpper.

Das berühmte »Amon-Haus« (heute Heimatmuseum) in Lunz am See wurde nicht von Johann Franz von Amon (1754-1825) erbaut, sondern be- reits 1551 von dem Hammerherrn Martin Ofner. Amon hat in dieses Haus nur »hineingeheiratet« und seine erste, zweite und dritte Frau haben ihm darin 14 Söhne und 6 Töchter geboren. Unter Amon wurde dieses Haus zu einem geschäftlichen und auch gesellschaftlichen Zentrum des Gebiets; es war ein Vorläufer aller Prunkvillen der Industriebarone des 19. Jahrhunderts. Kaiser Franz I. von Österreich war zweimal darin zu Gast, einmal sogar mit großem Gefolge, mit Maria Luise, der ehemaligen Kaiserin der Franzosen und ihrem Sohn, dem Herzog von Reichsstadt, Fürst Metternich u.v.a.

Kaiser Franz schätzte den Hammerherrn sehr, weil dieser unter der französischen Besatzung als Amtmann von Lunz eine größere Schar versprengter österreichischer Soldaten gerettet hatte, indem er sie selber nachts über die Berge führte. Natürlich wurde dem Kaiser bei seinem Besuch auch ein Strauß Narzissen überreicht und er – von dem man sagte, daß er statt Blut nur Tinte in den Adern habe – mußte zugeben, daß diese doch besser rochen als seine Akten.

Andreas Töpper (1786-1872) hatte es vom Schmiedlehrbuben zum größten Eisenwerksbesitzer Österreichs gebracht, er war ein genialer Erfinder und Schöpfer eines vorbildlichen Sozialwerkes für seine Eisenarbeiter.

Bis nach dem Zweiten Weltkrieg kündete eine von ihm selbst verfaßte Inschrift auf dem auch von ihm gestifteten Dürrenstein-Gipfelkreuz von seinem erfolgreichen Leben:

> Lobet den Herrn ihr Berge und Hügel!
> Auf dem Berge Sinai gab der allmächtige Vater seine heiligen Gebote. Auf dem Kalvarien Berge starb Jesus Christus sein eingeborener Sohn für unsere Sünden. Wanderer bette im Staube und beschaue hier seine Allmacht. Lahset uns Gott loben und lieben, denn er hat uns zuvor geliebt, als wir ihn erkannten.
> Wir waren arm geboren, nur mit deinem Segen konnten wir etwas erwerben, dafür sei gelobt und gebenedeyet die allerheiligste Dreyeinigkeit in alle Ewigkeit Amen.
> Andreas und Helena Töpper.
>
> Im Jahre Christi
> MDCCCXXXI (1831)
> Faßte ich And. Töpper
> und meine Gattin Helena, Inhaber und Gründer der k.k. Landesprivilegirten ersten Österr. Eisen- Stahl- und Walzenblech Fabrik zu Neubruck bei Scheibbs, der Grohszerenenhamer Werke zu Gaming und Lunz als die verheerende Cholera Krankheit Österreichs Gränze überschritte Wien und ganze Oesterreich schrecklich verheerte den Entschluß, zu Ehren der allerheiligsten Dreyeinigkeit zum Danke für den allmächtigen Schutz bei der betrübten Zeit wo unserem Leben Verderben drohte im Handel und Werksbetrieb gänglicher Stillstand aller Geschäfte eingetreten ist aus Dankbarkeit nach glücklich überstandener Gefahr, da ich bei allen meinen Werken und Gebäudlichkeiten über 500 Menschen beschäftigte und kein Mann davon gestorben ist, als Denkmal dieses Kreuz unseres Erlösers auf der höchsten Spitze am Dürenstein aufzustellen welches auch MDCCCXXXXI
> wirklich wurde.

Der Blitz hat das Töpperkreuz zerschlagen, ein neues steht an seiner Stelle. Die noch herumliegenden Trümmer des fast 2 Meter hohen und 15 Zentner schweren gußeisernen Kreuzes geben eine eindrucksvolle Vorstellung von den Bärenkräften der Schmiede, die es einst durch das Seebachtal zum Gipfel transportierten.

Jetzt erinnert nur noch die »Schöne Brücke« in Kasten an Andreas Töpper. 1855 wurde sie erbaut, 1862 von einem Hochwasser zerstört und gleich wieder neu errichtet. Die mächtigen gußeisernen schwarzen Statuen darauf gleichen weniger Heiligenfiguren als eher unheimlich wirkenden Dämonen. An der Straßenseite stehen die Namenspatrone des Ehepaares Töpper, St. Andreas und St. Helena…

Frau Helene Töpper wurde von den Arbeitern wegen ihrer Herzensgüte allgemein »Frau Mutter« genannt. War einer krank geworden, so suchte sie ihn auf und brachte Heilkräuter aus ihrer Hausapotheke, traf einen ein Unglück, so half sie. 1858 starb sie, ohne ihrem Mann einen Sohn und Nachfolger für sein Werk geboren zu haben.

So entschloß sich der damals bereits 73jährige Hammerherr schon ein Jahr später, die 20jährige Waise Amelie Höfling zu heiraten. Sie schenkte ihm drei Töchter und auch einen Sohn. Jetzt hätte Andreas Töpper beruhigt seine Augen schließen können…

… aber kurz vor seinem Tod mußte er (wie die Heimatforscherin Kraus-Kassegg berichtet) noch eine schreckliche Wahrheit erfahren. Seine Nachforschungen nach dem Verbleib einer in Wien unehelich geborenen Tochter ergaben, daß diese seine zweite Frau Amelie war!

☐

Im Jahre 1795 erstieg der Apotheker Josef Schilder aus Waidhofen/Ybbs den Dürrenstein (1878 m) und erzählte nachher, daß es auf diesem Gipfel kein Mensch wagen würde, »stehend den Berg hinab zu schauen«. So voll »schauderndem Staunen« auf dem Bauch liegend wie dieser Apotheker erlebt wohl kein Bergsteiger von heute noch den Dürrenstein, aber seine Überschreitung, bei der ca. 2600 Höhenmeter im Auf- und Abstieg überwunden und ca. 25 Wegkilometer zurückgelegt werden müssen, gilt noch immer als eine zünftige Tour.

Dieser Dürrenstein ist aber mehr als ein Berg, es ist ein 133 km² umfassendes Karstmassiv mit vielen faszinierenden Naturwundern…

Eines von ihnen ist der schon unzählige Male beschriebene und gezeichnete und gemalte und fotografierte Obersee, der von Karstquellen gespeist wird und dessen Abfluß schon nach wenigen Metern durch ein Schluckloch (Ponor) im Boden verschwindet. Etwas unterhalb des Sees weist eine Wegtafel zum »Brüllenden Stier«, zu einer kleinen Felsnische, in der man »im Eingeweide des Berges« – wie es ein Reiseschriftsteller des 19. Jahrhunderts formulierte – das unterirdische Wasser dumpf rauschen und grollen hört. Dann kommt der Bach wieder an die Oberfläche, stürzt mit einem 60 Meter hohen Wasserfall in die Tiefe – und verschwindet wieder.

Der Dürrenstein ist der höhlenreichste Berg Niederösterreichs. Bis 1973 waren bereits 120 Höhlen vermessen und katalogisiert und heute sind es noch mehr und von allen ist besonders das weitverzweigte Labyrinth der »Lechnerweidhöhle« für die Höhlenforscher eine Herausforderung. Aber... in dieser Höhle in Neuland vorzustoßen, hieße einen Aufenthalt von mindestens einer Woche darin vorzuplanen, eine Woche leben ohne Sonne und ohne das blasse Licht der Sterne. Vollkommene Finsternis und Stille. Schlafen in feuchten Schlafsäcken. Essen nur das, was für den Körper notwendig ist. Aber es hieße auch Abenteuer in engen Schlufen und lotrechten Schächten zu bestehen, auf den Vorstößen in die Tiefe und ins Ungewisse.

Auch an seiner Oberfläche ist dieser Karstberg voller Wunder. Da gibt es Karrenbildungen, die so aussehen als hätte jemand mit einem Riesenkamm über die noch weiche Erdkruste gestrichen, und Schachtdolinen, die Riesenzisternen gleichen und so groß sind, daß man Häuser hineinstellen könnte.

Außerdem gibt es auch noch die vielen Karstmulden, von denen die bekannteste das Grünloch ist (der Dürrenstein-Anstieg durch den Lechnergraben führt daran vorbei), weil darin Mitteleuropas kälteste Temperaturen gemessen werden, Temperaturen bis zu minus 52°! In dieser, in 1270m Höhe gelegenen Senke sammelt sich die kalte Bodenluft sozusagen als »Kältesee« – auch wenn Warmluft über die Höhen streicht und zur gleichen Zeit in Lunz nur etwa minus 5° gemessen werden. Die Lunzer Fremdenverkehrsleute sind daher gar nicht glücklich über den berühmten »Kältepol Mitteleuropas« in ihrer Nähe, weil sich seinetwegen unter den Wintersportlern die fixe Meinung gebildet hat, daß es in Lunz »so saukalt ist, wie sonst nirgendwo«.

Daß in dieser Mulde »irgend etwas los ist«, war den Hirten und Jägern schon seit jeher bekannt. Im Hochsommer ist darin einmal ein Hund erfroren, die Tümpel sind manchmal zugefroren und stets verläßt das Rindvieh diesen Ort vor Einbruch der Nacht. Als 1928 in der von dem Industriellen Dr. Carl Kupelwieser (einem Sohn des Malers Kupelwieser) gegründeten Biologischen Station Lunz der Beschluß gefaßt wurde, im Dürrensteingebiet Temperaturmessungen vorzunehmen, stellte man auch im Grünloch eine Meßstation auf. Im folgenden Winter stieg an einem sonnigen Tag der Laborant Sepp Aigner mit einem Kameraden zur Kontrolle auf. Die Sonne brannte herab, und die beiden Skiläufer hatten die Hemden abgelegt. So fuhren sie auch in die Mulde hinein. Aber noch bevor sie deren Grund erreichten, spürten sie ein merkwürdiges Spannen der Haut, aus den Augen rann das Wasser und durch die Nasen bekamen sie kaum Luft. Sie waren in den »Kältesee« eingetaucht, in dem – wie sich bald herausstellte – die Skalen eines normalen Thermometers für die Messung der Minusgrade gar nicht ausreichten.

Im Zweiten Weltkrieg, als in Rußland und im Hohen Norden infolge der Winterkälte Auto- und Flugzeugmotoren nur schwer oder überhaupt nicht ansprangen, entschloß sich die Führung 1943 (wohl schon ein bißchen spät), im Grünloch ein Forschungslabor für Tests von Motorenölen zu errichten. Vom Mittersee wurde eine Seilbahn aufs Gamseck gebaut und von dort das Material mit Raupenfahrzeugen zum Grünloch geschafft. Vollkommen verrostet steht noch heute eines der Fahrzeuge auf dem grünen Almboden. Und die Baracke der Forschungsstation ist nun zusammengebrochen und wüst liegen Motorenteile in den Trümmern herum, alles üppig von Unkraut überwuchert. Der Zusammenbruch des »Tausendjährigen Reiches« liegt – im Vergleich zur Entstehung der Karstwunder des Dürrensteins – relativ kurze Zeit zurück, und doch – die Natur ist ja so fleißig! – wird auch dieses letzte Überbleibsel eines Rüstungsbetriebes im Gebirge bald dem Erdboden gleich sein.

☐

Der Urwald Rothwald am Südostabfall des Dürrensteins ist als Gesamtkomplex (Großer und Kleiner Urwald) mit seinen etwa 300 Hektar der größte Urwaldrest Mitteleuropas.

Bester Ausgangsort für einen Besuch dieses Urwaldes ist Neuhaus am Zellerrain (988 m), das zwar nur aus einer Kirche und kaum einem Dutzend Häusern besteht und doch eine Pfarre ist. 1735 ist hier ein Meierhof der Kartause Gaming erbaut worden, der – wie es damals üblich war – eine kleine Schenke und eine kleine Hauskapelle enthielt. 1779 war die Bewohnerzahl des Gebietes dann schon so groß geworden, daß Neuhaus zur Pfarre wurde. Schenke und die zur Pfarrkirche erhobene Hauskapelle des Meierhofes hatten aber nur einen gemeinsamen Eingang, und wenn nun am Sonntag die Holzknechte aus ihren Waldkeuschen ins »neue Haus« kamen, wurden sehr oft die frommen Gesänge in der Kapelle vom Wirtshauslärm übertönt. »Wer dieß nicht selbst gesehen und erfahren, möchte wohl Anstand nehmen, es zu glauben; so sehr widerspricht es allen unseren Begriffen von der Heiligkeit der Gotteshäuser und dem Zwecke der öffentlichen Gottesverehrung, das Heilige mit dem Profanen in solcher lokalen Verbindung zu sehen. Unser religiöses Gefühl ist verletzt«, hieß es in einem Rundschreiben des bischöflichen Consistoriums zu St. Pölten vom Jahre 1853.

Kaiser Franz Joseph (damals erst 23 Jahre jung) hatte auf der Durchreise diese Zustände kennengelernt und wurde durch eine größere Geldspende zum Initiator für die Errichtung eines eigenen Gotteshauses. Dieses wurde 1854-56 in der damals beliebten Bahnhofsgotik gebaut, erschien aber im Glanz der Neuheit den biederen Waldbewohnern »als die schönste Kirche weit und breit«. Acht Jahre nach der Einweihung mußte der Kircheneingang aus dem Schnee gegraben werden, denn, wie eine Marke an dem ehem. Meierhof (heute »Kartäuserhof«) zeigt, gab es damals eine Schneehöhe von fast 5 Metern!

Über den Rothwald bei Neuhaus gibt es Mißverständnisse. Viele stellen sich den ganzen Wald als eine Art Tarzanland vor, durch den man sich nur mit einem Buschmesser schlagen kann. In Wirklichkeit befindet man sich hier in einem sehr weiträumigen Waldgebiet, das von Forststraßen aufgeschlossen ist und von dem nur ein verhältnismäßig kleiner Teil – eben der Kleine und der Große Urwald – im Urzustand belassen wurde.

Daß dieser Urzustand überhaupt zustandekam, hat zwei Gründe. Erstens verlief hier am Dürrenstein vom 14. bis ins 18. Jahrhundert die

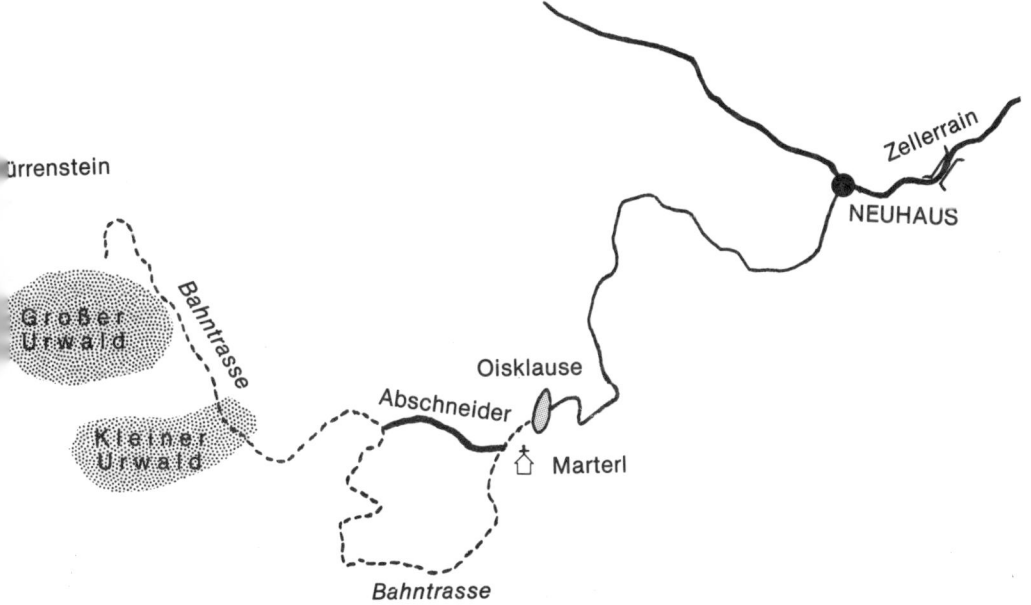

Grenze der Gebiete von Stift Admont und der Karthause Gaming, und
weil der Grenzverlauf nie ganz geklärt war, unterließen beide Klöster in
diesem Streifen das Holzschlägern, das – zweitens – in dieser entlegenen
Öde ohnedies unrentabel gewesen wäre. Als im 19. Jahrhundert die Rothschilds dieses Gebiet erwarben, waren sie von dem Urwald so fasziniert,
daß sie beschlossen, ihn in seinem Zustand zu belassen. Übrigens: Der
Rothwald wurde schon lange vor den Rothschilds so benannt, wahrscheinlich nach dem rötlichen Gestein an seinem oberen Ende.

Als Urwald bezeichnen Forstleute einen Wald, der vom Menschen
noch nie genutzt worden ist und in dem die Bäume von der Urzeit an in
die Höhe wuchsen und so alt wurden, daß sie schließlich zusammenbra-
chen (wenn sie nicht vorher ein Blitz gefällt hatte). Daß es heute einen solchen Urwald noch in Mitteleuropa gibt, erscheint fast als ein Wunder und
ist eine besondere Rarität unserer Voralpen. Im Rothwald-Urwald steht
der Besucher noch vor Riesenbäumen mit mehr als fünfzig Meter Höhe.
Sie haben den Weg zum Licht gefunden, doch im Waldgrund ist es düster
wie in einem uralten Gewölbe. Nur im Zickzack kann man sich durch das
Holzgewirr fortbewegen, und oft versinkt der Fuß tief im Moder. Und kuriose »Symbiosen« sind zu sehen: Zum Beispiel ein gefallener, halb ver-
moderter Laubbaum, der noch an einigen Stellen mit frischem Grün seinen allerletzten Lebenswillen zeigt und aus dem dort, wo er schon ganz
vermodert ist, ein Nadelbäumchen sprießt!

Das Faszinierende an diesem Urwaldrest mit seinen 600-700 Jahre alten
Bäumen ist, daß er uns Menschen von heute, die jetzt immer wieder von
den durch sauren Regen gefährdeten Wäldern hören und lesen, eine Vorstellung gibt, was Wald einmal war, wie die Urwälder bei uns in Mitteleuropa ausgesehen haben. Seinerzeit führte sogar eine Waldbahn bis zum
Rande des Großen Urwaldes (ein riesiger Kahlschlag daneben ist heute
noch als »Bahnschlagl« in den Karten verzeichnet). Sie sollte die Holzbringung aus diesem entlegenen Teil des Waldgebietes erleichtern. Und
weil der Wasserweg über die Ybbs zur Donau zu lang war, beschloß man,
das Holz zu der schon mit Schwemmeinrichtungen versehenen Erlauf zu
bringen. Das war zwar ein kürzerer, aber doch auch recht umständlicher
Weg:

- 1854/56 baute man eine fast 7 1/2 km lange Pferdeeisenbahn vom Ur-
  wald bis zur bereits bestehenden Oisklause.
- Von der Oisklause schwemmte man die Scheiter bis zum Langauer Re-
  chen.
- In der Langau wurde das Holz wiederum auf eine (fast 5 km lange)
  Pferdeeisenbahn verladen und nach Lackenhof gebracht.

- Von Lackenhof transportierte man es im Winter auf Schlitten 2 1/2 km weit bis zum Beginn einer 340 m langen Eisriese.
- Vom Ende der Eisriese führte dann eine 570 m lange Wasserriese zur Klause am Nestelbach.
- Durch den Nestelbach schwemmte man das Holz zur Erlauf und weiter zur Donau.
- In Pöchlarn wurde es auf Plätten verladen und nach Wien geschifft.
  Zwei Jahre dauerte es, bis ein Scheit Wien erreichte! Und es ging dabei durch viele Hände. Die menschliche Arbeitskraft war billig.

Von der Rothwalder Waldeisenbahn, deren Betrieb wegen Unrentabilität dieser Holzbringung 1867 eingestellt wurde, ist nur noch die Trasse mit ihren Dämmen und Brücken vorhanden. Und etwas oberhalb der Oisklause kann man neben ihr noch ein Marterl sehen, auf dem die Pferdeeisenbahn mit den holzbeladenen Wägelchen dargestellt ist. Die Inschrift lautet:

> Zur Erinnerung: Im Jahre 1861 denselben 30. Mai stürzte der Bremser vom fahrenden Bahnzug und verunglückte tödlich im 37. Lebensjahre.

Kein Name des Verunglückten, es war ja nur der Bremser...

☐

Nach seiner Erstersteigung im Jahre 1865 galt das Matterhorn als der schwierigste und gefährlichste Berg der Alpen. Baron Albert Rothschild, dem damaligen »Wiener Rothschild« und großen Bankmann, gelang die 7. Ersteigung, und er war auch einer der Ersteiger eines Viertausenders der Alpen, des Schwarzhorns (4320 m), eines Nebengipfels der Monte Rosa-Gruppe. Die Rothschilds waren auch als Gipfelstürmer erfolgreich.

Aber nicht nur Gipfelsiege hatte Baron Rothschild aus der Schweiz mitgebracht. Wie viele Alpenreisende dieser Zeit war auch er von dem romantisierenden »Schweizerismus« befallen worden; und als er 1897 begann, in der Langau eine planmäßige Siedlung für seine Förster, Holz- und Eisenarbeiter zu errichten, mußte dies im »Schweizer Alpenstil« geschehen. So entstand eine ganze Reihe von Bauten, die alle so aussahen, als wären die Kulissen eines Bauerndramas in drei Akten ihr Vorbild gewesen. Wahrscheinlich gibt es in den ganzen Alpen keine zweite Ansammlung von solch (liebenswertem) Alpenkitsch auf kleinstem Raum. So gleicht die Fassade der Kegelbahn für die Arbeiter mit ihrer krausen Dekoration eher der einer Geisterbahn; jeder Schuppen und sogar das kleinste Schleusenwärterhäuschen ist reich mit Schnitzwerk verziert. Ein Heer von Holzschnitzern scheint sich bei der Siedlung »Holzhüttenboden« ausgetobt zu haben nach der Devise: »Für die Rothschilds ist nichts zu teuer!«

Albert Rothschilds Sohn Louis war ebenfalls ein begeisterter Bergsteiger, der bei seinen Pirschgängen die ihn begleitenden Jäger zur Verzweiflung brachte, weil er unterwegs den Felswandeln nicht auswich, sondern sie alle »mutwillig« erkletterte. Man war überzeugt davon, »daß sich der narrische Baron bestimmt einmal derstessen wird!«

Nach dem Einmarsch Hitlers in Österreich kam Baron Louis Rothschild ins Gefängnis und mußte dort mit den Führern der kommunistischen Partei Sandsäcke schleppen. »Wir waren uns einig, daß dies der klassenloseste Keller der Welt war!« erzählte er später. Gegen eine Riesensumme Lösegeldes wurde er dann freigelassen und wanderte nach Amerika aus. Im Alter von 74 Jahren ertrank er, der letzte »Wiener Rothschild«, beim Schwimmen in der Karibischen See.

☐

1322 gelobte Herzog Albrecht II. ein Kloster zu gründen, wenn sein Bruder Friedrich der Schöne aus der Gefangenschaft Ludwigs von Bayern befreit würde. 1325 war Friedrich frei. 1332 wurde in Gaming der Grundstein zu Kloster und Kirche gelegt, 1342 war alles vollendet. Und 1782 wurde von Kaiser Joseph II. das Kloster aufgehoben.

»Die Prälatur wird jetzt zum Theil von Beamten bewohnt, und die herrliche gothische Kirche zerfällt in Trümmer; doch ist der Anblick der Überreste von Gemählden und Leichensteinen, worunter selbst jener des Stifters sich befindet, interessant«, meldet ungerührt Rudolph E. v. Jenny in seinem 1822 erschienenen »Handbuch für Reisende in dem österreichischen Kaiserstaate«. Und 1888 berichtet Carl Biedermann kalt-sachlich in seinem Ötscher-Führer: »Die Kirche mit hübschem gothischen Thürmchen ist jetzt Holzmagazin«.

Fünfunddreißig Jahre vor der Aufhebung des Kartäuserklosters hatte Prälat Johann die gotische Kirche barockisieren lassen. Dabei wurde das ursprünglich 18 Meter hohe Kirchenschiff niedriger, weil man das barocke unter dem gotischen Gewölbe einsetzte. Man tat dies – und diese Begründung klingt ebenfalls barock – um zu verhindern, daß die Mönche vom lauten Beten in dem zu hohen Raum Blähhälse bekommen!

Die Kartause Gaming war einst mehr als nur das geistige Zentrum des Ötscherlandes. Sie besaß die grundherrlichen Rechte des Gebietes und erfüllte durch Rodungen, Anlage von Wegen und Straßen, durch die Erbauung von Spitälern und Meierhöfen, von Kirchen und Kapellen auch kolonisatorische und kulturelle Aufgaben. Bei der Aufhebung des Klosters betrug sein Vermögen über eine halbe Million Gulden; unermeßlich wertvolle Kunstschätze wurden fortgeschafft und fast alle sind seither spurlos verschwunden.

Aber der irdische Besitz war ja seinerzeit den Kartäusermönchen vollkommen gleichgültig. Sie lebten nach ihren strengen Regeln: kein Fleischgenuß, Fasttage, Schweigepflicht, wenig Schlaf, dafür viele Arbeits- und Gebetsstunden. Und sie waren dabei glücklich. Auf der Decke eines Saales in der nun geisterhaft stillen Kartause ist zu lesen »O beata solitudo. O sola beatitudo« (O selige Einsamkeit, o einzige Seligkeit).

Diese Kartause hatte aber auch noch eine »Außenstelle« – die »Kartäuserhöhle« am Westhang des Schwarzenberges. Aller Wahrscheinlichkeit nach diente sie den Mönchen einst als Meditationsstätte. In kleinen Gruppen – vier, fünf Mann – haben sie diese aufgesucht, und am Ende solcher Exerzitien in vollkommener Stille und Dunkelheit haben sie ihre Namen dann kunstvoll mit schwarzer Kohle oder Rötelstiften an die Wand gemalt. Die älteste bisher entzifferte Datierung stammt aus dem Jahre 1512, die jüngsten reichen bis zur Klosteraufhebung im Jahre 1782. Verewigt haben sich die Mönche mit ihren Familien- oder mit ihren Klosternamen und den Zusätzen Conversus (= Laienbruder), Nov. (= Novize), F (= Frater), P (= Pater), Vicarius (= Pfarrer). Manchmal stehen auch Ortsangaben bei den Namen, die sich meist auf andere Kartäuserklöster beziehen. Nach Aufhebung der Kartause geriet die Höhle in Vergessenheit und wurde erst 1924 vom Gaminger Schustermeister Zeller wiederentdeckt.

Man erzählt, daß die Höhle einst durch einen unterirdischen Gang mit der Kartause verbunden war – was ein Märchen ist. Und daß sie eine Zufluchtsstätte gewesen sein soll, widerlegen die Jahreszahlen aus friedlichen Zeiten.

Ein Besuch der Höhle ist ein abenteuerliches Unternehmen. Vom Eingang weg geht es ca. 50 Meter steil in die Tiefe bis zu einem 8 Meter langen und sehr niedrigen Schluf, den man nur auf dem Bauche kriechend passieren kann. Man gelangt sodann in die etwa 50 Meter lange und bis zu 5 Meter hohe Halle mit Tropfsteinbildungen und den Inschriften. Wohl jeder Höhlenbesucher von heute wird die Kartäusermönche von einst bewundern, denen nur rußende Kienspäne Licht für ihren Ausflug in die Unterwelt gaben. Die Inschriften verraten aber auch, daß sogar sie – die weltentsagenden großen Schweiger – dem uralten Verewigungsdrang im Menschen nicht widerstehen konnten…

Um zum Eingang der Kartäuserhöhle zu gelangen, verfolgt man heute am besten die neue Forststraße durch die gegen Gaming gerichtete Flanke des Schwarzenberges bis zu der schon vom Tal aus gut sichtbaren, aus dem Fels gesprengten Linkskurve im oberen Teil (Gehzeit von Gaming bis hierher ca. 1 1/2 Stunden). Aus der Kurve nach links zu einem schmalen Pfad, dann gleich entlang einer Felswand (ca. 50 m steil bergab) bis zum Höhleneingang (Tafel). Höhlenbekleidung und gutes Licht sind für diese Besichtigung notwendig; korpulente Menschen von heute können im Schluf Schwierigkeiten haben, sich durchzusetzen, denn die Kartäuser von seinerzeit waren durch ihre Lebensweise allesamt sehr schlank.

☐

Das Hochkar (1808 m) war einmal ein »Geheimtip« für Bergwanderer, die stille Berge mit einer schönen Aussicht liebten. In einem Führer aus dem Anfang unseres Jahrhunderts findet sich außerdem noch (kleingedruckt) der Hinweis, daß das Gebiet auch für »Schneeschuhläufer« geeignet sei. Und nach dem Zweiten Weltkrieg wurde das Hochkar dann »erschlossen« – so sagen die einen, »zerstört« – so sagen andere.

Heute ist das Hochkar ein beliebter Wochenendskiberg, Kolonnen von Autos schieben sich über die 1965 eröffnete Hochkarstraße bergauf. In einer Seehöhe von etwa 900 m führt die Straße über einen ganz besonderen Felsen.

Bei ihm sollen sich einst – nach der Überlieferung – zauberkundige Wilderer vor den verfolgenden Jägern in Steine oder Baumstrünke verwandelt haben. Eine kleine Quelle, die früher neben dem Felsen entsprang, wurde anläßlich des Straßenbaues umgeleitet. Und der Felsen selbst ist übersät mit unzähligen Gravuren.

Felsbilder, wie solche Gravuren genannt werden, gibt es auf der ganzen Welt. In Österreich wurden die ersten nach dem Zweiten Weltkrieg in der »Höll« im Toten Gebirge entdeckt und 1961 in einer Publikation präsentiert. Der Verfasser Ernst Burgstaller – der heute als »Vater der österreichischen Felsbilderforschung« geehrt wird – erntete damals nur Spott und Hohn. Obwohl zu dieser Zeit schon eine Unzahl von Veröffentlichungen über die prähistorischen skandinavischen, spanischen, französischen und italienischen Felsbilder existierte, hielt man die Bilder der Höll nur für spielerische Kritzeleien von Jägern und Hirten aus der Neuzeit.

Vielleicht ist das Wort Felsbilder nicht ganz zutreffend. Man hat diese Zeichen daher auch schon Ideogramme genannt, was richtiger ist. Denn sie waren ja auch in vorchristlichen Kultvorstellungen Kürzel für irgendeine Bitte an eine Gottheit. Der Schlüssel für diese Kürzel ist uns leider nicht überliefert worden. Wir können nur vermuten, daß zum Beispiel ein

*Auf Seite 149:*
*Inschriften in der Kartäuserhöhle bei*
*Gaming*

*Rechts: Engel von der Kirche »St. Jo-*
*hann in der Wüste«, heute in der*
*Evangelischen Kirche Mitterbach. —*
*Unten: Kapelle beim »Versunkenen*
*Wirtshaus« oberhalb von Puchen-*
*stuben —*
*Rechts: Die Turmmauer bei Kernhof*

*Der »Steinnursch«
bei Steinakirchen*

*Felsbilder
am Schwarzkogel
bei Göstling*

stilisierter Rinderkopf die Bitte um ein gutes Gedeihen des Viehs bedeuten sollte.

Für unsere Vorfahren waren gewisse Steine, Bäume und Quellen Heiligtümer – und auch bei dem Felsen an der Hochkarstraße gab es ursprünglich eine Quelle. Die vielen Kreuze, die dort in den Fels graviert sind, dürfen nicht zur Annahme verleiten, daß sie neuzeitlichen Ursprungs sein müssen. Das Kreuz ist eines der ältesten Symbole und findet sich auch schon unter eindeutig bronze- und eisenzeitlichen Felsbildern. Anderseits haben mit der Christianisierung unseres Gebietes die alten Heidenbräuche nicht abrupt geendet, und man ist noch lange im Geheimen zu den alten Kultsteinen gezogen. Um alle Felsbilder-Fundstätten gibt es alte Sagen von geheimnisvollen Vorgängen, in diesem Fall die von den »zauberkundigen Wilderern«.

Ein wesentlich interessanterer Bildfelsen in diesem Gebiet ist nicht so leicht erreichbar wie der unter der Hochkarstraße. Er befindet sich in ca. 1200 m Höhe am Südostabhang des Schwarzkogels (1452 m), der höchsten Erhebung jenes Höhenrückens, der schon seit alter Zeit Königsberg genannt wird und über den eine Sage erzählt: »In uralten Zeiten wohnte auf den Hängen des Königsbergs ein Einsiedler. Er nährte sich von Wurzeln, Kräutern und dem Fleische des erjagten Wildes. Da er aber das Christentum nicht angenommen hatte und hier in der Einsamkeit noch seinen heidnischen Göttern opferte, gingen ihm alle Leute im weiten Umkreis aus dem Wege. Eines Tages hörte man in der Gegend der Einsiedlerklause ein donnerähnliches Gepolter und sah einen roten Schein am Himmel, der drei Tage lang andauerte. Kein Mensch konnte sich diese Himmelserscheinung erklären. Nach langer Zeit fand man dann zufällig die Leiche des heidnischen Einsiedlers mitten unter wilden Tieren unversehrt liegen. Man wollte ihn begraben, allein man fand immer wieder das Grab offen, obwohl man es fest verschlossen hatte. So ging das neun Tage hin, bis endlich am zehnten Tage das Grab von einer Erdlawine verschüttet wurde. Dieser Platz wurde dann als verhext bezeichnet und gemieden. Es weidete nämlich dort bei Nacht ein Schimmel, der keinen Menschen ungestört vorbeiließ, sondern jeden solang verfolgte, bis er auf Irrwege geriet und von den Felsen des Königsberges abstürzte.«

Holzarbeiter hatten den Bildfelsen am Schwarzkogel entdeckt und das dem Heimatforscher Viktor Flieder berichtet, der ihn 1962 untersuchte und nachher den Felsbildexperten Burgstaller zu einer Besichtigung einlud.

Interessant ist nun, daß zwei Fachleute beim Betrachten von nur einer Gravur zu ganz verschiedenen Ergebnissen gekommen sind:

Viktor Flieder erkennt in seinem ersten Fundbericht »Der Zeichenstein von Göstling a.d. Ybbs« (in der »Österreichischen Zeitschrift für Volkskunde« Band 66/1963) folgende Darstellung:

Einen angedeuteten Altar, auf dem ein Kelch (der Form nach gotisch, 13.-15. Jh.) steht mit einer aufgesetzten Hostie. Rechts davon Figuren mit Pfeil und Bogen bzw. einem Speer. Noch weiter rechts: Ein Jagdhund und ein Rost.

Flieders Deutung: Der Rost ist das Attribut von St. Laurentius, an dessen Festtag (10. August) die Hauptjagdzeit beginnt. Kelch und Hostie symbolisieren die vorher zelebrierte »Jägermesse« um gutes Gelingen der Jagd.

Ernst Burgstaller erkennt in seinem Buch »Felsbilder in Österreich« (Linz 1972) in dieser Darstellung:

... eine (25 cm große) menschliche Gestalt, deren kreisrunder Kopf aus einem Kranz von Dellen gebildet wird. Das Haupt geht ohne Hals in ein breites Dreieck über, das vielleicht die in die Hüften gestützten Hände andeutet, während der eigentliche Körper einem sich nach unten verjüngenden und dann in einer kräftigen Schwanzflosse endenden Fischleib ähnelt (jene Körpergestaltung, die Dr. Flieder für einen Kelch hielt, dem das Kreisrund der Hostie aufgesetzt ist).

Der »Rost« (nach Flieder) ist ein auf vielen Felsbilder-Fundplätzen vorkommendes Symbol, das heute allgemein als »Gitter« bezeichnet wird. Dafür gibt es verschiedene Interpretationen: Fallenzeichen, Darstellung von abgegrenzten Feldern oder Wiesen, Symbol für die Ordnung (Abgrenzungen) auf dieser Welt. – Eine dem »Kelch mit Hostie« (nach Flieder) oder dem »Fischgestaltigen« (nach Burgstaller) ähnliche Darstellung ist auch auf dem erst jüngst entdeckten Bildfelsen von Grosio (Valtellin) zu sehen. Die italienischen Wissenschaftler datieren diese Bilder von Grosio in das 4. Jahrtausend v. Chr.

Auf unserem Bildfelsen am Schwarzkogel ist jedenfalls der sogenannte »Dämon« die eindrucksvollste Darstellung, die – nach Burgstaller – »in ihrem ergreifenden Ausdruck unter den österreichischen Felsbildern nicht ihresgleichen hat«. Es ist eine 33 cm hohe Figur mit (gebohrten) tiefliegenden Augen, die den Betrachter fast magisch in den Bann ziehen. Und das hoch oben am Berg und in einer Wildnis, in der man so weit weg ist von allem, was wir heute Zivilisation nennen.

Ausgangsort für einen Besuch dieses Bildfelsens ist Göstling/Ybbs, 532 m. Durch den Scheitergraben (fahrbar bis zum Schranken nach dem Gehöft Kurzeck, 1016 m) nach Siebenhütten und, die Forststraße weiter, bis kurz vor Vierhütten (von Göstling ca. 11 km, Markierung Nr. 10). Hier befindet sich an der linken Straßenseite ein Randstein mit der Aufschrift »49 A«. Vom Stein über eine schmälere Forststraße entlang dem Schwarzkogel ca. 1/4 Stunde sanft absteigend bis zu einer Biegung und einem Wiesenkamm, auf dem sich ca. 50 m rechts der Straße eine Hirschsuhle befindet. Von ihr weiter einen bewaldeten Kamm entlang, welcher links von senkrechten Felsen begrenzt wird, bis zu einem Wildgatter (ca. 10 Minuten). Gleich nach dem Zaun sehr steil nach links absteigen (Trittsicherheit erforderlich) und weiter (ca. 100 m) bis zu der unter unserem soeben begangenen Kamm befindlichen steilen, glatten Felswand (Höhe 10 m, Länge 30 m), an der sich im Mittelteil die Felsbilder befinden.

Bei Göstling wurden auch noch an anderen Stellen Felsbilder gefunden. In der »Freyndllucke« (so benannt nach den »Freyndln«, sagenhaf-

ten Bergzwergen, die einst von der Bevölkerung sehr gefürchtet wurden)
am Fuß der Scheinigen Mauer (1498 m) sind neben jüngeren Verewigungen u. a. auch ein Sonnenrad, ein Fadenkreuz mit langem Schaft und ein
Quadrat mit einem Näpfchen als Mittelpunkt zu sehen. Auch im »Ofen-
loch« (1459 m, Dürrenstein-Massiv) wurden Felsbilder entdeckt. Ein Zeichen gleicht einer Doppelaxt…

Aber: Benennungen dieser Art können leicht zu falschen Schlüssen
führen. Eine Doppelaxt gibt es wohl auf Kreta, jedoch ein solches Zeichen
findet sich auch unter den alten Haus- oder Hofmarken oder etwa als Fir-
menzeichen der Vordernberger Radwerke des 18. Jahrhunderts. Der
Brauch, Zeichen im Fels anzubringen, ist uralt; Zeichen und Symbole an
Wänden anzubringen, ist aber auch heute noch (leider) üblich. Eine sichere Datierung von Felsbildern ist insoferne schwierig, weil gewisse Zeichen durch Jahrtausende hindurch ihre Symbolbedeutung behalten haben, anderseits ihr Zustand keine Altersbestimmung ermöglicht, da z.B.
die Sinterbildung je nach der Lage des Zeichens sehr different sein kann.

Jahr für Jahr werden jetzt neue Felsbilder im Alpenraum entdeckt. Da-
tierungsfragen werden derzeit von der Felsbilderforschung hintange-
stellt, weil die kulturgeschichtlichen Probleme wichtiger erscheinen. Die
»Hieroglyphen der Alpen« sind ein faszinierendes Phänomen.

☐

Nicht nur auf dem Königsberg geisterte ein Schimmel…
Nahe dem Leitenbauerngehöft in Kogelsbach (Gemeinde St. Georgen/
Reith) gibt es sogar eine »Schimmelkapelle«:

> »Großer Gott, gib Deinen Segen,
> sei uns mit Deinem Schutz zugegen.
> Segne meinen Nahrungsstand
> und die Arbeit meiner Hand.
> Segne meine Freund und Feinde
> und die ganze Pfarrgemeinde.
> Segne auch das Vaterland
> und den jungen Kaiser Franz,
> O Herr, auch Deinen Segen,
> allen die vorübergehen. –
>
> *Andreas und Katharina Bochner,*
> *zwo Eheleut, haben das Kreuz zur Gottes Ehre*
> *gebaut im Jahre Achtzehn-Hundert Fünzig vier.*
> *Herr, laß Deinen Segen stets bei ihnen sein.«*

Dieses handgeschriebene Gebet ziert die kleine Bauernkapelle ebenso
wie ein auf Blech gemaltes Bild, das außer der Hl. Dreifaltigkeit und den
Heiligen Leonhard, Georg und Isidor oben im Himmel auch noch eine

recht seltsame Szene auf der Erde zeigt: Vier Bauern mit ängstlichen Gesichtern und Gebärden und einen Schimmel, der seinen Kopf einem der Bauern auf die Schulter legt. Darunter die Inschrift: »Vor vielen Jahren, am Nachhauseweg, Nachts begegnete 4 Bauern ein Schimmel und sprang auf diese.«

Man erzählte: Im Napoleonischen Krieg sollen vier Bauern zwei plündernde Franzosen erschlagen und dort begraben haben, wo jetzt die »Schimmelkapelle« steht. Nach dieser Tat ist ihnen nachts immer ein Schimmel nachgelaufen, habe seinen Kopf oder einen Haxen auf die Schulter von einem der vier Männer gelegt und sie so vor sich hergetrieben. Erst nachdem die Kapelle gebaut war, habe sich der Schimmel nicht mehr blicken lassen.

Dazu berichtet der Heimatforscher Alois Wolfram (Scheibbs), daß er im Bezirk Scheibbs rund 50 ähnliche Schimmelsagen erzählt bekam. Und nicht wenige – mehr als ein Dutzend! – von Bildstöcken und Kreuzen, die heute noch bestehen, sollen angeblich ebenfalls zur Abwehr von Geisterschimmeln errichtet worden sein!

Aber nicht nur im Scheibbser Bezirk geistern Schimmel durch die Gegend sondern – wie Theodor Storms Novelle »Der Schimmelreiter« als wahrscheinlich bekanntestes Beispiel zeigt – auch anderswo. Das Pferd war in Alt-Europa das Opfertier, und der Schimmel wurde für besondere Opfer bevorzugt. In den Schädeln dieser Opfertiere sollte ein Abwehrzauber ruhen – und daher nagelte man sie an Häuser oder stellte sie an Stangen vor den Häusern auf. Als es nach der Christianisierung keine Pferdeopfer mehr gab, schnitzte man hölzerne Pferdeköpfe und auch diese sollten – paarweise an den Dachgiebeln angebracht – alles Üble vom Haus fernhalten. So kam die Raiffeisenbank zu ihrem Symbol.

Schimmelreiter oder die Menschen nachts schreckende Schimmel wie auch die berühmte »Wilde Jagd« – all das sind Relikte des alten Tieropfers. In den Geistersagen tauchen Schimmel sehr oft an Orten auf, an denen einmal »etwas geschehen ist«, und sie verschwinden wieder bei einem Wegkreuz oder sie lassen sich nicht mehr blicken, wenn ein Kreuz oder eine Kapelle gebaut worden ist. Das Kreuz hat als Abwehr des Unheils die Pferdeköpfe verdrängt.

Zu unserer »Schimmelkapelle«. Tatsache ist, daß Napoleons Soldaten der überheblichen »Grande Nation« den Türken mit ihren Greueltaten ebenbürtig waren und daß von den gequälten Bauern so mancher die Nerven verlor: Es gab also Mord an französischen Soldaten. Ob auch bei Kogelsbach ein solcher geschah, ist nicht mehr feststellbar. Es bleibt nur eine Frage: Was bewog die »zwo Eheleut« 1854 diese Hauskapelle zu bauen und ein Bild mit der Darstellung eines »Geisterschimmels« darin aufzuhängen?

In dem 1975 erschienenen Buch von Alois Wolfram über die »Sagen des Bezirkes Scheibbs« wurden viele Geschichten über Begegnungen mit »Geisterschimmeln« aufgenommen, die moderne Volkskundewissenschaftler gesammelt haben; sie waren ihnen von Leuten von heute voll Ernst erzählt worden, deren Eltern oder Großeltern tatsächlich noch einem solchen »Geisterschimmel« begegnet sein sollen...

Ist es nicht faszinierend, wie lange sich Vorstellungen der Urzeit bis in unsere Zeit erhalten und die Phantasie der Menschen bewegt haben?

☐

Nicht nur »Geisterschimmel« gibt es in Europa, auch Tazzelwürmer kriechen kreuz und quer durch die Alpen.

Der Tazzelwurm ist ein schlangenartiges Tier mit Haxen, das sehr angriffslustig und sehr giftig sein soll. Und es gibt unzählige »Augenzeugenberichte« über Begegnungen mit diesem Giftwurm, aber keinen gefangenen oder erlegten Tazzelwurm, ja nicht einmal ein Gerippe oder eine Haut von ihm. Erzherzog Johann soll sogar 30 Dukaten Belohnung für einen »greifbaren Beweis« von dessen Existenz versprochen haben – aber die 30 Dukaten blieben ihm.

Seit Ende des 19. Jahrhunderts beschäftigen sich auch Wissenschaftler mit dem Tazzelwurm; allerdings weniger um dessen Existenz geht es ihnen, als vielmehr um das Phänomen, wieso und warum ein nichtexistierendes Fabeltier unter der Bevölkerung des gesamten Alpenraumes so intensiv Fuß fassen konnte. Die Ergebnisse:

- Vorstellungen von Drachen, Schlangen und anderen Ungeheuern sind uralt und in der ganzen Welt feststellbar. Der Tazzelwurm ist eine reduzierte und alpine Form davon.
- Als Tazzelwürmer können in Wirklichkeit gesehen worden sein: Dicke Schlangen, harmlose Murmeltiere, Fischottern (auch diese wurden gelegentlich schon in alpinen Höhenlagen angetroffen) und die sehr angriffslustigen Wiesel (die in angespannt gestrecktem Zustand Längen von mehr als dreißig Zentimeter erreichen).
- Kein Mensch des Alpenlandes war frei von der panischen Angst vor den giftigen Tazzelwürmern. Jedes ähnliche Tier, das er aufscheuchte und vor dem er floh, wurde nachher zum Tazzelwurm erklärt. Und erschoß ein mutiger Jäger irgendein tazzelwurmähnliches Tier – und sah nachher, was er erschossen hatte –, schwieg er entweder verschämt darüber oder erzählte Jägerlatein.

Auch in unseren Voralpen geisterte der Tazzelwurm (hier auch »Berg-stutzen« genannt) durch die Landschaft. In der »Zeitschrift für öster-reichische Volkskunde« I/1895 berichtet der Professor der Theologie und Volkskundler Pater Willebald Leeb/Göttweig: »Die Bergstutzen passen auf Gemsen, welche auf steile Felsenmauern vortreten, springen auf sie los, stoßen sie über's Gewände hinab und fressen sie. Auch Menschen stoßen sie zusammen und fressen sie (Mendling, Lassing). Voriges Jahr erzählte mir ein junges Mädchen der Pfarre Puchenstuben, es sei Augen-zeugin gewesen, wie ein – seither verstorbener – Jäger zu Puchenstuben einen Bergstutzen an einem Baume in Fetzen geschossen habe. Leider habe er die Stücke nicht aufgehoben.«

Weder ein Bergwanderer oder Gipfelstürmer, weder ein Botaniker noch ein Schmetterlingssammler, überhaupt kein einziger »Stadt-mensch« begegnete jemals einem Tazzelwurm. Aber dieses Phänomen hat schon Mitte des 19. Jahrhunderts den Dichter Victor von Scheffel belu-stigt, als er schrieb:

> Und kommt so ein gelahrtes Haus,
> So höhnt's und spricht: »Mit dem ist's aus,
> Der war ein versündflutlich Vieh.
> Doch weise Männer sah'n noch nie
> Den Tazzelwurm.«

☐

Im Jahre 1864 träumte die Notschullehrerin Helene Wochner aus der Gemeinde Prolling bei Ybbsitz von einem kleinen Kirchlein, über dem ein Marienbild schwebte. Am nächsten Tag sah sie dieses Traum-Marienbild in der Krumpmühle hängen (die Müllerin hatte es zwei Jahre zuvor in Wien auf dem »Tandelmarkt« gekauft). Worauf die Lehrerin dieses Ma-rienbild an der steilen Berglehne über der Mühle in einer kleinen Holzka-pelle zur Schau stellt: Maria-Seh-Saal!

1872 erbaute der Ybbsitzer Schmiedmeister Lampesberger an der Stelle des Holzbaues eine gemauerte Kapelle, nachdem seine Frau durch ihr Ge-bet vor dem Marienbild angeblich von einem Fußgeschwür geheilt wurde. Bald waren die Wände des Kirchleins voll von Votivbildern zum Dank für Heilung oder Rettung aus Not. Und (o deutsche Sprache!) der »Seh-Saal« hatte sich in ein »Seesal« verwandelt.

1875 starb die Notschullehrerin, und ihr Urenkel Peter Lehner, ehema-liger Mesner auf dem Sonntagsberg, übernehm ihr Erbe. Er (der am Sonn-tagsberg den Opfergeldregen rieseln gesehen hatte) wollte aus der klei-nen Bauernwallfahrt ebenfalls einen großen Wallfahrtsort machen. Mit

Hilfe der Bauern, die er dazu überredete, zur Ehre Mariens Geld zu spenden, Holz und Steine zu liefern und Fuhrwerksdienste zu leisten, baute er zunächst einen großen Pfarrhof (der natürlich Eigentum des geschäftstüchtigen Mesners wurde).

Dann begann man mit dem Bau einer neuen Kirche. Da diese wegen der Unsicherheit des Terrains nicht an der Stelle der Kapelle gebaut werden konnte, errichtete man sie auf dem ebenen Platz oberhalb. 1904 erfolgte die Grundsteinlegung, 1906 wurde sie eingeweiht. Und wieder hatten die Bauern brav gespendet und gerobotet. »Leider hatte man es versäumt, mit der Ausarbeitung des Planes einen Sachverständigen zu betrauen; dann hätte mit nicht viel mehr Kosten der Bau stimmungsvoller und stilgerechter ausgeführt werden können! Denn der jetzige Bau entspricht in dieser Hinsicht nicht einmal den bescheidensten Ansprüchen«, kritisierte schon 1913 der Gemeindearzt Dr. Ernst Meyer in seiner »Geschichte des Marktes Ybbsitz«.

Nach der Kircheneinweihung organisierte Peter Lehner den Bau eines großen Gasthofes, eines eigenen Elektrizitätswerkes und einer Straße, denn er wollte für den Wallfahrerzustrom und für den zu erwartenden Fremdenverkehr gerüstet sein.

Doch die Wallfahrer kamen nicht, und es kamen auch keine Fremden; die vielen Zimmer in Lehners Hotel blieben leer. Und anstatt zu Reichtum und zu Ehren kam der Organisator immer tiefer in Schulden. Kein Wunder half ihm, und 1907 flüchtete er in die Schweiz. Es wurde der Konkurs verhängt und 1908 fand die erste öffentliche Versteigerung statt; aber erst 1910 übernahm das k.k. Blindeninstitut in Wien um 15.000 Kronen den ganzen Besitz. Bauern und Geschäftsleute, das Stift Seitenstetten und die Waisenkasse zu Waidhofen waren um 120.000 Kronen geschädigt worden!

Maria Seesal in dem romantischen Waldwinkel blieb weiterhin und bis heute eine kleine Bauernwallfahrt und ist ein Beispiel dafür, daß Wallfahrtsorte oft seltsame Entstehungsgeschichten haben aber nicht zu »managen« sind, wie man heute sagen würde.

☐

Das Stadtwappen von Waidhofen a. d. Ybbs zeigt eine Stadtmauer mit Zinnen, Türmen und Tor und darüber einen Mohrenkopf mit Krone. Die wehrhaften Mauern haben Waidhofen einst davor bewahrt, von den Türken geplündert zu werden, ja, sie gaben den Bürgern soviel Vertrauen, daß sie 1532 sogar einen Ausfall wagen konnten und den Feind vernichtend schlugen. Als Triumphdenkmal bauten sie dann den klotzigen

Stadtturm, und ein Zifferblatt darauf zeigt noch immer die Stunde des Sieges an – 3/4 12 Uhr.

Die Stadt Waidhofen war bis 1803 Besitz des Bistums Freising (weshalb sie auch das »bayrische Waidhofen« genannt wurde zum Unterschied vom »böhmischen Waidhofen« an der Thaya). Und weil der Mohrenkopf im Wappen der Freisinger Bischöfe geführt wird, ist er auch auf vielen ihrer ehemaligen Besitzungen zu sehen, also auch im Waidhofener Wappen. Bleibt nur die Frage: Wie kommt der Mohrenkopf ins Freisinger Wappen?

Diese Frage hat die Gelehrten schon Jahrhunderte beschäftigt. Man deutete den Mohrenkopf

- als den Mohren der hl. Drei Könige;
- als Hl. Mauritius (wegen des von Maurus-Mohr abgeleiteten Namens);
- als Hl. Zeno von Verona (der in der frühmittelalterlichen Kunst oft, vielleicht durch Nachdunkelung, dunkelhäutig zu sehen ist);
- als Hl. Sigismund (der ebenfalls in S. Maurice im Rhônetal, wo sich auch das Mauritiusgrab befindet, bestattet wurde und mit dem Mauritiuskult eng verbunden ist);
- als Hl. Korbinian (dem ersten Freisinger Diözesanpatron, dessen Reliquien auffallenderweise alle braun sind);
- und als Bischof Hitto von Möhring oder Bischof Nitger (Niger). Man erzählt auch: »Ein bayerischer Herzog hatte einen Mohren, der zu ihm sagte: »Es ist mir wieder in den Kopf gekommen, frei zu singen. Darauf ordnete der Herzog an, die Stadt solle den Namen Freisingen erhalten und den Mohren im Wappen führen.«

Stadtwappen von Waidhofen a.d. Ybbs

Tatsache ist, daß ein gekröntes Haupt erstmals auf einem Siegel des Freisinger Bischofs Emicho (1283-1311) zu sehen ist und in einem Grundbuch von Bischof Konrad III. (1314-1322) bereits ein gekröntes Mohrenhaupt. Emicho soll auswärtsstehende Zähne gehabt haben und von Wild- oder Rauhgrafen abstammen. Führte sein Antlitz zur Entstehung des »wilden Negers«?

Oder sollte mit dem Mohren das Gefühl der Ohnmacht des damals kleinen aber kronenwürdigen Freisinger Bistums dem mächtigen Bayern gegenüber ausgedrückt werden?

Alles noch immer offene Fragen. Aber im Dritten Reich waren die Machthaber sehr ungehalten darüber, daß justament ein Mohrenkopf die Wappen »urdeutscher Lande und Städte« ziert...

☐

Vom heiligen Veit weiß man nur mit einiger Sicherheit, daß er ein jugendlicher Märtyrer war, der im 3. Jahrhundert unter Diokletian starb. Im 8. Jahrhundert kamen seine Gebeine nach Paris und von dort im 9. Jahrhundert nach Corvey in Sachsen. Dieses Kloster betrieb im slawischen Osten rege Missionstätigkeit und dürfte St. Veit oder auch Vitus zur Ablösung des slawischen Fruchtbarkeits- und Lichtgottes Svantovit (Vitus!) benützt haben.

Von Corvey kam der Veitskult auch nach Süddeutschland, Böhmen und Österreich. St. Veit mußte ein schwieriges Ressort übernehmen, nämlich Helfer zu sein bei allen sich unheimlich äußernden Krankheiten wie Epilepsie, Fraisen und Pest, bei Bissen giftiger Schlangen und toller Hunde – und bei Geschlechtskrankheiten. St. Veit bekam eine derart große Zahl von Patronanzen für schwere und verzweifelte Notfälle, daß er sogar ins Sprichwort Eingang fand... »Da will ich Veitel heißen!« sagte man einst, wenn einem dieses oder jenes unmöglich Scheinende doch gelingen sollte.

St. Veit war auch jener Heilige, dem bis in das 19. Jahrhundert Tieropfer dargebracht wurden! Es waren Hühner, welche man in viele Namenskirchen des Heiligen und Nachfolgers des alten Fruchtbarkeits- und Lichtgottes brachte, weil ja diese Tiere das erste Licht des Tages begrüßen. Man opferte Hühner im Prager Veitsdom ebenso wie im Wiener St. Veitskirchlein im heutigen 13. Bezirk, wo die Leute – wie der Volkskundler Gustav Gugitz erzählt – zuletzt die miesesten Tiere brachten, die nur noch aus Federn und Knochen bestanden... bis es dann dem Pfarrer zu dumm wurde und er vor der Kirche sozusagen »amtlich« vom Mesner ausgewählte fette Opfertiere verkaufen ließ!

Hühneropfer kannten auch schon die Juden; man schlachtete die Tiere

als Sühneopfer. Der Brauch hatte den Namen »Kappores« und das bedeutet auch heute noch im Jargon soviel wie »kaputt«. Eine originelle Erinnerung an diese Hühneropfer ist im St. Veitskirchlein bei Neuhofen an der
Ybbs zu sehen, nämlich ein in den barocken Hochaltar eingebauter Hühnerstall für die Opfertiere. Neuhofen wird die »Wiege Österreichs« genannt, weil mit seiner Erwähnung in einer Schenkungsurkunde Kaiser
Ottos III. an das Stift Freising auch erstmals die Bezeichnung »Ostarrichi«
für Österreich gebraucht wird.

Von dem vier Kilometer westlich von Neuhofen befindlichen Veitskirchlein wird vermutet, daß es auf ein vorchristliches Heiligtum zurückgeht. Es steht auf einer markanten Bergkuppe und auf alten Grundmauern und ist in seiner heutigen Gestalt ein 1696-1718 nach Plänen des berühmten Barockbaumeisters Jakob Prandtauer entstandener Umbau. Das
Deckenfresko zeigt (und auch das ist eine Seltenheit) noch alle drei göttlichen Personen in Menschengestalt – erst 1745 erließ Papst Benedikt XIV.
das Verbot, den Heiligen Geist als Menschen darzustellen. Hochaltar und
Seitenaltäre, Kanzel und Chorgestühl der Kirche stammen ebenfalls aus
dem Barock. Alles ist jetzt verstaubt und morsch und müßte restauriert
werden. Aber heute, wo es schon auf jedem Hof ein Fahrzeug gibt,
braucht man das Filialkircherl auf dem Berg nicht mehr, man fährt lieber
nach Neuhofen. Nur an jedem ersten Sonntag im Monat wird zu St. Veit
noch ein Meßopfer gefeiert. (Anmerkung für Besucher: Den Kirchen-
schlüssel bekommt man im Bauernhaus neben der Kirche.)

Der Hühnerstall im Hochaltar hat zwei kleine, noch mit alten Beschlä-
gen versehene Türln und auch einige Luftlöcher. Wie das wohl einst gewesen sein mag, als während der Messe die Hähne im Altar laut gekräht
haben?

☐

| | |
|---|---|
| Welchen der Verstand Verwirret, | St. Leonhardus ist auch eben, |
| Wer an Ketten angeschmidt, | großer Schutz und Hilfspatron, |
| der wird hier zu Recht gefihret, | in Vichstall kann er das Leben, |
| durch St. Leonhards firbitt, | Wer in Treilich Ruffet an, |
| Wann der harte geburtsschmertzen, | Bey dem Höchsten gott erhalten, |
| Treibt den kallten Schweiß Von Hertzen, | Daß das Vieh Nicht Thut erkalten, |
| Rufet St. Leonhardum an, | Der Betribten größte Freud, |
| Mann wird gewiß errett darvon. | Ist Leonhardus Jederzeit. |

*Altes St. Leonhardslied*

Drei reiche und fromme Brüder sollen einst gelobt haben, daß jeder
eine Kirche bauen würde, von der aus man die beiden anderen sehen
könnte. So entstand unsere Veitskirche mit dem Hühneropfer, im Mühl-

viertel St. Thomas am Blasenstein (mit seinem angeblich »Bucklweh« hei-
lenden Durchkriechstein) und St. Leonhard am Walde in 715 m Höhe.
Jede der drei Kirchen, die an klaren Tagen tatsächlich in gegenseitiger
Sichtverbindung sind, ist in ihrer Art etwas Besonderes.

St. Leonhard war ein Einsiedler, der im 6. Jahrhundert in den Wäldern
Frankreichs gelebt hat und dort der Gemahlin König Chlodwigs bei einer
überraschenden Geburt beistand. Leonhard wurde dann Abt des aus
Dankbarkeit vom König gestifteten Klosters und als Heiliger der Patron
aller Gebärenden, Geisteskranken und Gefangenen – also der Befreier
von Leibesfrucht, bösen Geistern und Ketten. Zum Viehpatron wurde er
im Volksglauben erst ab dem 15. Jahrhundert; als »Kettenheiliger« wurde
er von den Schmieden der Eisenwurzen besonders verehrt.

Nach St. Leonhard am Walde brachte man lange Zeit alle Geisteskranken, fesselte sie mit einer »Leonhardikette« – und wartete auf ein Wunder. Solche soll es gegeben haben, aber auch Fälle (wie der Volkskundler
Gustav Gugitz berichtet) von tobenden Irren, die das »nach alter Gewohnheit« 9 Tage dauernde Angekettetsein nicht überlebten. Der Kotter
(das »Narrenhäusl«) bei der Kirche wurde erst 1920 entfernt.

Lange Zeit war St. Leonhard am Walde auch der Wallfahrtsort für die
Wiener Fiaker, die den Heiligen um das Wohl ihrer harben Rappen baten.
Nach dem ersten Weltkrieg kamen sie wieder, und nicht nur sie, sondern
auch ihre Nachfolger – die Taxler. Wie man sieht, muß sich auch ein heiliger Nothelfer den Zeiten anpassen.

☐

Eine wunderschöne, aussichtsreiche Voralpenkammwanderung führt
von Waidhofen/Ybbs über Windhag und die Schobersberghöhe (729 m)
nach St. Leonhard.

Etwas unheimlich wirkt die auf der Schobersberghöhe in einer Holz-
hütte stehende Kreuzigungsgruppe. Ein naiver Holzschnitzer hat sie
(vermutlich) im 16. Jahrhundert geschaffen, später bepinselte man sie
dick mit Farbe, wobei das knallige Rot in den weit aufgerissenen Mün-
dern die qualvoll ausgestoßenen Schreie fast hörbar macht. Christus ist
wirklich ein Schmerzensmann, und auch die beiden Schächer mit ihren
zertrümmerten Beinen winden sich fast irrsinnig vor Pein an ihrem Holz.
Ob es wahr ist, was erzählt wird, daß ein Henker diese Gruppe zur Sühne
geschnitzt haben soll?

Ein kleiner Abstecher führt von unserem Wanderweg zu der alten Bauernwallfahrt St. Aegyd am Walcherberg.

Die Legende von St. Aegydius ist nur eine Variation der von St. Leonhard. Auch Aegydius war ein Einsiedler in den Wäldern Frankreichs, und seine einzige Nahrung bestand aus der Milch einer Hirschkuh. Bei einer Jagd verfolgte der französische König das Tier bis zu der Einsiedlerhöhle und ein nachgeschickter Pfeil traf Aegydius. Als Schmerzensgeld verlangte der Einsiedler die Stiftung eines Klosters, dessen Abt er wurde. Ohne Zweifel haben beide Legenden mit ihrem Schema »Einsiedler – König(in) – Klosterstiftung nach einer ungewöhnlichen Begebenheit« den gleichen Urheber; verbreitet wurden sie in unseren Zonen von den aus Frankreich kommenden Zisterziensern. St. Aegydius ist später als einer der 14 Nothelfer zu einem Viehpatron, Wetterheiligen und (wegen seiner Hirschkuh) auch zum Experten in allen »Milchangelegenheiten« geworden, also der richtige Heilige für dieses Hörndlbauernland.

St. Aegyd liegt abseits aller Straßen auf einem Wiesenhügel und ist eine hübsche spätgotische Kirche (Schlüssel im Bauernhaus daneben). Aber das eigentliche Ziel der Wallfahrer ist eine kleine Bretterhütte über einer gemauerten Zisterne etwas unterhalb – das Aegydibrünnl. Mit dessen Wasser hat der Nothelfer – seine Kompetenzen überschreitend – auch schon vielen Menschen geholfen, vor allem Fußleidenden. Ein recht schwungvoll gemaltes Bild aus dem 18. Jahrhundert lehnt an der Rückwand der Brunnenstube und zeigt, wie von allen Seiten Kranke und Bresthafte herbeieilen, um sich mit dem wundersamen Aegydiwasser zu waschen oder es zu trinken. Als unter Kaiser Joseph II. 1787 die Wallfahrt (vorübergehend) aufgehoben wurde, mußte man einige Wagenladungen von Krücken wegbringen, die von Geheilten in der Kirche deponiert worden sind.

Ein langer Stecken liegt in der Hütte mit einem angebundenen Plastikbecher – damit kann auch heute noch jeder das wunderwirkende Wasser aus der Zisterne schöpfen, die von Spinnweben überdeckt ist und in der auch einige Kröten hausen, die mit müden Augen zu dem Besucher aufschauen.

□

Die Sage vom Sonntagsberg: Ein Hirte hatte seine Schafherde verloren. Vom Suchen erschöpft, sank er auf dem Gipfel bei einem Felsblock nieder. Im Traum sah er dann, wo die verlorene Herde weidete, und als er erwachte, lag auf dem Felsen ein rundes Brot zu seiner Stärkung.

Eine Viertelstunde Gehzeit entfernt liegt unterhalb der Kirche auf dem Sonntagsberg der »Türkenbrunnen«, und auch über diesen gibt es eine Sage. Als 1532 die Türken bis Waidhofen/Ybbs vordrangen, wollten sie auch die Kapelle auf dem Sonntagsberg plündern. Doch bei der Quelle

angelangt, sanken die Rosse in die Knie und waren nicht mehr weiterzu-
treiben, weshalb die Türken den Rückzug antraten.

Der »Rudnicha« oder »Reudnich« (vom Roden), wie der Sonntagsberg
früher hieß, erscheint erstmals in einer Urkunde von 1413 als »Sumbtag-
perg«. Ohne Zweifel galt der Berg schon in vorchristlicher Zeit als »heiliger Berg«, auf dem ein »heiliger Stein« und eine »heilige Quelle« Stätten
der Verehrung waren. Mitte des 15. Jahrhunderts wurde er von Seiten-
stettener Mönchen durch Erbauung einer »Kapelle zu Ehren der Heiligen
Dreifaltigkeit« christianisiert. Und weil zu Beginn des 18. Jahrhunderts an
Festtagen schon bis zu 4000 Besucher auf den Sonntagsberg kamen, entschloß man sich zum Bau einer großen Kirche: Prandtauer und Mung-
genast waren die Architekten, Daniel Gran schuf die Deckenfresken. So
entstand die schönste Wallfahrtskirche Niederösterreichs.

Die Wallfahrer kamen aber weiterhin hauptsächlich wegen des »Wun-
dersteins«. So heißt es im »Gnadenbüchel« von 1759: »Die Kirchfahrter,
wenn sie auf den Berg gekommen, sind zum ersten bey dem Felsen nie-
dergekniet und haben allda zu Gott um Hilfe und Gnad andächtig geru-
fen. Ihr Vertrauen zum heiligen Ort war so Groß, daß viele ein Stücklein
von dem Felsen mit sich genommen haben.« Von den in diesem »Gnadenbüchel« angeführten 259 Gebetserhörungen werden 96 der Heilwirkung des Steins zugeschrieben.

Die von den Patres später eigens hergestellten »Sonntagsberger Steinl«
waren eine Mischung von Wundersteinstaub und Hafnererde. Sie wurden in Modeln gepreßt, dann gebrannt und mit einem Dreifaltigkeitsbild
versehen. Man steckte sie Kindern als Talisman in die Wiege, um sie vor
Fraisen zu schützen. Oder man löste sie in Wasser auf und schlürfte sie als
»Fiebertrankl«, wobei die Heilwirkung noch verstärkt war, wenn man
dazu Originalwasser vom »Türkenbrunnen« nahm. Oder man legte das
»Steinl« auf kranke Körperteile…

Zur Befriedigung barocker Schaufreude baute man in der Sonntagsberger Kirche das Steinwunder nach. Links vom Kircheneingang stellte man
einen aus dem Wunderstein herausgeschnittenen Quader auf; das dar-
aufliegende Brot ist aus Marmor, der davor kniende Hirte aus Holz. Und
um zu verhindern, daß sich die Pilger mit dem wundersamen Steinpulver
selbst versorgen, umgitterte man den kostbaren Stein.

Die Steinverehrung ist so alt wie der denkende Mensch. Die ältesten
bisher festgestellten Denkmäler dieses weltweiten Kults stammen aus
dem 6. und 5. Jahrtausend v. Chr. und wurden in Palästina gefunden. Als
die Juden später in dieses »Gelobte Land« kamen, verschmolz ihre Religion zunächst mit dem Glauben der bodenständigen Bevölkerung, wes-

halb es auch in der Bibel soviele Texte gibt, die sich auf heilige Steine beziehen (einige davon sind am Gitter um den Sonntagsberger »Wunderstein« auch zu lesen) – Reminiszenzen an die Megalithkultur, wie man diesen Urglauben auch nennt (nach dem griechischen mega = groß und lithos = Stein). Erst verhältnismäßig spät konnten sich die Juden mit ihrem alleinigen Gott von dieser Urreligion lösen, und erst im Jahre 622 vor der Zeitenwende erfolgte ein Verbot der Steinverehrung.

Die Verehrung besonderer Berge, Steine, Quellen und Bäume, von der die alten Bibeltexte oft berichten, blieb bei anderen Völkern weiterhin bestehen. Und so mußte sich später auch die christliche Kirche mit dieser Megalithkultur auseinandersetzen. Sie tat es, indem sie die alten heidnischen Kultstätten in christliche Wallfahrtsorte verwandelte, wofür der Sonntagsberg mit seinem »Türkenbrunnen« und dem »Wunderstein« hoch über dem Voralpenland Beispiel ist.

# KREUZ UND QUER DURCH DIE VORALPEN

Zu den Kuriositäten der Voralpen gehören die starken Quellen, die gleich als richtige Bäche aus dem Berg rauschen...

So zeigt sich auch Adolf Schmidl in seinem 1831 erschienenen Schneebergbuch vom Ursprung des Klafterbaches bei Schwarzau im Gebirge höchst beeindruckt: »Hier bricht der Wildbach oft mit fürchterlicher Gewalt hervor, Stein- und Felsblöcke wie ein Wasservulkan aus dem Innern des Berges hervorschleudernd, nicht selten auch Fische. Das ganze Phänomen hat alle Ähnlichkeit mit dem Ursprunge der Mira, nur ist es mehr als nochmals so großartig und doch – hat man kaum die nothdürftigsten Nachrichten darüber. Der Schullehrer des Ortes drang mit 2 andern Waghälsen vor beiläufig 12 Jahren zuerst in diese Höhle, und zwar über 1/4 Stunde weit darin vor, bis sie endlich an einen tiefen Schacht kamen. Der Vordermann untersuchte hier den Abgrund mit seinem Stocke, dieser entglitt seiner Hand, und in ziemlicher Tiefe hörten sie ihn endlich ins Wasser fallen. Nun kehrten sie um, fühlten sich aber zu Hause ganz betäubt und wie betrunken. Den Sommer vorher hatte der Bach einen besonders starken Ausbruch und brachte ungewöhnlich viele Fische zu Tage. Es waren einige Asche? und eine besondere Art Fische, über welche die widersprechendsten Angaben zu hören sind. Alle Aussagen stimmten jedoch darin überein, daß sie dicke breite Köpfe und einen auffallend dünnen Leib gehabt hätten. Über die Farbe ist nichts gewisses zu erfahren. Wenn die bei allen ähnlichen Erscheinungen vorkommende Sage von kohlschwarzen Fischen auch hier blos Sage ist, so wäre vielleicht gar der Proteus anguinus zu erwarten?! – Der Schullehrer fing mehrere dieser – Forellen? wie er sagte – welche von der Tageshelle so geblendet im Bache herumschwammen, daß man sie mit den Händen greifen konnte.«

Auch im »Ursprungsbach« bei Scheibbs-Neustift sollen (nach Schweickhardts 1831-41 erschienener »Darstellung des Erzherzogthums Oesterreich unter der Ens«) solche blinde Forellen angetroffen worden sein. Dieser Bach betrieb einst auf seinem kaum einen Kilometer langen Lauf neun Wasserwerke; die Ruine des ersten (eines Walkwerkes) steht kaum 50 Meter nach dem unter einer Lourdesgrotte hervorquellenden Ursprung. Man schätzt das Einzugsgebiet des Ursprungsbaches auf zehn Quadratkilometer.

Nur nach Schlechtwetter funktioniert der spektakuläre »Erlauf-
ursprung« (ca. 30 Minuten oberhalb des »Seewirts« am Erlaufsee und am
Weg auf die Gemeindealpe, Tafel). Bei Schönwetter bietet der von grü-
nem Moose überdeckte Höhlenwinkel nur einen romantischen Anblick,
die Erlauf tritt erst einige hundert Meter unterhalb davon zwischen den
Blöcken des Bachbetts zutage. Nach heftigem Regen oder plötzlicher
Schneeschmelze jedoch genügt dieser Ausfluß nicht, das Wasser staut
sich in den unterirdischen Klüften und bricht dann mit einem gewaltigen
Druck aus der zum Wasserspeier gewordenen Höhle hervor – ein Naturschauspiel, das ein einmaliges Schlechtwettererlebnis ist!

Ein bei jedem Wetter »voll aufgedrehter« Quellbach ist der am Fuße des
Friesling (1339 m) entspringende Reithbach bei St. Georgen am Reith.
Aus tiefdunklen Löchern quillt unterhalb einer Felswand das Wasser von
unten nach oben und stürzt dann sofort als breite, rauschende Kaskade in
die Tiefe, wird dort zum Bach (der einst einige Bauernmühlen, Sägen und
zwei Hammerwerke betrieb) und endet dann schon nach kaum 500 Meter
Lauflänge in der Ybbs.

Bei den Erhebungen für den Bau der 2. Wiener Hochquellenleitung
wurde auch der unaufhörlich quellende und rauschende Reithbach geprüft und – als »zu wenig mächtig« befunden! So arrogant können aber
auch nur wir »wasserreichen« Österreicher sein...

☐

Über dem Ahornhof bei Kernhof ragt ein bizarres Felsgebilde in den
Himmel – die Turmmauer (1125 m).

Die Sage erzählt: Einst kam in den Ahornhof ein »frischer Bursche«,
dessen Leidenschaft das Spielen seiner Schalmei war. Wenn der Bauer
und sein Gesinde beim Abendgebet zusammen saßen, hockte der Bursche auf einem Felsen und spielte seine Melodien. Und so war es auch an
einem Fronleichnamstag. Während die Prozession durch die Felder zog,
saß der »frische Bursche« wiederum auf seinem Felsen und flötete liebli-
che Töne in die Lüfte... bis sich plötzlich der Fels mitsamt dem Spieler zu
bewegen begann und mit ihm hoch und höher in den Himmel wuchs.
Vergebens versuchten die Leute, den auf der Spitze des Felsturmes um
Hilfe schreienden Jüngling mit Leitern und Seilen zu bergen. Tage und
Nächte verstrichen. Als der Verzweifelte schon am Sterben war, kam
noch der Pfarrer mit dem Allerheiligsten Sakrament und gab ihm den letzten Segen. Dann krachte ein Schuß und der Arme stürzte zu Tode getroffen in die Tiefe...

Die Landbewohner halten zur Sommerszeit und wenn das Heu ge-

Links: Alte Schmiede bei Ybbsitz —
Oben: Kreuzigungsgruppe auf der Schobers-
berghöhe bei Windhag (16. Jahrhundert) —
Unten: Der Apostel Andreas an der »Schönen
Brücke« bei Kasten

Auf Seite 169: Im Großen Urwald —
Auf Seite 172: Karikaturen von Pinzgauern im
Schloßpark von Fridau (um 1780)

macht werden muß nicht viel von Feiertagen. Es ist wahrscheinlich, daß es ein übereifriger, phantasievoller Pfarrherr war, der diese Frevlersage erfand, um die Bedeutung des 1264 eingeführten Fronleichnamsfestes zu untermauern. Und weil er seine Leute kannte, hatte er auch das alte älplerische Motiv eingebaut vom rettungslos verstiegenen Schützen, dem nur noch mit einem »gutgemeinten Gnadenschuß« geholfen werden konnte.

Heute steht ein großes Kreuz auf dem Gipfel der Turmmauer. Viele Leute glauben daher, daß es ganz leicht sein müsse, auf den Zacken hinaufzusteigen. Aber das ist es nicht, und alle Jahre wieder muß die Bergrettung von Kernhof ausrücken, um Verstiegene aus den Felsen der Turmmauer zu pflücken.

Der leichteste Anstieg führt durch die Westwand. Vom oberen rechten Rand der großen Wiese hinter dem Ahornhof führt ein immer schmäler werdender Waldweg steil bergan bis in die Scharte rechts von der Turmmauer; Gehzeit ca. 30-40 Minuten. Von dort bringt ein Steiglein in die Westwand bis zum Ende des Felsbandes. Nun geht es gerade über die 20 Meter hohe Wand empor – Schwierigkeitsgrad III, Gestein etwas brüchig – und über die flache Schneide leicht zum Gipfelkreuz. Für den Abstieg steckt oberhalb des Wandls ein massiver Abseilhaken.

Ungemein eindrucksvoll ist der Tiefblick auf die zerhackten Felsen um den Turm – fast möchte man glauben, daß diese bizarren Felsgebilde tatsächlich wie Schwammerln aus dem Boden geschossen sind!

Wir befinden uns hier im Quellgebiet der Unrechttraisen, die ihren Namen zu Unrecht führt, weil ihre Lauflänge nämlich um fast sechs Kilometer länger ist als der andere Quellfluß der Traisen, die sog. Türnitzer Traisen.

Vom 1901 in Traisen geborenen Lyriker Walter Sachs gibt es ein wunderschönes Gedicht über den Traisenfluß mit dem Titel »Fluß der Heimat«; es beginnt mit den Versen:

> An seinem Ursprung gipfelt sich zum Turme,
> das Haupt im Nebel nackter Dolomit.
> Das Wasser schäumt, erregt vom Frühlingssturme,
> und reißt den Schnee in wilden Wirbeln mit.
> Die Gemsen jagen über Grat und Mauer.
> Wenn die Aurikeln blühn im herben Licht,
> tönt's durch das Tal. Der Jäger singt, der Bauer.
> Der Bussard kreist. Die Welt ist noch Gedicht...

☐

Die Bausage von Stift Lilienfeld: Um die Arbeit zur festgesetzten Zeit zu vollenden, ging der Baumeister einen Pakt mit dem Teufel ein, hatte aber dabei die Absicht, seinen Partner übers Ohr zu hauen. Als der Teufel nach Vollendung des Baues den ihm zustehenden Arbeitslohn (= die Seele) kassieren wollte, rannte der Baumeister flugs in die Kirche, in gutem Glauben, daß ihm der Teufel auf geheiligtem Boden nicht folgen könne. Aber der konnte, weil die Kirche noch nicht geweiht war! Und er schnappte den Schuldner und raste mit ihm den Berghang hinauf, wobei sein feuriger Schweif wild um sich schlug und im Wald einen langen, spitzen Winkel ausbrannte – den heutigen Spitzbrand.

Dieses etwa fünfhundert Meter lange und im unteren Teil etwa zweihundert Meter breite spitz auslaufende Wiesenstück am Spitzbrandkogel ist das Wahrzeichen von Lilienfeld; niemand fragt mehr danach, wie dieses Riesendreieck in Wahrheit entstanden ist.

Wer sich mit der Teufelssage nicht zufrieden gibt, bekommt als »Wahrheit« folgendes erzählt: Einer der Äbte von einst war auch ein großer Jäger. Um das Wild besser beobachten zu können oder (Variation dieser Geschichte) um es von einem Klosterfenster aus besser abschießen zu können, hatte er den Spitzbrand roden lassen. Dazu: Jagdfrohe Äbte des Mittelalters haben sich ganz bestimmt nicht mit bloßer »Wildbeobachtung« begnügt, aber für einen Schuß vom Klosterfenster aus fehlten ihnen wiederum so weitreichende Waffen.

So gibt es also bis heute keine sichere Erklärung für die Entstehung des Spitzbrands. Nur eine bisher noch viel zu wenig beachtete Textstelle in Franz Xaver Embels 1803 erschienener »Schilderung der Gebirgs-Gegenden um den Schneeberg in Österreich« über die sogenannte »Brandwirtschaft« im Traisental könnte ein Schlüssel zur Lösung sein. Embel berichtet von den Waldlandbauern: »Unter dem Vorwande, Weiden für das Hornvieh oder fruchtbaren Boden ohne Dünger zu erhalten, brennen sie ganze Waldstriche des jungen Nadelholzes so aus, daß blos die dürren Stämme, von denen die Äste und die Rinde abgebrannt sind, stehen bleiben…« Die Brennalm (schon im 16. Jahrhundert als »Prennalbm« genannt) an der Reisalpe erinnert an diese »Brennwirtschaft«.

Der »Spitzbrand« könnte ebenfalls ein solches Brandfeld sein, bei dem es dann infolge seiner Steilheit zu einer Bodendegeneration kam. Vielleicht gefiel einem der Äbte in der Spätrenaissance und der Zeit des Manierismus dieses Dreieck sosehr, daß er es dann zu seiner schönen Regelmäßigkeit »nachbearbeiten« ließ. Damals war es modern, die Pflanzenwelt zu manipulieren und die Natur in einen domestizierten Zustand zu versetzen.

Imponierend zeigt sich der Spitzbrand über Stift Lilienfeld, aber wirklich faszinierend ist es, wenn man ihn Kehre um Kehre ersteigt. Das dicht wuchernde und von hochstieligen Blumen durchsetzte Gras gibt das Gefühl, auf einer »Urwiese« unterwegs zu sein. Trotzdem haben Sträucher oder gar Bäume nicht die geringste Chance, dort jemals hoch aus dem Boden wachsen zu können. Der Fremdenverkehrsverband Lilienfeld hat es nunmehr übernommen, das Wahrzeichen »rein zu halten« und jedes hochsprießende Gewächs schnellstens zu entfernen!

□

Eine rote Marmorplatte im Kirchenpflaster zu Lilienfeld soll von der letzten Ruhestätte Gundackers von Thernberg stammen, dem »lustigen Rat« am Hofe des Herzogs Otto des Fröhlichen und jener liebenswerten Sagengestalt, die als »Pfaff vom Kahlenberg« unsterblich geworden ist. Dieser Philosoph und Eulenspiegel ist sogar noch über seinen Tod hinaus ein Schelm geblieben... er hat den Historikern etliche Nüsse zum Knakken hinterlassen!

»Was wissen wir überhaupt über ihn?« fragte 1959 der »Papst der niederösterreichischen Landesgeschichte«, der Direktor des NÖ-Landesarchivs Univ. Prof. Dr. Karl Lechner, in der Zeitschrift »Unsere Heimat«.

Nun: Wir wissen heute, daß viele Schelmereien der damaligen mittelalterlichen Schwankliteratur mit ihm personifiziert wurden. Der »Pfaff vom Kahlenberg« versprach über die Donau zu fliegen. Auch Eulenspiegel versprach Flugversuche. Das muß damals in der Luft gelegen sein...

Dem »Pfaff vom Kahlenberg« werden aber auch recht erotische Scherze zugeschrieben, die er mit dem Bischof von Passau wie auch mit einem Weihbischof (und diesem ins Bett gelegten Frauen) inszeniert haben soll.

Als der Philosophiestudent und Bewohner des Kahlenbergerdorfes Stefan Hammerl 1981 vom Pfarrer des Kahlenbergerdorfes gebeten wurde, etwas Genaueres über den »Pfaff vom Kahlenberg« zu schreiben, fügte er seiner Publikation (»Das Kahlenbergbuch«) auch ein rotes Feigen- bzw. Deckblatt bei mit der Warnung: »Zur Beachtung! Diese Ausgabe ist nur für reife Leser!« Und schrieb: »... die vollständige Darstellung auch einiger moralisch anstößiger Passagen erfolgte nur der Redlichkeit wissenschaftlicher Vorgangsweise wegen...«

Der Historiker Lechner legt durch Urkunden belegte Jahreszahlen vor: 1339 starb Herzog Otto der Fröhliche. Sein »lustiger Rat« war arbeitslos geworden.

Um 1347 war ein Gundacker von Thernberg Pfarrer in einem nicht konkreter benannten Kirchberg… Kirchberg an der Pielach oder Kirchberg am Wechsel?

1348/49 wird Gundacker in den Urkunden von Stift Lilienfeld als Wohltäter erwähnt, weil er den Mönchen zur »Kostbesserung« einen Weingarten bei Pfaffstätten gestiftet hat.

1355 ist unser Gundacker im Kahlenbergerdörfl nachweisbar, 1357 wird bereits ein Nachfolger genannt.

Nach diesen Urkunden konnte »Der Pfaff vom Kahlenberg« nur in der Zeit zwischen 1347 und 1357 – also allerhöchstens zehn Jahre lang – der »Pfaff vom Kahlenberg« gewesen sein.

Dieser »Pfaff« hat aber noch für weitere Überraschungen gesorgt. Neben dem Grabstein zu Lilienfeld hat er auch noch einen in der Kirche von Prigglitz bei Gloggnitz. Und um den Kriminalistenjargon für die Historie zu verwenden… »Keiner der beiden Grabsteine ist sauber!« Der zu Lilienfeld könnte noch zu seinen Lebzeiten angefertigt worden sein, weil das Todesjahr noch »unausgefüllt« blieb; der zu Prigglitz ist jedoch erst viel später (Anfang des 16. Jahrhunderts) entstanden.

Eine Grafik vom Lebensraum des »Pfaff vom Kahlenberg«:

> • Kahlenbergerdorf (Pfarrherr)
> • Wien (Höfling)

> • Kirchberg       • Lilienfeld        • Pfaffstätten (Schenkung)
> (Pfarrherr?)  (Schenkung, Grab?)

> • Thernberg (Geburtsort)
> • Prigglitz (Grab?)
> • Kirchberg (Pfarrherr?)

Wie diese Grafik zeigt, ist Lilienfeld ein störender Faktor im Lebensbild des »Pfaffen vom Kahlenberg«. Warum gibt es dort eine Grabplatte von ihm und warum hat er den Lilienfeldern einen Weingarten bei Pfaffstätten geschenkt? Weil er vielleicht doch Pfarrer von Kirchberg an der Pielach war? Und wenn man heute auch vermutet, daß die Lilienfelder Grabplatte schon zu seinen Lebzeiten angefertigt worden ist und der »Pfaff« dann doch in Prigglitz begraben wurde, so bleibt noch immer die Frage, warum dieser Mann – dessen Leben mit so vielen Orten am Ostrand der Alpen verbunden ist – die Absicht gehabt hatte, ausgerechnet in Lilienfeld bestattet zu werden?

Es ist faszinierend, welches Eigenleben solche teils Fleisch und Blut gewesene und teils der Phantasie entsprungene Sagengestalten führen. Der Historiker Lechner resignierte vor dem »Pfaff vom Kahlenberg« mit den Worten: »Selbstverständlich sind die Schwänke und Possen nicht alle einer bestimmten historischen Person zuzuschreiben. Aber eine gewisse Tradition von einem heiteren, stets zu Späßen geneigten Pfarrer mag den Ausgangspunkt gebildet haben.«

Am Ende der um die Mitte des 15. Jahrhunderts entstandenen Schwanksammlung »Der Pfaffe vom Kahlenberg« von Philipp Frankfurter heißt es (in der Umdichtung von Karl Pannier):

> »... doch auf Erden lebt kein Mann,
> der alles vollkommen wissen kann.«

☐

Weniger geheimnisvoll ist ein anderer Grabstein in Lilienfeld, der aber trotzdem die Phantasie der Menschen sehr beflügelt hat – die Marmorplatte des 1459 verstorbenen Friedrich von Hohenberg.

Die Herren von Hohenberg waren nicht immer gutartige Nachbarn von Stift Lilienfeld; Herr Johann war sogar ein ausgemachter Schuft. Im Bruderkrieg zwischen den Habsburgern Ernst von Steiermark und Leopold von Österreich stand er auf der Seite des Steirers und wurde 1408 von den im Dienste Leopolds stehenden böhmischen Söldnern hart bedrängt. In Stift Lilienfeld verbarg ihn der mitleidige Abt auf dem Dachboden der Kirche. Doch die Söldner entdeckten ihn trotzdem und plünderten aus Rache dafür das Stift. Der Hohenberger dankte dafür, daß er nach Abzug der Böhmen mit seiner Räuberbande kam und noch alles das aus dem Stift schleppte, was die böhmischen Plünderer liegengelassen hatten; außerdem belagerte und brandschatzte er noch alle umliegenden stiftlichen Besitzungen und ließ sich zuletzt – frecher geht es wohl nicht mehr! – vom Abt eine Bescheinigung ausstellen, daß dieser nie Klage über ihn führen würde. Diese alten Rittersleut...

Sein Sohn Friedrich schloß wieder Frieden mit dem Kloster und wurde darin auch bestattet. Die Grabplatte zeigt einen liegenden Ritter, dessen Haupt auf dem feuerspeienden Panther des steirischen Wappens ruht. Und das verursachte ein großes Mißverständnis. Die frommen Wallfahrer aus Österreich und Böhmen sahen im Panther den Leibhaftigen und im liegenden Ritter jenen unglücklichen Baumeister der Sage, der den Teufel als Bauhilfe geholt und ihm dafür seine Seele verschrieben hatte. Pfui Teufel! Jahrhundertelang wurde dann auch die Grabplatte (welche zu den schönsten spätgotischen Kunstwerken Österreichs zählt) von den durchziehenden frommen Pilgersleuten verächtlich bespuckt!

□

»Auf jeder Bruck steht Nepomuk!« – Der Nepomuk der alten Traisenbrücke bei Lilienfeld steht heute einige Meter neben ihr und ist als Kunstdenkmal etwas ganz Besonderes…

Es zeigt nämlich nicht – so wie überall – einen alleinstehenden demutsvollen heiligen Johannes Nepomuk, sondern seine Hinrichtung: Der Henker setzt an, den Heiligen in den Tod zu stürzen, zwei kleine Engel sind schon bereit, ihn in den Himmel zu geleiten. Die Gruppe ist ein Werk des Wilhelmsburger Bildhauers Christoph Brändl und entstand wahrscheinlich im Jahre 1712, jedenfalls schon in einer Zeit, in der Nepomuk noch gar kein offizieller Heiliger war – seine Seligsprechung erfolgte nämlich erst 1723 und die Heiligsprechung im Jahre 1729!

Überhaupt ist die Geschichte des großen »Barock- und Brückenheiligen« (oder auch »Böhmischen Hansls«, wie ihn die Wiener liebevoll nannten) recht interessant. Er wurde um 1350 in Pomuk bei Pilsen geboren und brachte es bis zum Generalvikar des Erzbischofs von Prag. Es war die Zeit des Schisma, in der ein Papst in Rom und der andere in Avignon residierte, und der tyrannische Wenzel IV., König von Böhmen, mit dem Erzbischof in ständigem Streit lag. Als 1393 der Streit seinen Höhepunkt erreichte, wollte der König den Aufenthaltsort des entflohenen Erzbischofs von dessen Generalvikar durch eine Folterung erfragen; dabei starb Nepomuk und sein Leichnam wurde von der Karlsbrücke in die Moldau geworfen. Die Legende, nach der Nepomuk als Beichtvater der Königin nicht das Beichtgeheimnis verletzen wollte, entstand erst später. Aber eine Dürre im Todesjahr Nepomuks wurde schon damals vom Volk als Strafe des Himmels für den Tod dieses »heiligen Märtyrers« angesehen. Die ersten Nepomukdarstellungen entstanden im 15. Jahrhundert und als ein »neuer Nothelfer« galt er dann bald in ganz Mitteleuropa, wobei er an Popularität sogar viele der »bewährten alten Heiligen« übertraf… der ehrenhafte Mann, der Bewahrer des Beichtgeheimnisses, der Mann von der Brücke und Schützer vor Hochwasser und schließlich vor allem Übel dieser Welt.

Ein besonderes Verhältnis zu diesem Heiligen hatte auch der Besteller des Lilienfelder Denkmals Abt Sigismund Braun, der von 1695-1716 re-

gierte und – wie viele Äbte des Barock – sehr baulustig war. Er brachte damit das Stift in Schulden und versuchte dann, durch eine Spekulation alles wieder gut zu machen, indem er – wie es in der Stiftschronik heißt –
»die eisenreichen Hügel von Annaberg vergolden wollte«. Dabei ging alles schief! Die Erzgruben von Annaberg waren nicht so ergiebig wie man
dem gutgläubigen Kirchenmann erzählt hatte. Und die dort von ihm errichtete Kanonen- und Kugelgießerei erzeugte Kanonen, die beim ersten
Schuß zersprangen, sowie Kugeln, die nicht paßten, sozusagen »vierek-
kige Kugeln«...

Abt Sigismund hatte ohne Beratung mit dem Ordenskapitel spekuliert
und mußte dann schwere Vorwürfe hören. Sie trafen ihn so schwer, daß
er zuletzt in geistiger Umnachtung starb. Er hatte das Beste für sein Stift
gewollt, und Nepomuk, der Ehrenmann und Helfer in Nöten, war mit
dem Niedergang der Annaberger Werke für ihn immer mehr zu seinem
oft und oft angeflehten persönlichen Nothelfer geworden, dem er schließlich auch dieses Standbild errichten ließ mit der sehr persönlichen Sockel-
inschrift:

> »Dem Schützer der Lilie (Lilienfeld)
> ihm, der mich verteidigt,
> dem Vorkämpfer der Ehre«

□

»Ewige Tränen« – so werden einige Lacken am Kamm zwischen Pie-
lach- und Traisental genannt. Es sind von Menschen angelegte Viehträn-
ken, über die in der Lilienfelder Heimatkunde eine recht poetische Geschichte erzählt wird: »Der Geist der Schöpfung mußte sehen wie Haß,
Raub und Mord die Eintracht und den Frieden der Menschen und Tiere
zerstörten, daß sogar die Erde vergletscherte und unter Eis erstarrte. Da
überflog er noch einmal sein einstiges, von Frost- und anderen bösen Geistern zerwühltes Reich. Ein paar Tränen lösten sich aus seinen Augen
und fielen auf die Erde. Wo diese den Boden trafen, bildeten sich die nie
versiegenden kleinen Weiher...«

Echte Volkssagen sind nicht so literarisch. Außerdem: Wenn in einer
Volkssage von einem »nie versiegenden Wasser« erzählt wird, dann
stimmt das meist auch – im regenarmen Sommer 1983 aber, zum Beispiel,
waren die »Ewigen Tränen« ausgetrocknet!

Wandert man vom Gaiseben-Sattel (594 m) den markierten Weg zum
Kaiserkogel hinauf, dann erreicht man nach etwa einer halben Stunde
ebenfalls auf einem Sattel die »Bärentaler Lacke«, die romantischeste der
»Ewigen Tränen«. Neben ihr stehen nämlich zwei mächtige Linden, von

denen die eine einen Umfang von mehr als acht Metern hat und wohl einer der skurrilsten Bäume unserer Voralpen ist. Das Wurzelwerk des Baumes schaut bereits wie versteinert aus, wie versteinerte Polypenarme, und man kann es kaum glauben, daß darin noch Lebenssaft ist. Das Innere des Stammes ist hohl – man kann darin ein Stück hochklettern wie in einem Felskamin. Einer der alten Äste des Baumes ist fast bis zum Boden gedrückt, weil er eine schwere Last trägt – aus ihm wachsen einige junge, dicke Bäume in den Himmel. Aus dem beinharten Holz von Stamm und Ästen der Linde schlagen neue junge, zarte Triebe aus, und der ganze Baum ist voller Blätter wie ein Lebensbaum im Illustrierten Bauernkalender.

Die andere Linde ist etwas schwächer im Vergleich zu ihrer Nachbarin; an ihr ist unter einem alten Blechdach ein Heiligenbild aus neuerer Zeit befestigt. Schon die alten Griechen haben Götterbilder in, unter oder neben Bäume gestellt; und besondere Bäume waren schon am Anfang unserer Kultur für den Menschen auch Stätten besonderer Verehrung.

Natürlich will jeder Wanderer in den zwei Linden bei der »Bärentaler Lacke« gern »Tausendjährige Linden« sehen. Sind sie das?

In dem Katalog »Naturdenkmale Niederösterreichs« (2. Auflage, 1959) werden auch Schätzungen des Alters einiger unter Naturschutz gestellter Linden angeführt. Zum Beispiel:

Umfang: 8 Meter 70/Alter: ca. 400 Jahre

Umfang: 8 Meter 50/Alter: ca. 500-600 Jahre

Ein Irrtum? Kann ein umfangreicherer Baum jünger sein als ein schwächerer?

Nicht die höchsten und stärksten Bäume sind immer auch die ältesten! Bäume sind Lebewesen, deren Wachstum wesentlich vom Standort abhängig ist (von der Bodenbeschaffenheit, ob der junge Baum frei höherwachsen kann oder nicht, von Sonne und Wind u.a.).

Nadelhölzer sind sogar besondere »Mimosen« – ein kaum zwei Meter hohes Bäumchen mit einem Durchmesser von etwa zehn Zentimeter kann hundert und noch mehr Jahre alt sein. Das ist auch der Grund, warum Forstleute bei der Altersbestimmung von Bäumen nur geschätzte Zahlen angeben. Ein genaues Alter verraten nur die Jahresringe, und um diese zählen zu können, müßte der Baum gefällt werden...

Da begnügen wir uns doch lieber mit der Schätzung, daß unsere Bäume so um ein halbes Jahrtausend alt sind.

☐

*»Das Einst und Jetzt, das Nah und Fern,*
*von dieser Adlerhöhe kann es erschaut und erlebt werden!*

Der Burgenforscher Felix Halmer über die Araburg

Würde es eine Wertung der Burgen nach ihrer Beliebtheit geben, dann würden in Niederösterreich zwei an der Spitze stehen: die Rosenburg nördlich und die Araburg südlich der Donau. Natürlich spricht da auch das Gefühl mit, und die Schau vom hohen Berchfrit der Araburg auf die Berge des Wienerwaldes und der Voralpen ist wirklich hinreißend.

Mitte des 12. Jahrhunderts ist die Burg entstanden. Und im 16. Jahrhundert wurde sie zum Sitz des protestantischen Adelsgeschlechtes der Jörger. Unter dem katholischen Ferdinand II., der geschworen hatte, lieber über eine Wüste zu herrschen als die Ketzerei in seinem Lande zu dulden, wurden die Jörgers enteignet und 1625 die Araburg an Stift Lilienfeld verkauft. Schon vorher muß die Burg im Religionskrieg arg verkommen sein, denn im Visitationsbericht anläßlich des Verkaufs heißt u.a.»Ist aber baufällig«... »Hat zwo Cisternen, kombt kaine Wasser«... »Wohnt ain Thorwärtl drinnen, sonst niemands«... »Summum certe periculum in mora, wann mans nit will gar eingehen lassen«.

Im Türkenjahr 1683 hätte man die Burg gerne gewollt, aber da war sie trotz einiger Ausbesserungsarbeiten schon zu schwach für einen starken Widerstand und wurde gebrandschatzt.

Die Araburg – einst Zentrum des Protestantismus in den Voralpen – wurde nun zu einem Zentrum für Schatzgräber und Geisterbeschwörer. Nachdem das Gerücht von den unermeßlichen verborgenen Schätzen in der Araburg nun einmal entstanden war, kamen von weit und breit Leute und zerlegten nachts das Gemäuer. Eine Zeitlang hatte man noch am Georgitag in der dem hl. Georg geweihten Burgkapelle eine Messe gelesen, aber dann wurde auch diese von den Schatzsuchern systematisch demoliert.

Die Schatzgräberei fand dann ein jähes Ende. Nicht etwa das Verbot einer Behörde hatte das bewirkt, sondern ein »Mann ohne Kopf«, der zur Geisterstunde durch die Ruine spazierte. Man erzählte, daß es ein maskierter Kaumberger war, der die lästige fremde Konkurrenz verjagen wollte...

☐

Am »stolzen Heer« wurde schon immer sehr gut verdient. Berühmt geworden ist im 19. Jahrhundert der Armee(schuh)lieferant Joseph Gott-
fried Pargfrieder, der zum Ritter geadelt wurde, in Kleinwetzdorf ein großes Schloß erwerben konnte und dort den skurrilen »Heldenberg« errichten ließ (in dem Feldmarschall Radetzky bestattet ist).

Weniger berühmt ist ein Heereslieferant des 18. Jahrhunderts, der als
Sohn armer Leute 1701 geboren wurde und 1780 als Johann Georg Edler
von Grechtler starb. Sein Lebensweg: Vom einfachen Fuhrmann bis zum
Leiter des Fuhr- und Proviantwesens beim kaiserlichen Heer, General-
Feldwachtmeister, wirklicher k.k. Geheimer Rat und Präses des Militär-
Hauptverpflegsamtes.

1750 kaufte Grechtler die Herrschaft Fridau mitsamt dem mittelalterlichen Schloß, das er sofort umbauen und mit Fresken des berühmten Daniel Gran ausstatten ließ. Grechtler – der nach seinem Tod vier Millionen
Gulden hinterließ! – war auch an seinem neuen Wohnort gleich höchst ak-
tiv. Er erwarb u.a. noch die Herrschaften Rabenstein und Kirchberg, errichtete im Voralpenland an der Pielach einige Webereien und auch
Spinnschulen für den Nachwuchs und holte sich außerdem 1761 noch die
Schwemmrechte für die Pielach. Heute würde man den interessanten
Emporkömmling einen »Multi« nennen.

Grechtler hatte nur einen Sohn, und als dieser ohne Erben starb, zerfiel
der ganze Reichtum sehr schnell. An Grechtler junior erinnern im Schloßpark von Fridau nur noch einige steinerne Groteskfiguren: Bauern und
Bäuerinnen von ausgesuchter Häßlichkeit, Karikaturen mit unförmigen
Körpern und gräßlichen Blähhälsen.

Als 1839 der Reiseschriftsteller F.G.A. Ressel das Schloß besuchte, erzählte ihm der alte Verwalter recht amüsante Geschichten. Während der
Abwesenheit von Grechtler junior ließ dessen Gattin als »zarte Überraschung« ein Fresko malen, das einen Ochsenhirten inmitten seiner Herde
zeigte; der Hirte trug unverkennbar die Gesichtszüge von Vater & Sohn
Grechtler. Als später einmal die Frau Gemahlin von einer Badereise zu-
rückkehrte, fand auch sie eine Überraschung vor: Auf dem Schloßplatz
waren die monströsen Statuen ihrer Landsleute (sie stammte aus dem
Pinzgau) aufgestellt!

☐

Auf der Straße Steinakirchen am Forst-Blindenmarkt erreicht man nach
ca. 2,5 km am rechten Straßenrand die Zehetbauer-Kapelle. Ihr gegen-

über (auf der anderen Straßenseite) liegt in einem Wiesenstreifen ein Granitblock mit einer großen eingemeißelten Wanne – der »Steinnursch«.

Man erzählt: An Stelle der Kapelle stand einmal eine Kirche mit einem Friedhof rundherum, und der »Steinnursch« war der Taufstein der Kirche. Darum trocknet das Wasser darin sogar in regenarmen Sommern nicht aus.

Der mehr als zwei Meter lange Granitblock ist nicht bodenständig, wurde also von Menschen hierher geschafft. Die Wanne gleicht den Urnentrögen der römischen Felsengräber bei Ruprechtshofen (nahe Wieselburg) aus dem 1. Jahrhundert n. Chr. – wir stehen hier also vor einem Bestattungsstein aus dieser Zeit.

Bleibt nur die Frage: Wem wurde er errichtet? Er ist ein für diese Zeit und für diese Gegend recht aufwendiges Grabmonument (wenn man den Transport des tonnenschweren Steines bedenkt). Und doch steht dieser »Steinnursch« irgendwie verloren in dem melancholisch stimmenden Hügelland, und bis jetzt wurde auch keine alte Siedlung in seiner Nähe aufgedeckt. Aber die Menschen aus seiner Umgebung wußten einst unheimliche Geschichten von ihm zu erzählen. Alle, die sich bisher freventlich an den Stein herangewagt haben, hat später ein Unglück getroffen, und nachts wurde dort oft ein weißer Schimmel gesehen...

Die Wilde Jagd wurde auch beim »Rainstein« gesehen. Das ist ein fast zwei Meter hoher, dreieckiger Grenzstein auf einem Kamm in der Rotte Görtenberg bei St. Anton in der Jeßnitz. Er trägt die Jahreszahl 1713 und markierte jene Stelle, an der einst die Landgerichtsbezirke Gaming, Plankenstein und Weißenburg zusammenstießen.

Heute hängt an einem Baum neben ihm die Büchse mit dem Kontrollstempel eines Wanderweges – aber einst sollen sich beim »Roastoa« auch die Hexen versammelt haben! Und in der Sommersonnwendnacht sind die Bäuerinnen der Umgebung gekommen und haben von dem Stein kleine Stücke abgeschabt, die sie pulverisiert dem kranken Vieh als wunderwirkendes Heilmittel verabreicht haben. Diese uralte Vorstellung, daß in besonderen Steinen auch Heilkraft steckt, war lange Zeit auch für die Patres vom Sonntagsberg eine gute Einnahmequelle (siehe Seite 165). Und anderswo rieb man aus römischen oder mittelalterlichen Grabsteinen wie aus Schwellsteinen von Kirchen das angeblich heilsame Steinpulver.

Wie lange dieser »Steinglaube« lebendig blieb, beweist die Anordnung des Bürgermeisters von St. Anton aus dem Jahre 1927, den Rainstein mit einem Schutzgitter zu umgeben, welches verhindern sollte, daß er einmal ganz und gar »weggeschabt« werden könnte.

☐

Das Salzfaß des Benvenuto Cellini (heute im Kunsthistorischen Museum, Wien) gilt als einzigartige Leistung der Goldschmiedekunst. Ein nackter Mann und eine nackte Frau sitzen einander so gegenüber – nach Cellinis Worten – »wie man die Arme eines Meeres in die Erde hineinlaufen sieht«. 1543 war das von König Franz I. von Frankreich bestellte Salzfaß vollendet, 1570 erhielt es Erzherzog Ferdinand II. von Tirol zum Geschenk und stellte es in seiner »Ambraser Sammlung« (dem ersten Museum der Neuzeit) zur Schau.

Noch zu seinen Lebzeiten ließ der 1591 verstorbene Volkhard Freiherr von Auersperg für sich und seine Frau ein für die Kirche von Purgstall bestimmtes Grabmal herstellen. Volkhard war Rat dreier Kaiser (Ferdinand I., Maximilian II. und Rudolf II.) und dürfte viel herumgekommen sein; es wird angenommen, daß er in Ambras auch Cellinis Salzfaß gesehen hatte und sich von ihm für sein Grabmal inspirieren ließ. Das Ergebnis ist ein zu Stein gewordener Alptraum! Während Cellinis Goldfiguren elegant und locker einander gegenüber sitzen, lagern auf dem Marmorgrabmal von Purgstall der Freiherr und seine Gemahlin, nicht liegend, aber auch nicht sitzend, in einer höchst verkrampften Situation – so, als ob sie sich aus dem Liegen erheben wollten, aber infolge eines Hexenschusses dann gehindert wären. Diese Krampflage wird dadurch verstärkt, daß der Freiherr einen schweren Eisenpanzer trägt und seine Gemahlin in einem enganliegenden Kleid mit Halskrause steckt. In dem Auersperggrab in der Kirche von Purgstall ist also jener schreckliche Traum (den wohl schon jeder hatte) zu Stein geworden: Man will sich erheben und kann es nicht. Dieses kuriose Grabmal ist im Vergleich zu Cellinis Salzfaß ein Beweis dafür – was oft bestritten wird –, daß es in der Kunst doch Maßstäbe gibt…

☐

Nach dem biblischen Berg »Tabor« benannten die Hussiten eine 1419 in Böhmen angelegte Bergstadt, von der aus sie ihre Kriegszüge unternahmen. In Österreich wurde dann später das Wort Tabor allgemein auch auf Höhenfestungen übertragen.

Steil und markant ragt der Tabor von Randegg in den Himmel, und nicht nur vom Hauptplatz des Ortes, sondern von allen Seiten ist deutlich erkennbar, daß die Kuppe des Hügels von Menschenhand bearbeitet worden ist. In seiner 1895 erschienenen »Chronik des Marktes Randegg« will Vinzenz Poetsch in diesem Tabor einen keltischen Opferberg erkennen. In dieser Zeit hielt man alle künstlichen Hügel oder Erdwerke entweder für Gräber bedeutender Persönlichkeiten der Vorzeit oder für Opferstätten. Erst die Forschungen und das Buch »Die Hausberge und verwandten

Wehranlagen in Niederösterreich« (1953) von Hans P. Schad'n schafften einen Wandel: Schad'n konnte beweisen, daß die meisten der Erdwerke mittelalterliche Befestigungen, Vorläufer der Steinburgen, sind.

Zwei Jahre nach dem Erscheinen von Schad'ns Buch unternahm man auf dem Randegger Tabor Untersuchungen, allerdings nur sehr bescheidene (Geldmangel!) auf dem Plateau des Kegelstumpfes (der eine Höhe von ca. 5 Metern und einen Umfang von rund 150 Metern hat). Dabei fand man weder Tonscherben noch verkohlte Holzreste, nichts von alledem, was man sonst bei mittelalterlichen Erdwerken findet. Also muß der Tabor vielleicht doch etwas anderes gewesen sein.

Der Wieselburger Heimatforscher Stefan Denk (Verfasser des Werkes »Das Erlaufgebiet in ur- und frühgeschichtlicher Zeit«) glaubte schon vor der Grabung an »einen im wesentlichen ungestörten, tadellos erhaltenen Großgrabbau nach Art der hallstattzeitlichen, wahrscheinlich in Verbindung mit einer Kultstätte«. Dr. Hermann Vetters vom österreichischen Archäologischen Institut schloß sich dieser Meinung an.

Für die Randegger war die Sachlage schon immer klar: Der Hügel ist hohl und voller Schätze – was auch stimmen könnte, wenn er ein Grab enthält.

☐

Die Erste Wiener Hochquellenleitung ist berühmt (weil sie eben »die Erste« war), die Zweite Wiener Hochquellenleitung ist es weniger, (obwohl sie das weitaus imposantere Bauwerk darstellt).

Nach der »Ersten« im Jahre 1873 genügte das Wasser aus dem Rax-Schneeberggebiet bald nicht mehr, um das immer größer werdende Wien zu versorgen. Und so gab es wiederum phantasievolle Projekte zur Behebung der Wassermisere. Zum Beispiel dieses: Wasser aus der Donau »auszukochen«, dann zu kühlen und nachher mit Kohlensäure zu versetzen – ein Prozeß, für den genau 195 Rohrstränge zu je einem Kilometer Länge vorgesehen waren!

Daß die Zweite Wiener Hochquellenleitung vom Hochschwab nach Wien gebaut wurde, ist das Verdienst von Bürgermeister Dr. Karl Lueger. Im Jahre 1900 wurde der Grundstein gelegt, 1910 erfolgte die Inbetriebnahme der 192 km langen Leitung. Große Geländeschwierigkeiten mußten in dem zerklüfteten Voralpengelände wie auch im berg- und hügelreichen Wienerwald überwunden werden. Der längste der vielen Stollen leitet durch die Göstlinger Alpe (5370 Meter lang), der längste aller Aquädukte übersetzt das Jeßnitztal (271 Meter lang und 22 Meter hoch) und wird auch »Luegerbrücke« genannt.

Dr. Karl Lueger sah in der Zweiten Wiener Hochquellenleitung die Krönung seines Lebenswerkes. Immer wieder fuhr er zu den Baustellen und drängte auf planmäßige Vollendung. Wahrscheinlich hatte er schon gespürt, daß seine Lebenskraft nicht mehr bis zur Inbetriebnahme seines großen Werkes reichen würde. Tatsächlich ist er ein halbes Jahr zuvor gestorben.

Über die Entstehung der »Luegerbrücke« erzählt in der Scheibbser Heimatkunde der 1964 verstorbene Rechtsanwalt Dr. Heinrich Jelinek: »Mein Onkel Piwonka, der in Neubruck eine Gummibandlfabrik hatte, war ein Freund Luegers. Dieser ist oft in Neubruck abgestiegen, es war dort ein eigenes Zimmer für ihn eingerichtet. Mein Onkel hat nun oft erzählt, daß ursprünglich für Neubruck ein Siphon geplant gewesen. Da hat nun mein Onkel, wie Lueger wieder einmal bei ihm zu Besuch gewesen, zu diesem gesagt: ›Geh, Karl, warum willst Du denn hier nicht einen Aquädukt machen? der wäre doch viel schöner, oder ist ein Aquädukt hier nicht möglich?‹ – ›Aber ja!‹, hat Lueger darauf erwidert, ›den kannst du haben!‹ und hat sofort den leitenden Ingenieur rufen lassen und ihm den Auftrag gegeben, statt des geplanten Siphons einen Aquädukt zu bauen.«

☐

Der alte Wallfahrerweg von Schwarzenbach/Pielach nach Annaberg führt an zwei Höhlen vorbei, die als »Nasses Loch« und »Trockenes Loch« bezeichnet werden.

Das »Nasse Loch« verdient seinen Namen… fast immer rauscht ein quicklebendiger Bach aus ihm heraus. Und das »Trockene Loch« führt seinen Namen zu Unrecht… wie jetzt Höhlenforscher auf ihren Vorstößen in seine Tiefen festgestellt haben, ist es eine wassergefüllte Klufthöhle, deren weitere Erforschung verwegene Tauchabenteuer erfordert.

Nach diesen zwei Höhlen erreicht der Pilger oder Wanderer bald die »Hölzerne Kirche«. Die Sage erzählt: Auf der Flucht nach Ägypten sind Maria und Josef mit dem Jesuskind auch hier vorbeigekommen, und Maria hat ihren Fußabdruck im Stein hinterlassen. Der Spurstein befindet sich knapp unterhalb der Kapelle, und das aus einer kleinen Quelle entspringende und sich in der Vertiefung sammelnde Wasser soll bei Augenleiden helfen. Im 19. Jahrhundert erfuhr die Sage eine Korrektur: Nicht die Gottesmutter habe die Steinspur hinterlassen, sondern der Esel, auf dem sie geritten ist.

Die Lage der Holzkirche ist recht malerisch, aber sie steht an keinem markanten Punkt der Landschaft, sondern in einem Wald- und Wiesental. Der Stein war sicher einst ein Naturheiligtum für die Bewohner dieser Gegend. Im Verlauf der Gegenreformation wurde er dann »christianisiert«. Es entstand die Sage von der Heiligen Familie, und 1705 wird schon eine Kapelle »bei Unserer Lieben Frau Tritt« genannt; die heutige »Hölzerne Kirche« stammt aus dem Jahre 1899.

Fast 1400 Jahre ist es her, daß Papst Gregor der Große dem Klerus riet, die heidnischen Naturaltäre – wie heilige Bäume, heilige Quellen und Steine – nicht zu zerstören, sondern sie in christliche Kultstätten umzuwandeln. Zur »Hölzernen Kirche« und dem »Eseltrittstein« mit dem »Augenbrünnl« ziehen auch heute noch ab und zu lokale Wallfahrten aus der Umgebung. Meist sind es ältere Leute, die – wie sie sagen – nicht wollen, »daß der alte Glaube ganz verloren geht«.

□

Zu den bekanntesten Volksbräuchen Österreichs gehört auch das Mittragen von blumengeschmückten Stangen – den »Prangstangen« – bei Fronleichnamsprozessionen im Lungau und Pongau. Nach Meinung der Landbewohner soll der Brauch auf ein Gelöbnis in einer Pest- oder Hungerzeit zurückgehen; die Volkskundewissenschaft hat jedoch schon längst erkannt, daß in den »Prangstangen« (wie auch »Maibäumen«) uraltes Vegetationsbrauchtum weiterlebt.

Lange Zeit glaubte man, daß dieser Brauch nur auf den Salzburger Raum beschränkt sei. Aber als (ab 1959) der »Österreichische Volkskundeatlas« zu erscheinen begann, fand darin der Volkskundler Helmut Fielhauer eine kurze Notiz, daß auch in Rohr im Gebirge bei Fronleichnamsprozessionen blumengeschmückte Stangen mitgetragen werden. Ein Irrtum? Kein Irrtum! Als er zu Fronleichnam 1963 nach Rohr im Gebirge kam, konnte er diesen Brauch – im wahrsten Sinne des Wortes – noch in seiner vollen Blüte sehen.

Dieser sozusagen »vertragene Brauch« ist insofern ein Kuriosum, weil er im Raum zwischen Lungau/Pongau und Rohr/Geb. – das sind ungefähr 150/200 Kilometer Luftlinie – überhaupt nicht existiert. Das ist ungefähr so, als würde inmitten einer Margaritenwiese der Same von einem einzigen Edelweiß aufgehen. Als Lösung dieses Phänomens bietet sich die Tatsache an, daß im 18. Jahrhundert Holzknechte aus dem Westen in unser Voralpenland geholt worden sind und diese – vermutlich – den Brauch mitgebracht haben. In Rohr allerdings erzählt man Sagen, nach denen die Prangstangen von Puchberg am Schneeberg übernommen worden sein sollen. In Puchberg aber weiß man nichts von dem Brauch – wie Fielhauers Umfrage ergab –, und außerdem waren dort niemals Holzknechte aus dem Salzburgerischen.

Jedenfalls: In Rohr/ Geb. werden auch heute noch bei der Fronleich-
namsprozession vier blumengeschmückte Stangen von unverheirateten
Burschen mitgetragen. Jede Familie flicht am Vorabend ihre Blumengir-
landen und windet sie vor der Prozession an eine der Stangen; nach der
Prozession werden die Blumenkränze von den »Besitzern« wieder abge-
nommen, nach Hause getragen und Teile davon in den Herrgottswinkel
gehängt, aber auch als Abwehrzauber gegen Krankheiten und überhaupt
alles Unheil in Ställen und Scheunen finden sie Verwendung. Früher einmal hat man vor Gewittern oder bei Krankheiten auch Teile des Blumen-
kranzes verbrannt, um das Unheil auszuräuchern...

Rohr im Gebirge, zwar nur 683 m hoch gelegen, aber rundum von Bergen umschlossen, hat manches Jahr zur Fronleichnamszeit noch keine
blühenden Blumen auf seinen Wiesen. Also setzen sich heute einige
Leute ins Auto und fahren so weit hinaus ins Piestingtal, bis sie dort irgendwo Blumen finden. Vor der großen Motorisierung sind die Frauen
noch zu Fuß gegangen, oft dreißig, vierzig Kilometer weit, und haben
dann die gesammelten Blumen in Buckelkörben oder Heutüchern nach
Hause getragen. Und eine alte Frau erzählt, daß sie damals in der Kirche
immer heimlich darum gebetet hat, es möge das Wetter im Frühjahr ja
recht lange schlecht bleiben... »Denn sonst wäre ich doch niemals mit der
Mutter sogar bis nach Wöllersdorf hinaus gekommen!«

Wöllersdorf – das war einmal für die Bewohner von Rohr im Gebirge
die große Ferne und die weite Welt.

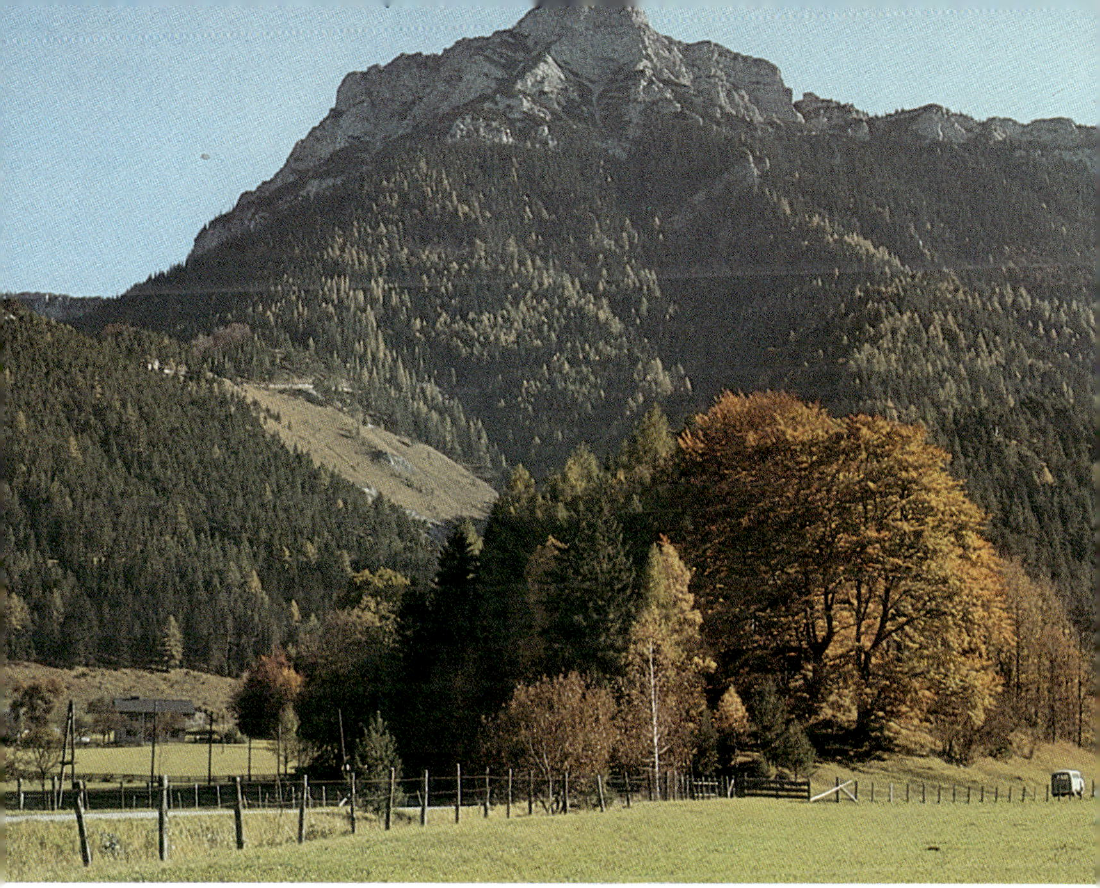

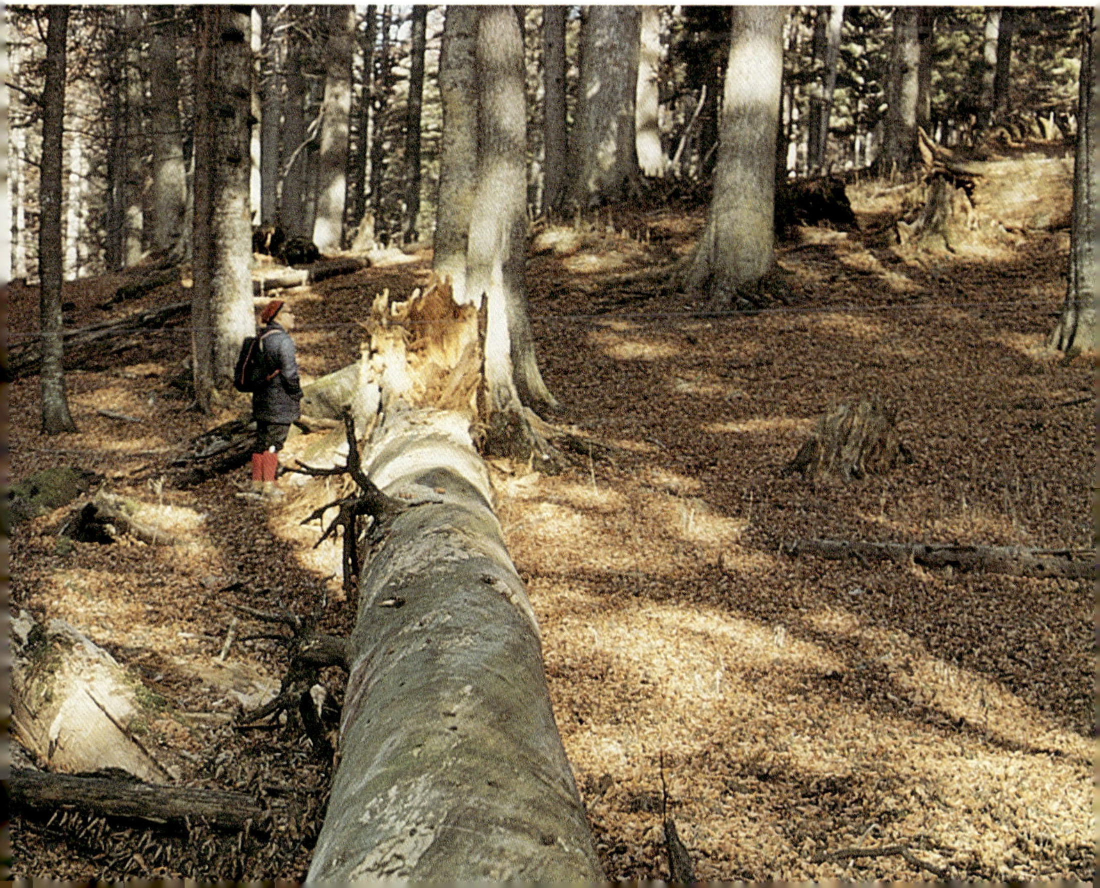

*Auf Seite 189:*
*Unter dem Gippel*
*und im Neuwald*

*Auf Seite 192:*
*Unterwegs von Furth*
*auf das Kieneck*

*Links: Riesenlinden bei*
*den »Ewigen Tränen« —*
*Rechts: »Stöckls Denk-*
*mal« bei Reinsberg*

*Unten: Kohlenmeiler bei*
*der »Kalten Kuchl«.*
*Auch heute noch hausen*
*die Köhler bei ihren*
*Nachtwachen in primi-*
*tiven Unterkünften*

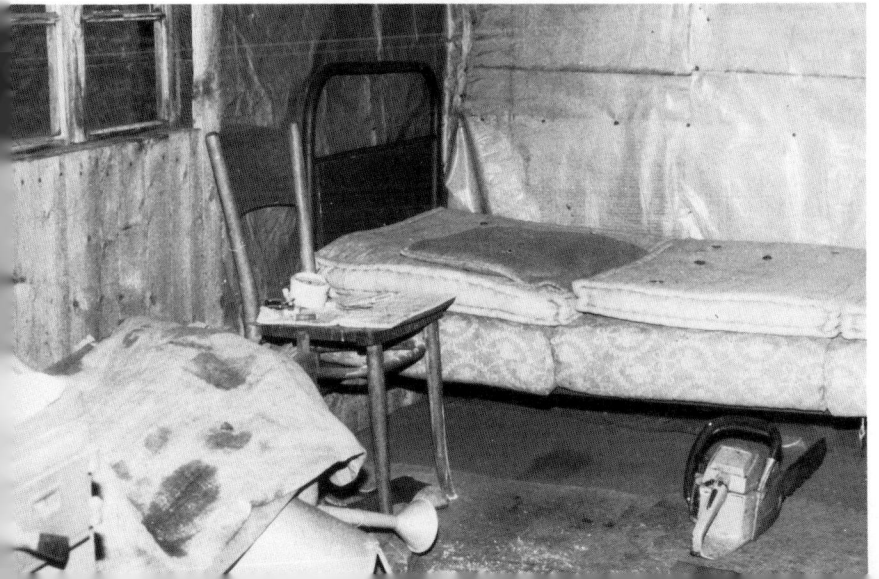

# LEUTE VON GESTERN UND HEUTE

Ladislaus Pyrker (1772-1847), geboren in Ungarn, Zisterzienser und Waldmeister in Lilienfeld, Pfarrer von Türnitz, Abt von Stift Lilienfeld, Bischof von Zips, Patriarch von Venedig, Erzbischof von Eger (Erlau in Ungarn) war auch ein Dichter...

... der von manchen seiner Zeitgenossen mit Homer und Goethe auf eine Stufe gestellt wurde...

... während andere seine Groß-Epen ermüdend langweilig fanden.

Mit Grillparzer stand Pyrker einige Zeit in engerem Kontakt; beide Dichter reisten sogar einmal gemeinsam nach Gastein in die Sommerfrische. Aber als dann Grillparzer 1823 sein Drama »König Ottokars Glück und Ende« vorlegte und Pyrker 1824 das Epos »Rudolf von Habsburg« waren die zwei Dichter – so wie ihre Helden – zu Gegnern geworden. Und wie es unter Dichterkollegen allgemein üblich ist, hielt jeder das Werk des anderen für vollkommen mißglückt.

Mit Lilienfeld blieb Pyrker innerlich immer verbunden und wollte dort auch begraben sein. Als er von 1821-1827 Patriarch von Venedig war und mit großem Prunk und großem Gefolge einmal in einer Prozession über den Markusplatz zog, rief einer der dort anwesenden österreichischen Soldaten (ein ehemaliger Holzknecht von Lilienfeld) laut aus: »Jessas, dös is jo unser Pater Waldmoaster!« – Der Patriarch hat dann mit dem Mann lange geplaudert und ihn reich beschenkt.

Zwei Jahre vor Pyrkers Tod erschienen seine »Lieder der Sehnsucht nach den Alpen«. Wieder in seiner Heimat Ungarn vergaß er auch als Erzbischof dort seine zweite Heimat nicht... das Alpenland.

> Ich wandre fort durch Berg und Thal
> Mit frohgestimmtem Herzen,
> Und möchte hier den Wasserfall
> Und dort das Bächlein herzen;
> Gesträuche, Ficht' und Föhrenbaum,
> Und Zweig und Blüth' umfassen,
> Und von des Waldes stillem Raum
> Fortan nie wieder lassen.

Am Anfang des 19. Jahrhunderts galten der Stephansturm und die »vaterländische« Schriftstellerin Karoline Pichler (1769-1843) als die »Hauptmerkwürdigkeiten von Wien«. Die sämtlichen Werke der Hausfrau und Mutter umfassen 60 (!) Bände, aber nicht diese machten sie so berühmt (man fand sie bald »schrecklich altväterisch, breit und langweilig«), sondern die Gesellschaftsabende in ihrem Salon, wo sich alles traf, was damals im Vormärz als Künstler einen Namen hatte. Ihre mit dem Titel »Denkwürdigkeiten aus meinem Leben« erschienenen Memoiren sind daher zu einem zeit- und kulturgeschichtlichen Dokument ersten Ranges geworden.

Auch Ladislaus Pyrker gehörte zum »Pichler-Kreis«, und einige Male war die Schriftstellerin mit einem Teil ihres sie stets umschwirrenden Anhangs in Lilienfeld zu Gast. Im Sommer 1818 lud Pyrker die Gesellschaft zu einer Besteigung der Klosteralpe ein. Man stieg »munter bergan« bis zum Kulm, wo ein »ländliches Frühstück« eingenommen wurde. Dann ging es beschwerlich weiter »über steinischte Stellen, wo man klettern mußte«, aber »freundlich unterstützt« von den Begleitern erreichte die vaterländische Dichterin dann doch erschöpft, aber glücklich den Gipfel. In der nahen Sennhütte gab es ein »einfaches, aber sehr wohlschmeckendes Mahl«, und alle, die zum erstenmal auf einen Berg gestiegen waren, wurden »getauft«. Da man im Pichlerschen Kreise sich lieber in geistigen Höhen bewegte und überhaupt Bergbesteigungen damals etwas Außergewöhnliches waren, wurde also fast jeder der Gesellschaft mit Wasser angeschüttet.

Natürlich gingen auch die Fernrohre immer wieder von Hand zu Hand. Ausblicke, Fernblicke, Tiefblicke – das alles war für das Auge des damaligen Stadtmenschen etwas Ungewohntes, eine richtige Sensation. Und so wie jeder Gipfelstürmer dieser Zeit zählt daher auch Karoline Pichler fleißig alle Berge, Flüsse und Städte der von ihr wahrgenommenen »Aussicht« auf. Aber welche ganz neuen Eindrücke das damals noch junge Bergsteigen in den Menschen erwecken konnte, zeigt die Schilderung Karoline Pichlers von einem Tiefblick hinunter ins Tal: »Es ist eine eigentümliche Empfindung auf einmal so hoch, so fern auf die Gegenstände herabzublicken, die uns sonst nahe umgaben, zwischen denen wir wandelten, lebten, unsere Geschäfte trieben. Wie so ganz anders stellen sie sich nun unsern Augen dar! Wie klar sahen wir ihre Lage gegeneinander, ihren Zusammenhang, ihre ganze Örtlichkeit ein, deren Beziehungen uns früher, als sie uns noch dicht umgaben, ganz entgangen waren! Ist es im Leben nicht auch so? Gehört nicht ein längerer Verlauf der Zeit, eine Fernstellung durch Zeit oder Raum dazu – oft lange Jahre – bis wir über eine Periode unsers eigenen Lebens oder auch der Geschichte ein klares, richtiges Urteil, sine ira et studio, wie Tacitus sagt, zu fällen imstande sind?«

Was damals noch auf Bergfahrten erlebt und empfunden wurde, das können wir Heutigen nie und nimmermehr erleben oder empfinden, weil wir vieles schon als selbstverständlich hinnehmen. Für Karoline Pichler jedoch war dieser Tag wirklich ein »unvergeßlicher«. Sie dankte Ladislaus Pyrker dafür (wie könnte es anders sein?) mit einem Gedicht.

□

Man hat ihn »einen kleinen, niederösterreichischen Rosegger« genannt – den 1849 bei Kleinzell geborenen Johann Jantsch. Er selber schrieb über sein Leben: »Ich war Bauernknecht, Jäger, Reisebegleiter, Kohlenausträger, Cassier und nun Geschichtenerzähler, ich hatte bei Erzherzog Karl Ludwig auf Villa Wartholz und bei dem Krösus Dr. Rapaport in Klein-Maria-Zell als Gast gespeist, ich mußte, um nicht zu verhungern, in Wien betteln geh'n und als mittelloser, kranker Schlucker in den Kleefeldern bei Penzing bei Mutter Grün in der Wachtelgasse übernachten. Ich bin in der Lage, alles, bis auf das Gefühl eines Arrestanten oder eines Betrunkenen aus eigener Erfahrung zu beschreiben, und heute sitze ich, infolge eines Falles, im zweiten Stockwerke der Irrenanstalt in Wien und blicke hinaus über die Dächer…«

Seine im Selbstverlag um die Jahrhundertwende erschienenen Broschüren »Zum Zeitvertreib«, »Bittschön a Sträußerl«, »Lustige Dorfgeschichten fürn Abend« sind mehr, als die biederen Titel vermuten lassen. Sie sind auch recht amüsante kulturgeschichtliche Dokumente, wie zum Beispiel folgende Schilderung des Aberglaubens der Voralpenbewohner beweist: »Schon als Halterbub mußte ich unter den Dachtropfen ein Loch graben, um darin die Hexe, die meines Bauern Kühe verhext, verbrennen zu können; ich mußte beim ersten Viehaustrieb im Frühjahre die Beschwörungsformel beten (da sonst im Hause niemand lesen konnte), dass das Vieh kein giftiges Thier beisst und es kein Raubthier zerreisst; ich mußte im Stallthürstock Exelholz einbohren, damit den Hexen der Eingang verwehrt sei; ich musste einmal den Weihbrunntiegel halten, während ein auf der Altenburg bei Wilhelmsburg wohnender Geisterbanner unseren alten Ausnehmer-Ehnl, weil er keine Ruhe gab, auf den Oetscher verbannte (in Wirklichkeit war's eine in eine Truhe eingesperrte Katze); ich holte Grabkreuzblei, woraus unser Oberknecht, der im Geheimen ein Wilderer war, seine nie fehlenden Kugeln goss. Wie oft musste ich zur alten »Bachnerin«, der berühmten Fieberwenderin in Hohenberg, gehen,

um wenden zu lassen. Ich sah dem »Lenzentikel«, dem berühmten Blut-
stiller in Kleinzell, bei seinem Wenden zu. Da war's einmal beim Sommer
in Kleinzell, dessen Bruder war der Hofbuchdrucker Leopold Sommer in
Wien, da glitt einem Zimmermann die Hacke aus, er spaltete sich den Fuß
sozusagen auseinander, blutete fürchterlich. Der nächste Arzt war in
Hainfeld, also drei Stunden entfernt; da kam der Lenzentikel, der be-
kreuzte und bestrich den Fuß und sofort hörte er zu bluten auf. Wie viele
Dummheiten, Recepte, Prophezeiungen, Wendgebete musste ich an
Sonntagen dem Bauern abschreiben, wie oft musste ich zu Ehren irgend-
eines recht fragwürdigen Heiligen fasten, dass mir die Gedärme krach-
ten, um vor dieser oder jener Krankheit gefeit zu sein! Was musste ich für
Wurzeln und Kräuter, für Käfer und Reptilien einsammeln, um für alle
Fälle etwas im Hause zu haben!«

Später hat der Halterbub eine Geschäftsfrau in Rohr geheiratet, ist ihr
aber bald »auf und davon«, weil er nicht »dütendrehend hinter der Budel
stehen wollte«. Er hatte die Pyramiden Ägyptens bewundert und auch
die Zedern des Libanon, war u. a. Armensekretär in Perchtoldsdorf und
zuletzt Wärter im Versorgungshaus Lainz. Eine Zigeunerin hatte ihm in
seiner Jugend aus der Hand gelesen und prophezeit: »Ihr ganzes Leben
wird dem Aprilwetter gleichen, Sie sollen nicht heiraten, Frauen sind Ihr
Unglück. Sie werden bald in Ansehen, bald in Verachtung leben. Sie werden viel in der Welt herumkommen, Sie denken viel Unnöthiges, wenn
Sie das Grübeln nicht lassen, wird sich Ihr Geist umnachten«.

☐

Heute noch redet man in Reinsberg und Umgebung mit einer gewissen
Hochachtung vom Bader Johann Babtiste Stöckl, obwohl dieser schon vor
mehr als einem Jahrhundert gestorben ist. Und als »der narrische Bader
von Reinsberg« ist er sogar in die recht amüsante und interessante Sammlung der »Sagen des Bezirkes Scheibbs« eingegangen.

Stöckl war ein Original, von dem man viele »Stückl« erzählt, die er aufgeführt haben soll. Und saugrob war er auch. Aber er hat die Leute gesund gemacht, und so sind sie von weit und breit zu ihm gekommen. Vor
allem war er ein Anhänger der Naturheilmethode, und er hatte auch seine
Gedanken über eine vernünftige Lebensweise niedergeschrieben.

Stöckls »letztes Stückl« war die Errichtung seines Grabmales. Weil er
ein Protestant war, wollte ihn der damalige Pfarrer nicht »in seinem Friedhof haben«. So hatte der Bader eine kleine Kuppe neben seinem Hof Egg
am Robitzboden zu seiner Grabstätte bestimmt. (Am besten zu erreichen
von der Straße Reinsberg – Buchberg – Gaming, Abzweigung beim gro-

ßen Steinbruch und von ihm ca. 1 km in nordöstlicher Richtung zuerst bergab und dann bergauf.)

Es ist ein wunderschönes Plätzchen mit einem weiten Blick über das hügelige Wieselburger Land. In einer Umzäunung ragt über der Gruft eine wuchtige Steinsäule empor, die von einem großen Eisenpfeil durchbohrt ist und die Inschrift trägt »Der Mensch«. Auf dem Sockel steht lapidar:

STÖCKLS
Denkmal
1870

Stöckl hat den Bauern im Streit immer wieder gesagt, daß er unter solchen Rindviechern nicht einmal begraben sein möchte. Sein Grab hoch oben am Berg ist höchst originell, aber – in der saftigen Wiese neben dem Grab weiden friedlich die Kühe des jetzigen Eggbauern. Jetzt ist Stöckl wirklich inmitten von Rindviechern begraben.

☐

Auf dem Blassenstein (843 m) bei Scheibbs steht die 1903 erbaute Urlingerwarte, die ihren Namen nicht etwa von einer krachledernen alpinen Gesellschaft hat, sondern nach Probst Paul Urlinger (1814-1889) benannt wurde. Urlinger war lange Zeit Pfarrer von Scheibbs, ein allgemein beliebter Seelsorger und außerdem ein Geograph aus Leidenschaft.

1858 begann Urlinger an einem Werk zu arbeiten, das er dann 1873 auf eigene Kosten drucken ließ (was ihn in schwere Schulden stürzte):

> 20.000 Höhenbestimmungen
> der
> bekannteren Berge und Orte
> in der
> ganzen österr.-ungar. Monarchie
> nach Kronländern alfabetisch geordnet.

Für dieses Nachschlagwerk hatte Urlinger in Tausenden Stunden Berge von Büchern nach Höhenangaben durchforscht und außerdem in seiner Heimat selbst unzählige Höhenbestimmungen durchgeführt. Als Mitglied der k. k. geographischen Gesellschaft, der er seit der Gründung 1847 angehörte, wollte er »einen Stein zum Aufbau genauerer Kenntnis unseres geliebten Vaterlandes beitragen«. Aber drei Jahre nach dem Erscheinen des 460 Seiten starken Werkes war es leider auch schon überholt: Urlinger hatte seine Höhenangaben noch in Wiener Fuß (= 0.316102 m) gegeben, und 1876 wurde in Österreich das metrische System eingeführt!

Der österreichische Dichter Franz Nabl (1883-1974) verbrachte einen
Teil seiner Jugend auf dem »Gstettenhof« bei Türnitz: In seinem Haupt-
werk »Ödhof« wurde er zum Schauplatz der Handlung. Enthusiasten haben seinerzeit Nabls Roman den großen Werken Dostojewskijs gleichge-
stellt. Heute schätzt man mehr Nabls Erzählkunst in seinen kleineren Pro-
sastücken...

Zum Beispiel in der Geschichte vom Tod einer alten Keuschlerin in unserem Voralpenland (aus dem Sammelband »Das Rasenstück«):

»Hauste da in einem Seitengraben in elender Keusche ein Holzknecht
mit Weib und Kindern und einer steinalten Mutter. Die armselige Balken-
hütte barg einen einzigen, verrußten Raum, in dem alle mitsammen
wohnten. Als nun die greise Holzknechtmutter auf den Tod darnieder-
lag, lud der Sohn sich ein paar Kameraden zu Gast, bewirtete sie mit trüb-
saurem Wein, ließ dazu ein kläglich schnarrendes Grammophon veraltete
Weisen spielen, und dazwischen hinein sangen die Mannsleute ihre
mehrstimmigen Lieder und Jodler, wie sie es Samstag abend und am
Sonntag im Wirtshaus gewohnt waren und wochentags wohl auch gelegentlich in ihrer Rindenhütte hoch oben am Holzschlag. ›D' Muada hot
immer amol an Wein trunkn und a Musi g'hört‹, meinte der Sohn. ›Wein
mog's hiazt koan mehr, oba af d'Musi werd s' nu olliweil gern lousn‹. Und
als die Frau wieder einmal ans Bett der Sterbenden trat, war sie schon
längst hinüber, und ein Abglanz der Zufriedenheit lag auf dem spitznäsi-
gen, verblichenen Runzelgesicht.«

Nabl erzählt auch von einem »Bauerndoktor« in einem Waldtal des
Voralpenlandes, und dieser »Johann Daxenböck – der frei erfundene
Name klingt so natürlich, als wenn es sein wirklicher wäre – haust keinesfalls in einer versteckt gelegenen und halbverfallenen Hütte, wie das
sonst gern von solchen ein wenig geheimnisvollen Menschen erzählt
wird, er besitzt vielmehr ein ungewöhnlich großes und vor allen Dingen
auch schuldenfreies Bauerngut, ist Wald- und Grundherr, Inhaber ausge-
dehnter Jagd- und Fischereigerechtsame und mithin ein Mann, der sich,
wofern er einer anderen Gesellschaftsklasse angehörte, mit vollem Recht
einen Gutsbesitzer nennen dürfte. Aber gerade um all dieser irdischen
Glücksgüter willen könnte der sonderbare Bauer eine tragische Gestalt
und ein Opfer seiner tieferen und weitergreifenden Sehnsucht werden,
da er sich um das, wofür er eigentlich geboren ist, um Viehzucht und
Waldwirtschaft, um Feld- und Wiesenbau beinahe gar nicht gekümmert
und mit unermüdlicher Zähigkeit nur das eine Ziel anstrebt, allen Menschen, die mit irgendeinem körperlichen Gebrechen zu ihm kommen, zu
helfen und sie von ihrem Leiden zu befreien.«

Nabl erzählt dann auch, wie es an einem Sonntag in der Ordination dieses Bauerndoktors zuging: »Von Zeit zu Zeit öffnet sich die Tür des anstoßenden Raumes und der Daxenböck tritt unter die Versammelten. Er ist nur wenig über mittelgroß, geht barfuß und in Hemdärmeln, wie so viele seiner Besucher, und hält wie die meisten von ihnen die Pfeife im Mundwinkel eingeklemmt. Sein Gang und seine ganze Gestalt, die nackten, breiten Füße, die derben, kurzfingerigen Hände und auch die Bildung des Kopfes haben etwas Schwerfälliges, Gedrungenes. Grob und wulstig liegen die Lippen unter einem zottigen, graubraunen Schnauzbart, knollig und auseinandergetrieben sitzt die Nase zwischen den beinahe slawisch vorspringenden Backen, die Haare wuchern borstig und doch gekraust bis tief in die breite, niedere Stirn hinein, und nur die Augen unter den sehr buschigen, zusammenschließenden Brauen haben etwas Listiges, Lebhaftes. Aber es ist nicht die List und Lebhaftigkeit eines klugen, beweglichen Menschen, sondern vielmehr die eines Tieres, etwa eines Fuchses oder schlauen Hundes. Im übrigen liegt in dem ganzen Wesen des Mannes eine unerschütterliche Ruhe, ja beinahe eine völlige Gleichgültigkeit. Langsam und ohne eine Spur von Erregung geht er eine Weile unter den Leuten in der Stube herum, wie ein Wirt, der Nachschau hält, ob es nicht bei einem seiner Gäste ein Glas nachzufüllen gibt oder einen leeren Teller abzuräumen, mit Wort und Handschlag begrüßt er einige, die mittlerweile neu hinzugekommen sein mögen, er spricht mit Nachbarbauern über eine gerade schwebende Gemeindeangelegenheit, fragt weiter Hergereiste nach Neuigkeiten oder besonderen Vorkommnissen aus und greift zuletzt mit den Worten: ›No, wos hob' ma denn?‹ oder ›No, loß schaugn oamol!‹ einen Beliebigen aus der Menge der Wartenden heraus und verschwindet mit ihm in den angrenzenden Raum, der seine Schlafstube und zugleich auch sein Ordinationszimmer ist. Ein Anmelden oder eine bestimmte Reihenfolge, sowie sie in den Warteräumen städtischer Ärzte geübt werden, ist hier unbekannt, und es denkt auch keiner von all den Besuchern daran, die Einhaltung einer bestimmten Ordnung zu verlangen.«

Der »Daxenböck« hieß in Wirklichkeit Mathias Zöchling und hatte den Hofnamen »Roßböck«. Der Roßböckhof befindet sich etwas oberhalb der Roßbachklamm im Halbachtal; heute ist er allerdings nur noch ein Nebengebäude eines neuen großen Gehöfts, dessen Besitzer den alten Bauerndoktor nur dem Namen nach kennen. Und natürlich auch die vielen wahren oder erfundenen Geschichten um ihn. Zum Beispiel diese: So soll sogar der Schöpfer der modernen Unfallchirurgie, Univ. Prof. Lorenz Böhler, den Bauerndoktor aufgesucht haben, weil ihn (der die Technik der

Knochenbruchbehandlung durch Ruhestellung entwickelt hatte) die
Praktiken dieses Mannes interessierten. Dieser verpaßte nämlich schon
seit langer Zeit bei Knochenbrüchen aus Rinde gebildete und mit seiner
Heilsalbe versehene steife Verbände. Und nachdem der berühmte Universitätsprofessor wieder gegangen war, hatte der Bauerndoktor aner-
kennend zu seinen Leuten gesagt: »I glaub, der Mann versteht auch ein
bisserl was von der Sach!«

Heute setzt der Enkel dieses Mathias Zöchling im Hegerberghof an der
Straße zur »Kalten Kuchl« (etwa 500 Meter oberhalb der Roßbachklamm)
die Familientradition fort.

Auch zu Franz Zöchling kommen an Sonntagen von weit und breit die
Leute, schildern ihm ihre Leiden und holen sich seine nach alten Rezep-
ten selber hergestellten und aus Heilkräutern und bestimmten Fetten bestehenden Extrakte und Salben (die sie respektlos – nach dem alten »Bauerndoktor« Mathias – die »Hiaslschmier« nennen!) Es werden ihnen dafür
nur die sehr bescheidenen Selbstkosten verrechnet. Franz Zöchling ist ein
eher stiller Mann, der aber sehr sicher seine Diagnosen stellt. Er empfindet das Weiterführen der Familientradition neben der Bauernarbeit keineswegs als eine Belastung, sondern als Selbstverständlichkeit, weil
»wenn schon sowas in der Familie ist, dann muß es weitergemacht werden!«

☐

Hainfeld ist die Geburtsstätte der SPÖ. Dort fand am 30. Dezember
1888 jener Parteitag statt, bei dem es Dr. Viktor Adler gelang, die Gemä-
ßigten und die Radikalen Sozialisten zu einigen. Während Viktor Adler
gerade über das herrschende Polizeisystem wetterte, erschien in dem eis-
kalten (der Ofen funktionierte nicht) Versammlungssaal der Bezirkshauptmann – Graf Leopold Auersperg.

Als nach Schluß der Beratungen das Lied der Arbeit gesungen wurde,
erhob sich auch der Bezirkshauptmann und in seinen Augen waren Tränen. »Es ist der Ernst des geschichtlichen Augenblicks«, der ihn so be-
rührt habe, sagte er zu dem neben ihm stehenden Lehrer Schmidl.

☐

»Seit dem Jahre 1889 habe ich mich in eine Bergeinsamkeit zurückgezogen, um meinen wissenschaftlich-künstlerischen Ideen ungestört leben
zu können« erzählte der Lehrer, Maler und Bildhauer Mathias Zdarsky
(1856-1940) von sich.

Zdarsky hatte das verwahrloste Bauerngut Habernreith bei Marktl

(Lilienfeld) erworben; dieses liegt in einem Steilgelände, für das sogar »schon die Hendl Steigeisen brauchen«. Fasziniert vom Ski als Fortbewegungsmittel im Winter wollte er ebenfalls solche Brettln verwenden – aber die funktionierten in dem Steilgelände nicht. Also begann der ideenreiche Mann im Verlauf von sechs Wintern eine spezielle Skitechnik und auch (mit etwa zweihundert Versuchen!) eine eigene Skibindung für das alpine Gelände zu entwickeln. Und dann brachte er sein Buch heraus »Alpine (Lilienfelder) Skifahr-Technik« (1896), in dem es schwarz auf weiß heißt: »Es kann jedermann, sofern er genau nach meinen Angaben vorgeht, in zwei bis sechs Tagen den Ski so beherrschen, daß er jedes Gelände bezwingt«.

Mathias Zdarsky setzte als Motto vor seinen vollkommen neuen Skilehrplan die Worte: »Das Wohl der Menschheit liegt in der Natur«. Aber höchstwahrscheinlich hätte er dieses Buch nie geschrieben, wenn er gewußt hätte, daß er mit dieser »Alpinen (Lilienfelder) Skifahr-Technik« und dem sich daraus entwickelnden Wintersport auch zur schrecklichsten Landschaftszerstörung des Alpenraumes beitragen wird.

Mathias Zdarsky war ebenso der Erfinder des Torlaufs und des Trickskilaufs und ein Meister im Tempofahren (mit mehr als 100 Stundenkilometern!). Und er hat als Skilehrer (ohne Honorar!) unzählige Menschen für den »Weißen Sport« begeistert – und ist zuletzt als armer Mann gestorben.

Zdarskys Haus Habernreith war zu seinen Lebzeiten . – wie der Zdarsky-Biograph Prof. Erwin Mehl berichtet – »eines der meistbesuchten Privathäuser Österreichs«. Wer heute durch den stillen Graben nach Habernreith wandert, findet dort nicht mehr das von Zdarsky fast allein erbaute Haus (eines der originellsten und auch eines der ersten Eisenbeton-Häuser dieser Zeit) vor, wie er es bewohnt hat. Zuviel haben spätere Besitzer daran umgebaut.

Auch Zdarskys Schwimmbad ist verwahrlost. Für das 20 m lange und 4 m breite Becken hatte der Amateur-Baumeister eine geniale Anlage zur Erwärmung des Quellwassers von 7 Grad bis zu 25 Grad geschaffen. Das war eine breite Rinne, aus der das von der Sonne aufgewärmte Wasser in das Becken floß und ein von dessen Grunde hinaufführendes Steigrohr brachte das unten wieder kühler gewordene Wasser in den »Überlauf«.

Einem Geisterhaus gleicht heute auch das vom Gestrüpp umwucherte und unbewohnte ehemalige Jugendheim »Fichtenfels«, das ab 1925 von einer Jugendgruppe nach Plänen von Zdarsky und unter seiner tätigen Mithilfe erbaut wurde.

Nur Zdarskys Grab – am Waldrand, ca. 200 m westlich seines Hauses –

wird noch gepflegt. Trotz seiner vielen Freunde, Bekannten und Verehrer war der Junggeselle Zdarsky zeitlebens ein einsamer Mensch, der sogar noch als Toter allein bleiben wollte.

Natürlich hat man Zdarsky, der an Österreichs stärkster Deviseninjektion – dem Wintersport im Fremdenverkehr – so großen Anteil hat, auch ein Denkmal in Lilienfeld errichtet. Aber nicht etwa aus österreichischer Initiative! Der Anreger dazu und auch erster Spender eines »Bausteins« war noch mitten im Zweiten Weltkrieg der ehemalige Schweizer Skirennläufer Ing. Werner Salvisberg. Und es vergingen dann noch viele Jahre, bis dieses Denkmal 1963 endlich enthüllt werden konnte.

☐

Über dem Finstergrundgraben und der Dürren Schwarza steht Schloß Hochreith. Der »Mariazellerweg« führt daran vorbei, und für die Wanderer ist dieser stille Talgrund zwischen der Kalten Kuchl und St. Aegyd ein landschaftlicher Höhepunkt des Weges. In diesem weltverlorenen Winkel kann man sich auch den jungen Ludwig Wittgenstein (1899-1951) gut vorstellen, der heute als einer der bekanntesten und einflußreichsten Philosophen gilt.

Er war der Sohn des Großindustriellen Karl Wittgenstein, der als Chef der St. Aegyder Eisenwerke 1907 den Hochreithhof von dem Jugendstilarchitekten Josef Hoffmann zu einem Landschloß umbauen ließ. Wittgenstein – dessen Position in der Donau-Monarchie mit der Stellung Krupps in Deutschland und Carnegies in Amerika verglichen wurde – war auch ein hochgebildeter Mann, in dessen Haus Gustav Klimt und viele andere Künstler des Jugendstils ein und aus gingen und Musiker wie Johannes Brahms, Gustav Mahler, Pablo Casals zu Besuch und Spiel kamen. Der Lebenslauf des jungen Wittgenstein war eigentlich vorgezeichnet...

... und verlief dann doch ganz anders!

1913 starb der Vater, und der junge Wittgenstein begann sein Vermögen an damals mittellose Künstler zu verteilen (wie Georg Trakl, Rainer Maria Rilke und auch Oskar Kokoschka).

1918 hatte er die Niederschrift seines »Tractatus logico-philosophicus« vollendet.

1919 »befreite« er sich ganz von seinem Millionen-Vermögen und trat in die Lehrerbildungsanstalt in Wien III ein.

Von 1920-1926 war er als Volksschullehrer in Trattenbach (Wechselgebiet), Hauptschullehrer in Haßbach (bei Neunkirchen), Volksschullehrer in Puchberg am Schneeberg und Ottertal tätig.

1926 arbeitete er als Gärtner im Kloster der Barmherzigen Brüder in

Hütteldorf, und ab Herbst leitete er dann als Architekt den Neubau einer Villa für seine Schwester.

1929 übersiedelte er nach Cambridge, machte dort sein Doktorat, erhielt eine Professur für Philosophie und arbeitete an seinen »Philosophischen Untersuchungen« (wobei es ihm an Geld fehlte, diese wenigstens hektographieren zu lassen!). 1951 stirbt er in Cambridge, mittlerweile bereits zu Weltruhm gekommen. Zuletzt sagte Wittgenstein, daß er ein wundervolles Leben gehabt habe.

Als Wittgenstein seine erste Stelle als Lehrer in Maria Schutz am Semmering antreten sollte, erklärte er: »Hier bleibe ich nicht. Hier gibt es einen Park und einen Springbrunnen, ich wünsche aber gänzlich ländliche Verhältnisse.« Er hatte sich sehr oft in seinem Leben in eine selbstgewollte Einsamkeit zurückgezogen... in »einen Finstergrundgraben« seiner Jugend.

☐

Auch der Lebenslauf des Malers und Graphikers Prof. Sepp Gamsjäger liest sich wie eine Kalendergeschichte...

Geboren 1923 in Annaberg als Sohn einer kinderreichen Holzfällerfamilie; zweiklassige Volksschule, dann mußte der Vierzehnjährige das Elternhaus verlassen, um sich selbst zu erhalten. Zwei Jahre Bauernknecht, drei Jahre Holzknecht, drei Jahre Gebirgsjäger im Krieg, ein Jahr Kriegsgefangener, nachher wieder Holzknecht...

… und dann der Sprung nach Wien an die Graphische Lehr- und Versuchsanstalt, die er mit dem Diplom abschloß. Bei Wettbewerben erhielt er viele Preise, Ausstellungen machten ihn bekannt. 1974 zum Professor ernannt, ist er heute einer der markantesten und bekanntesten Künstler Niederösterreichs.

Sein Haus – die »Gamsburg« auf dem steilen Kogel hinter der Annaberger Kirche – hat er zum Großteil eigenhändig gebaut. Er wollte dort wohnen, wo möglichst lange »die Sonn' hinscheint«. Die Fachleute hatten ihm davor abgeraten, weil an dem Steilhang der Boden nicht zum Häuserbauen taugte. Aber Gamsjäger bewies das Gegenteil…

Einen Dickschädel hatte er schon immer gehabt! In der Kriegsgefangenschaft gab es nicht immer Papier und Bleistift, aber wenn Gamsjäger einen »guten Kopf gesehen« hatte, dann hatte er auch Papier und Bleistift dafür. Und wenn einer keinen »guten Kopf« besaß und trotzdem porträtiert werden wollte, dann konnte sich der Kerl auch auf den Kopf stellen – der Gamsjäger griff nicht zum Bleistift.

Er ist immer schon seinen eigenen Weg gegangen, er geht ihn auch heute noch. »Wenn ich in den Wald geh, dann geh ich nie auf einem Fußweg… ein Holzknecht hat ja auch keinen Weg!«

Die Klöster waren wohl reich an Besitz, ihre Mönche hingegen sehr arm. »Wie streng die Mönche in Lilienfeld lebten, geht aus der Bewilligung des Kardinallegaten Pileus vom 26. Februar 1382 hervor, den Speisesaal durch eine Mauer zu verkleinern und einen Ofen aufzustellen. Den Mönchen waren nämlich wiederholt die Speisen beim Essen eingefroren«, erzählt der jetzige Abt Norbert Nußbacher von seinen Vorgängern.

Und weiter: »Da jedoch die Aufstellung eines Ofens in den Ordensvorschriften nicht vorgesehen war, behielten die Mönche trotz dieser Erlaubnis ihr kaltes Refektorium, bis ihnen endlich, 66 Jahre später, im Jahre 1448 auch vom Generalkapitel des Ordens durch den Abt von Morimond die gleiche Erlaubnis gegeben wurde.«

☐

Hat das Handwerk goldenen Boden? Macht Arbeit frei?

Aus dem Jahre 1490 stammt der Zunftbrief von Bischof Sixtus von Freising, in dem Rechte, Pflichten und Privilegien der Schneider von Waidhofen/Ybbs festgehalten sind…

*Arbeitszeit*

»Im Winter zur Nachtzeit bei ›Liacht‹ bis zehn Uhr und morgens um fünf Uhr wieder aufstehen. Zur Sommerzeit so lang man sieht und morgens um vier Uhr wieder aufstehen…«

*Verboten war neben anderem…*

»… Es soll kein Schneider ohne Mantel über die Gasse gehen, noch denselben auf ›ainer Axel‹ hinabhängen lassen.«

*Reinigung*

»Alle vierzehn Tage an einem Montag um zwei Uhr nachmittag ist Badetag. Aber drei Wochen vor Weihnachten, Ostern, Pfingsten und vor dem Dreikönigs- und Jakobijahrmarkt sollen sie keinen Padtag haben.«

☐

Waren unsere Vorfahren bravere Leute – oder mußten sie braver sein?

Aus den Urteilen des Landesgerichtes Ybbsitz:

»1636, 2. Oktober. Elias Jäger, Bürger und Hackenschmiedmeister,

58 Jahre alt, wegen des ›abscheulichen Lasters der Unkeuschheit‹ mit 13 Weibspersonen, mit dem Schwerte hingerichtet. (Derselbe war schon am 17. März 1632 angeklagt, durch Zaubereien viele Weibspersonen, verehelichte und ledige, verführt zu haben. Er mußte an drei aufeinander folgenden Sonntagen vor der offenen Kirchentür und einen Sonntag in der Kirche vor der Sakristei mit einer brennenden Kerze stehen)«

☐

Inschrift auf einem Grabstein aus dem Jahre 1658 in der Kirche von Hohenberg:

> »Was du jetzt bist, das war auch ich,
> bin jetzt, was du wirst werden,
> khein Mittl wollt erretten mich
> jung mueßt ich in die Erden.
> Vergüß mein nicht, betracht mein Tott,
> mein armbe Seell Befühlche Gott.«

> Catharina Wuschletitschin
> Geborne Frölichin starb den 17. Marz MDCLVIII«

☐

In den »Mirakelbüchern« der Wallfahrtsorte sind oft recht wundersame Begebenheiten festgehalten. Ein Beispiel gibt das schriftlich verfaßte Zeugnis des hochwürdigen P. Justin Mosmayr im »Mirakelbuch« des Mariahilferberges:

»Als ich einer Angelegenheit halber in Wien war und meine Rückreise nach Gutenstein angetreten hatte, traf ich in Hirtenberg einen Kohlenwagen, der seinen Weg nach Pottenstein nahm. Da ich dort wegen des Holzes zu unserem Glockenstuhle etwas anzuordnen hatte, so benützte ich die Gelegenheit und setzte mich auf den Kohlenwagen. Nach einer Stunde hatte der Fuhrmann umgeworfen; ich fiel mit dem Kopfe auf einen Stein, weil ich aber während des Fallens unsere liebe Frau zu Gutenstein um Hilfe anrief, widerfuhr mir nicht das geringste Leid. Auf unserer Weiterfahrt verfehlte der Fuhrmann im Dunkel der Nacht den Weg und fuhr einem jähen Abhang zu, wo wir mit Pferd und Wagen hinunterstürzten. Auf mich fiel der Wagen, mein Kopf stak in einem Sumpfe. Ich suchte meine Hilfe bei Maria und erlangte sie auch, so daß weder der Wagen brach, noch ein Pferd verletzt wurde, viel weniger ich einen Schaden litt.«

So geschehen am 22. Juli 1714.

☐

Es besteht kein Zweifel darüber, daß früher immer alles viel besser war! Das hatte auch schon Herr F.X. Embel empfunden, als er in seinem 1803 erschienenen Buch »Schilderungen der Gebirgsgegenden um den Schneeberg in Österreich« schrieb:

»Wie sehr sind unsere Zeitgenossen in der Dauerhaftigkeit ihrer Arbeiten gesunken, da sie nur leichte Spinnengewebe von Stoffen, und Kartenhäuser von Gebäuden, die kaum dem Winde widerstehen, gegen die Arbeiten unserer Vorgänger liefern... Man versuche z.B. die Bestandtheile eines alten Gebäudes, welches seit Jahrhunderten, selbst ohne Dach und Schutz, allem Ungestümme der Witterung und allem zerstörenden Muthwillen roher Menschen trotzt, und frage sich: ob Bauholz, Kalk, Ziegel und Steine nicht jetzt noch in eben der Güte zu finden wären, oder vorgerichtet werden könnten? und ob die Natur die Schuld des dermaligen theuren und elenden Baumaterials tragen müsse? Man betrachtet mit Bewunderung die Festigkeit der Mauern, die künstliche Bauart der Gewölber, und fühlt es, leider! daß solch eine Arbeit nicht mehr zu erwarten sey. Das Geheimniß, welches oft manche darin finden wollen, und (mit Recht) verloren glauben, ist der Fleiß und die Thätigkeit, die freylich wohl mit den Banden der Religion und des treuen Gehorsams verloren gegangen sind.«

☐

In seinem 1811 erschienenen Buch »Neueste Reise durch Österreich, Salzburg, Berchtesgaden, Kärnthen und Steyermark« erzählt der Autor Franz Sartori auch von seiner Ausrüstung:

»Mein Reise-Apparat bestand, außer einer gemächlichen, nicht zu leichten Kleidung, noch in den Landkarten dieser Länder, in einem Compaß, in einem Reisebarometer (der mir aber in der Schmelze bey Annaberg zu meinem großen Leidwesen zerbrach), in etwas weißem Papiere, Feder und Dinte, und in einigen Notaten, die ich mir zum Behufe der Reise gemacht habe. Ein gutes Perspectiv, etwas Löschpapier zum Einlegen der Pflanzen, einen Sack für Mineralien, einen Hammer und ein wohlverwahrtes Fläschchen mit Salpetersäure sind notwendige Bedürfnisse. Einen Stahl führe ich, da ich Tabak schmauche, ohnedieß immer bey mir, und mein steter Begleiter, Horaz, kam auch hier nie aus meiner Tasche.«

Randbemerkung: Ein Wanderer von heute würde sich in der »gemächlichen« Bekleidung von damals ungefähr so behaglich fühlen wie in einer Ritterrüstung.

☐

»Reise von Wien nach Maria-Zell in Steyermark« heißt der 1830 erschienene »belehrende Reisegefährte für Fußgänger und Fahrende von F.C. Weidmann«.

Nach Weidmann beträgt die reine Gehzeit von Wien bis Mariazell 33 Stunden. Und er meint: »Diese Route, welche an hohen Naturschönheiten sehr reich ist, kann ohne die geringste Beschwerde selbst von jedem Städter, der etwa seinen ersten Ausflug macht, unternommen werden.«

Hut ab vor Städtern dieser Zeit!

Weidmanns Ratschlag für Wanderer: »Gleicher, fester, männlicher Schritt, besonders im Bergansteigen gemäßigt, führt sicherer an das Ziel als jede Eile.« – An sich stimmt's, was er sagt, der Herr F.C. Weidmann... aber was ist ein »männlicher Schritt«?

»Fahrenden« teilt der Autor mit: »Das Trinkgeld für den Postillion ist systemmäßig die Hälfte des Rittgeldes für ein Pferd. Man thut aber gut etwas mehr zu geben, und wird dann umso besser und williger bedient.« – Also zum Trinkgeld noch ein »Trinkgeld-Trinkgeld«!

Es gab auch noch eine andere Bezeichnung dafür... »Schmiergeld«. Das alte Sprichwort »Wer gut schmiert, fährt gut« war allerdings auf das sorgfältige Schmieren der Wagenachsen bezogen. Heute hat es eine andere Bedeutung bekommen.

☐

»Der Pilger nach Mariazell. Ein Taschenbuch für Freunde der Naturschönheiten, des Alterthums, besonders für Reisende nach dieser Gegend, auf dem Fußwege und der Fahrstraße. Nebst ausführlicher Geschichte von Maria-Zell, dann Nachrichten von den Ritterburgen und den Merkwürdigkeiten in den Gebirgsgegenden auf dem Wege dahin« – das ist der bandwurmlange Titel des 1826 erschienenen Führers von Johann Hofmann.

Nun, Merkwüdigkeiten fand der Autor viele! »Die Bewohner des Dorfes nähren sich von Kalköfen«, berichtet er über Gaaden. Ganz Schlimme müssen aber die Bewohner von Altenmarkt/Triesting gewesen sein... »Der Markt nähret sich vorzüglich mit Verführung des Eisens.«

Und noch eine »Merkwürdigkeit«: »Auf dem Gipfel des Ötschers dauert in den längsten Tagen des Sommers die Nacht nur zwey Stunden; um halb 11 Uhr wird es Nacht, und um halb 2 Uhr fängt es an wieder Tag zu werden.« – Auch in Mathematik war unser Autor etwas schwach.

☐

»Bergsteigenden Frauen, die sich scheuen, Beinkleider anzulegen und sich doch so zweckmässig als möglich kleiden wollen, wird der neuartige Patent-Kleiderschürzer eine höchst willkommene Erfindung sein. Er besteht aus einem Gürtel, von welchem 4 oder 5 kurze Träger herabhängen, an deren Enden kleine Klammern das Kleid ringsum in schönem Faltenwurf schürzen.« – So lautet eine Anzeige in der »Österreichischen Touristen-Zeitung« aus dem Jahre 1895.

Das Problem, ob Frauen in Röcken oder in Hosen auf Berge steigen sollen (dürfen), geisterte sogar noch nach dem Ersten Weltkrieg durch die Alpine Literatur. So schreibt zum Beispiel in der Zeitschrift »Der alpine Wanderer« (Monatsschrift der alpinen Gesellschaft »Kernhofer«) noch im Jahre 1922 ein Herr Franz Kreutzer: »Auf Klettersteigen wie auch bei Klettertouren ist das Tragen von Touristenhosen den Damen nicht nur erlaubt sondern sogar zu empfehlen. Kommt man aber ins Tal oder in leichteres Gelände, dann wieder die Röcke angezogen!! Es wirkt auf keinen Fall schön, wenn Damen bis zur Bahn in Hosen marschieren und so ein burschikoses Wesen zur Schau tragen. Jeder verständige Tourist soll diese Unart bekämpfen.«

□

Die alpine Ausrüstung war anno dazumal noch unterentwickelt, aber man bemühte sich um Verbesserungen. Die alpinen Zeitschriften von damals enthalten oft Ankündigungen von Erfindungen, hinter denen man eher Jux vermutete...

So lobte zum Beispiel die Zeitschrift »Der Naturfreund« vom Jahre 1907 einen »Praktischen Kleiderhaken für Touristen«: »An eine scharfe Spitze, die zur Befestigung auf Mauervorsprüngen, zum Eindrücken in weiches Holz usw. dient, schließt sich der Kleiderhaken, in dessen Krümmung der Griff des Stockes oder Schirmes und die Schlinge des Rockes Platz fin-

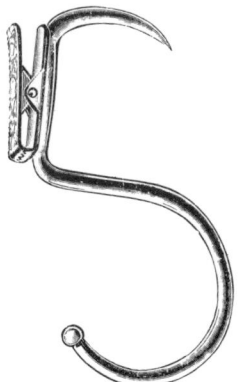

det, während die Klemme oben dazu dient, den Hut in Verwahrung zu nehmen. In tausenderlei Fällen kann er dem Touristen seine Dienste tun. Während der Eisenbahnfahrt, in Schutzhäusern und Hotels, mitten im Wald, beim Klettern im Fels; wo immer man Ausruhen will, bietet er Gelegenheit, die Kleider sicher aufzubewahren.«

Vor allem »beim Klettern im Fels« muß dieser Kleiderhaken einem echten Notstand abgeholfen haben.

☐

Irgendwie spukten noch immer die alten Geschichten von den giftigen Bergdrachen und Schlangen in der Phantasie der Bergsteiger. Kurz: Sie hatten einen Horror vor Giftschlangen.

Ratschlag in der Zeitschrift »Der Gebirgsfreund« vom Jahre 1895 gegen den Biß einer Kreuzotter: »Gegen den Biß der Kreuzotter soll der Alkohol wirksam sein. Ob dieser in Form von Cognac, Rum, Arrak, Kornbranntwein oder schwerem Wein genossen wird, das bleibt sich gleich: der Gebissene möge bis zur Bewußtlosigkeit Alkohol trinken und er wird gesunden... Dr. Franz, der mehrere von der Kreuzotter Gebissene dadurch rettete, daß er seine Patienten immer trunken und schlafend erhielt, empfielt jedem Touristen, gegen die Gefahr eines Schlangenbisses sich mit einem halben Liter Cognac auszurüsten.«

Also dann: Prost!

☐

1898 wurde der Lilienfelder Skiverein gegründet. Darüber berichtete Mathias Zdarsky in der »Allgemeinen Sportzeitung«. Um auch gleichzeitig ein bisserl Reklame für seine »Alpine (Lilienfelder) Skifahrtechnik« zu machen, erzählt er: »Der Obmann des neubegründeten Skivereins, Herr Landesthierarzt A. Zehetner, wiegt 110 Kg. und bewegt sich trotz dieser Körperfülle aalglatt und federleicht auf jedem noch so steilen und hindernisreichen Terrain.«

☐

Pater Heinrich Abel (1843 – 1926), der berühmte Prediger und Männerapostel, war auch Begründer der Männerwallfahrten nach Mariazell. Anlaß dazu war eine Wiener Wallfahrt nach Maria Taferl im Jahre 1892, an der etwa 400 Frauen und nur 40 Männer teilnahmen. Im folgenden Jahr lud der Pater nur Wiens Männer zu einer Wallfahrt nach Mariazell ein – und sie wurde ein so großer Erfolg, daß die Männerwallfahrt dann alljährlich durchgeführt wurde.

Bei einer dieser Wallfahrten hatten dann die Frauen einiger hochgestellten Persönlichkeiten durchgesetzt, ebenfalls daran teilnehmen zu können. Nur ungern hatte der Männerapostel zugestimmt, und nur unter der Bedingung, daß die Frauen während der Bahnfahrt in einem eigenen Waggon untergebracht waren. Zufällig war das der letzte Waggon, und als der Zug abfuhr, blieb – ebenfalls zufällig – dieser Waggon abgekuppelt auf dem Bahnhof stehen…

Inserat aus einem 1901 erschienenen Mariazell-Führer. Ob Processionen betend und singend in das »Fotografie-Gebäude« einziehen mußten?

Ernährungsapostel gab es schon zu Zeiten unserer Urgroßväter…

In der Zeitschrift »Gebirgsfreund« erzählt Leopold Landl von einer Voralpenwanderung im Jahre 1902: »Vergeblich versuchte ein Apostel der damals sehr aktiven Vegetarierbewegung uns zu seiner Idee zu bekehren. Er versprach, seinen Proviant mit uns zu teilen, wenn wir das Aas von toten Tieren – so nannte er unser Geselchtes – den Bergdohlen überlassen würden. Bei näherer Besichtigung seiner Proviantdose gingen wir auf den Tausch nicht ein. Es war uns damals noch unverständlilch, daß sich ein Mensch von Paradeisern, gelben Rüben und Salatpletschen ernähren konnte.«

☐

1950 wurde die renovierte Schutzhütte auf dem Prochenberg (1122 m) bei Ybbsitz wiedereröffnet. Und im Oktober 1952 wurde mit Bedauern festgestellt, daß in der (nur übers Wochenende bewirtschafteten) Hütte ein Einbruch verübt worden war: 59 Flaschen Bier, 1 Flasche Likör und 1 Flasche Himbeersaft wurden aufgebrochen und ausgetrunken vorgefunden.

Der Täter lag verendet am Tatort – ein seinem Besitzer entlaufener Biber, der in der Schutzhütte seinen Mordsdurst gelöscht hatte!

Aus: »Heitere Mitteilungen der hochalpinen G'sellschaft Mir Zwa«, Wien 1908

## Touristen im Jahre 1950.

## Gebirgs-Motocycel und Gipfelflieger.

# »FAHREN WIR EINMAL NACH KIENBERG-GAMING?«

Es gibt heute »Geschenke für Leute, die schon alles haben«. Und es gibt viele Leute, die schon überall waren und nicht wissen, wohin sie noch reisen könnten...

Solche Probleme haben allerdings manchmal auch Leute, die noch nicht überall waren. Man hat einige freie Tage vor sich, man sehnt sich nach Bewegung (aber im Hochgebirge gibt es schon oder noch Schnee), man will etwas Neues kennenlernen (aber es soll nicht zu weit aus der Welt sein), man möchte eben nur irgendwohin...

»Fahren wir einmal nach Kienberg-Gaming?«

»Warum nach Kienberg-Gaming?«

»Weil wir noch nie dort waren!«

Ich bin damals beim Durchblättern des Eisenbahnfahrplanes rein zufällig beim Namen dieser Endstation hängengeblieben, und so sind wir dann auch nach Kienberg-Gaming gefahren. Und während der Zug durchs Wald- und Wiesenland dahinbummelte, brüteten wir über den Landkarten und überlegten... Sollen wir von Kienberg-Gaming weiter zum Ötscher, oder sollen wir zum Dürrenstein oder über die Berge Richtung Waidhofen a.d. Ybbs wandern? Etwas träge geworden vom monotonen Rattern der Räder einigten wir uns schließlich darauf, zuallererst einmal in die Kartause von Gaming hineinzuschauen.

Wir schauten. Und als wir wieder herauskamen, war es bereits später Nachmittag geworden. In dem alten Kloster hatten wir das Gefühl gehabt, daß die Zeit stillsteht. Aber das tut sie leider niemals. Wir suchten uns in Gaming ein Nachtquartier und fanden eines in einem Bauernhaus. In diesem Haus hingen schöne alte Fotos aus den Tormäuern. Jetzt wußten wir auch, wohin wir am nächsten Tag wollten.

In den Tormäuern kamen wir nicht recht weiter. Es war Herbst, und nach jeder Wegbiegung sahen wir ein neues Fotomotiv. Es war Herbst, und der Gasthof auf dem Erlaufboden hatte wegen Urlaub geschlossen. So übernachteten wir in Annaberg.

In Annaberg lasen wir auf einer Wegtafel »Zur hölzernen Kirche«. Der Name erschien uns so vielversprechend und urtümlich – da mußten wir natürlich hin...

So verwanderten wir diese Tage. Und wir fanden eine solche Art des unprogrammierten Wanderns beglückend: ein Treibenlassen nur mit dem Ziel, möglichst viel zu sehen und zu erleben.

Seither sind wir schon sehr oft nach einem solchen »Kienberg-Gaming« gefahren. Das heißt: Wenn wir einige Tage nur irgendwo unterwegs sein wollen, wie damals im Herbst, dann sagen wir einfach »Fahren wir wieder einmal nach Kienberg-Gaming!« Und wir fuhren irgendwohin ins Blaue, und jedesmal ist's dann auch schön geworden und gewesen.

Übrigens: Waren Sie schon einmal in Kienberg-Gaming?

Aus: »Mir zwa«. Einziges Touristen Witzblatt Europas, Wien 1909

# LITERATUR

*Altmann Karl*, Türnitz a.d. Traisen, Türnitz 1905

Neuaufstellung des Museums im Amon-Haus in Lunz am See, Wiener Neustadt 1965

Apage Satana! Genf 1975

*Ast Wilhelm und Hiltraud*, Dreihundert Jahre Gnadenstätte Mariahilferberg, Gutenstein 1968

– Du, mein geliebtes Gutenstein, Gutenstein o.J.

– *Katzer Ernst*, Holzkohle und Eisen, Linz 1970

*Bauernnebel Heinrich*, Vom Glück, das uns die Berge schenken, Wien 1952

*Bazalka Erich*, Skigeschichte Niederösterreichs, Waidhofen/Ybbs 1977

*Becker M. A.*, Reisehandbuch für Besucher des Ötschers, Wien 1859

– Hernstein in Niederösterreich, Wien 1889

*Beheim Michael*, Buch von den Wienern, herausgegeben von *Th. G. v. Karajan*, Wien 1843

*Benesch Fritz*, Das Oetscherland, St. Pölten 1942

Biedermeier-Ausstellung, Katalog, Wien 1962

*Brietze Eugen*, Nordwestliche Voralpen Niederösterreichs, Wien 1905

*Burgstaller Ernst*, Felsbilder in Österreich, Linz 1972

*Castelli Ignaz Franz*, Aus dem Leben eines Wiener Phäaken 1781-1862, Stuttgart 1912

*Csendes Peter*, Die Straßen Niederösterreichs im Früh- und Hochmittelalter, Wien 1969

*Denk Stefan*, Das Erlaufgebiet in ur- und frühgeschichtlicher Zeit, Wien 1979

*Donner Josef*, Die 2. Hochquellenleitung. In: Rathauskorrespondenz, Sondernummer, Wien 1979

*Dörner Ludwig*, Wanderungen ins Natur- und Sagenreich der Mira, Bad Fischau o.J.

– Pernitz, Bad Fischau 1961

*Elmayer-Vestenbrugg R.*, Denkschrift über die Errichtung der Niederösterreichischen Landes-Elektrizitätswerke und über die Elektrifizierung der Niederösterreichisch-steirischen Alpenbahn St. Pölten – Mariazell – Gußwerk, Wien 1961

*Embel Franz Xaver,* Schilderung der Gebirgsgegenden um den Schnee-
berg in Österreich, Wien 1803
*Eppel Franz,* Ein Weg zur Kunst, Salzburg 1965
– Die Eisenwurzen, Salzburg 1968
*Felsinger Horst,* Die Mariazellerbahn, Wien 1979
*Feuchtmüller Rupert,* Leopold Kupelwieser, Wien 1970
*Fielhauer Hannelore und Helmut,* Die Sagen des Bezirkes Scheibbs,
Scheibbs 1975
*Fink Max,* Dürrenstein, Wien 1973
*Grünn Helene,* Via Sacra, Wien 1975
*Gugitz Gustav,* Das Huhnopfer in Ober-St. Veit und der heilige Veit. In:
Unsere Heimat, Wien 1933
– Das kleine Andachtsbild in den österreichischen Gnadenstätten, Wien
1950
– Österreichs Gnadenstätten in Kult und Brauch, Wien 1955
100 Jahre Gutensteiner Bahn, Wiener Neustadt 1977
*Habe Hans,* Leben für den Journalismus, München 1976
Hainfeld, Ein Heimatbuch, Hainfeld 1965
*Halmer Felix,* Burgen und Schlösser zwischen Baden - Gutenstein, Wiener
Neustadt, Wien 1968
*Hammerl Stefan,* Das Kahlenbergbuch, Wien 1981
*Hartmann Helga und Wilhelm,* Das Geldloch am Ötscher in Niederöster-
reich. In: Die Höhle, Wien 1984
*Hellbach Rafael,* Der Pilger und Tourist nach dem Wallfahrtsorte Maria-
zell, Wien 1857
*Hierhammer Otto,* Brauch und Sitte im Zunft- und Handwerksleben der
Stadt Waidhofen a.d. Ybbs. In: Österreichische Zeitschrift für Volks-
kunde, Wien 1974
*Hietz M./Vogel A.,* Gespräch im Steinbruch, Baden 1976
*Hofmann Johann,* Der Pilger nach Maria-Zell, Wien 1826
*Hohn Manfred,* Waldbahnen in Österreich, Wien 1980
*Honegger Frank,* 200 Jahre evangelisches Leben am Ötscher, Mitterbach
1950
*Hornung H. Hans,* Die Inschriften Niederösterreichs I, Wien-Graz 1966
*Hösch Robert,* Führer auf die Hohe Wand, Wien 1971
*Hula Franz,* Mittelalterliche Kultmale, Wien 1970
*Ilg Albert,* Schloß Fridau bei St. Pölten, In: Berichte und Mittheilungen des
Alterthums-Vereines zu Wien Band XXVII, Wien 1891
*Jantsch Johann,* Allerlei Geschichten, Sagen und Schilderungen aus den
niederösterreichischen Bergen, Wien 1897

*Jenny Rudolph E. v.*, Handbuch für Reisende in dem österreichischen Kaiserstaate, Wien 1822

*Kafka Karl*, Wehrkirchen Niederösterreichs, Wien 1969

*Kalkschmidt Eugen*, Biedermeiers Glück und Ende, München 1957

*Kastner Richard*, Puchenstuben, In: Unsere Heimat, Jg. 43/1972,2

*Katzer Ernst*, Der Hausstein in Muggendorf. In: Archaeologia Austriaca, Wien 1966/40

*Katzer E. - Stundner E.*, Piesting im Wandel der Zeiten, Markt Piesting 1979

*Kerschner Franz*, Gaming, Gaming 1971

*Kießling Benedikt*, Topographie und Geschichte Kleinzells am Hallbach, Wien 1909

*Kilian Herbert*, Georg Huebmer und seine Werke im Spiegel zeitgenössischer Quellen. In: Centralblatt für das gesamte Forstwesen, 95. Jg., Heft 4, Wien 1977

– Arbeit und Leben der Holzknechte im Ötschergebiet vor 150 Jahren. In: Centralblatt für das gesamte Forstwesen, 95. Jg., Heft 3, Wien 1978

*Klinger Franz*, 650 Jahre Hohenberg, Hohenberg 1975

*Kraus-Kassegg Elisabeth*, Die Herren von Amon und ihre Frauen, St. Pölten 1957

– Andreas Töpper, St. Pölten 1979

*Kriss Rudolf*, Wallfahrtsorte Europas, München 1950

*Kuppe Rudolf*, Karl Lueger und seine Zeit, Wien 1933

*Lassner Ilse*, 200 Jahre selbständige Pfarre Würflach, Würflach 1983

Lilienfelder Heimatkunde, Lilienfeld 1912

Heimatkunde des Bezirkes Lilienfeld, Lilienfeld und Wien 1960-1965

*Lukan Karl*, Schneeberg und Rax, Wien 1978

– Herrgottsitz und Teufelsbett, Wien 1979

*Lukschanderl Leopold*, Naturparks und Naturschutzgebiete in Niederösterreich, St. Pölten 1977

*Meisinger Augustin*, Naturdenkmale Niederösterreichs, Wien 1959

*Menschik Alois*, Reisehandbuch für die Umgebung von Gutenstein, Gutenstein 1907

*Meyer Ernst*, Geschichte des Marktes Ybbsitz, Ybbsitz 1928

*Mühlhofer Franz*, Die Forschungen nach urgeschichtlichem Bergbau im Gebiet der Hohen Wand in Niederösterreich. In: Archaeologia Austriaca, IX/1952

*Müller Eugen*, Geschichtlicher Abriß des Stiftes Lilienfeld seit 1700

*Nussbacher Norbert*, Das Stift Lilienfeld. In: Katalog 1000 Jahre Babenberger in Österreich, Wien 1976

*Olbert Ferdinand*, Die Pest in Niederösterreich von 1653-1683, Diss. Univ. Wien 1973

*Ott Rudolf*, Illustrierter Führer auf der Niederösterr.-steirischen Alpen-bahn, Wien 1908

*Pátek Ferdinand*, Die Wallfahrt von Brünn nach Maria-Zell, Brünn 1874

*Peterka Hubert, End Willi*, Wiener Hausberge, Wien 1964

*Pichler Karoline*, Denkwürdigkeiten aus meinem Leben, München 1914

*Raimunds Werke*, herausgegeben und eingeleitet von Franz Hadamovsky, Salzburg 1971

*Redl Wilhelmine*, Wallfahrtsvolkskunde von Annaberg in Niederöster-reich, Diss. Univ. Wien 1953

*Ricek L.G.*, In des Schneebergs Mantelfalten, Wien 1924

*Sacken Eduard*, Die Funde an der langen Wand bei Wiener Neustadt. In: Sitzungsberichte der Akademie der Wissenschaften, Wien 1865

Sagen aus dem Mostviertel, Amstetten 1951

*Sartori Franz*, Neueste Reise durch Österreich, Salzburg, Berchtesgaden, Kärnthen und Steyermark, Wien 1811

*Schabes Alois*, Enzesfeld-Lindabrunn, Enzesfeld-Lindabrunn 1981

*Schad'n Hans P.*, Die Hausberge und verwandten Wehranlagen in Nie-derösterreich, Wien 1953

*Scheiger Joseph*, Andeutungen zu einigen Ausflügen im Viertel unter dem Wienerwalde, Wien 1828

*Schmidl Adolf*, Der Schneeberg in Unterösterreich und seine Umgebung, Wien 1831

–Wiens Umgebungen auf zwanzig Stunden im Umkreise, Wien 1835-1839

– Die Höhlen des Ötschers, Wien 1857

*Schmidt Leopold*, Die Volkserzählung, Berlin 1963

*Schneider Alois*, Hohenberg in neuer und alter Zeit, Hohenberg 1936

*Schöbitz Helmut*, Kirchenmatriken als Quellen zur Türkeninvasion 1683. In: Unsere Heimat, Wien 1983

*Schultes I.A.*, Ausflüge nach dem Schneeberge in Unterösterreich, Wien 1802

*Sonnleitner Bertl*, Skizzen aus der Vergangenheit, Ybbsitz 1980

*Stepan Eduard*, Heimatkunde der Gemeinde Göstling a.d. Ybbs, Wien 1920

*Tobner Paul*, Lilienfeld vor zweihundert Jahren, Lilienfeld 1883

– Die Grabsteine und Grabdenkmale in der Kirche und im Kreuzgange des Cistercienser-Stiftes Lilienfeld in Niederösterreich, Lilienfeld 1905

*Trimmel Hubert*, Höhlen in Niederösterreich, Wien 1978

*Überlacker Franz*, Sonntagsberg. Vom Zeichenstein zur Basilika, Sonntagsberg 1968

*Wagner Jos. Ca.*, Wanderung nach Gutenstein in Österreich unter der Enns, Wien 1803

*Weidmann F.C.*, Reise von Wien nach Maria-Zell in Steyermark, Wien 1830

*Wessely Joseph*, Die österreichischen Alpenländer und ihre Forste, Wien 1853

Wetter und Leben. Sonderheft I, Graz 1952

Wiener Neustadt, Heimatkunde des Verwaltungsbezirkes, Wien o.J.

*Wildenauer Alois*, Kletterführer auf die Hohe Wand und ihre nächste Umgebung, Wiener Neustadt 1919

- Der Ruf der Berge, Wien 1948

*Winter Ernst Karl*, Die heilige Straße, Wien 1926

*Wirtner Leo*, Furth an der Triesting, Furth 1978

*Wittgenstein Ludwig*, Rowohlt Monographien, Reinbeck bei Hamburg 1979

*Wonisch Othmar*, Die Gnadenbilder unserer Lieben Frau in Maria-Zell, St. Lambrecht 1916

*Ziegler Adolf Wilhelm*, Der Freisinger Mohr, München 1976

*Zukrigl K., Eckhart G., Nather J.*, Standortskundliche und waldbauliche Untersuchungen in Urwaldresten der niederösterreichischen Kalkalpen, Wien 1963

# REGISTER

KARL LUKAN

# DAS WALDVIERTELBUCH

Wie in allen seinen Büchern gelingt es Karl Lukan auch hier wieder, Besonderheiten aufzuspüren und den Leser auf Land und Bewohner neugierig zu machen.

Vom »Götzenmandl« und der Santa Valentina von Drosendorf erzählt er, vom Zauberer Gokulorum, dem Räuberhauptmann Grasel und von Ignaz Franz Castelli, der sich im Alter ins Waldviertel zurückzog, vom Bauernaufstand in Gföhl ebenso wie von den Richtersitzen von Kottes und dem »Steinernen Weibe«, einem der eindrucksvollsten und erst jüngst entdeckten Natur- und Kulturdenkmäler.

So ist ein kenntnisreiches Buch vom Waldviertel entstanden, der »schönsten Gegend der Erde«, wie der im Waldviertel geborene Dichter Robert Hamerling seine Heimat genannt hat. Das Buch einer Landschaft, die auch heute nichts von ihrer magischen Anziehungskraft verloren hat.

239 Seiten, Farb- und Schwarzweißfotos, Format 16 x 24 cm
ISBN 3-224-17 608-3

J&V

KARL LUKAN

# DAS WEINVIERTELBUCH

Das Land über der Donau zwischen dem Manhartsberg und der March, zwischen Pulkau und Bernhardsthal, das Weinviertel, ist ein Land, das seinen großen Reiz in den kleinen Details hat.

Hier gibt es vieles, was es anderswo nicht gibt. Die sich im Norden Wiens erstreckende Landschaft ist eines der kulturgeschichtlich interessantesten Gebiete Österreichs. Zu den besonderen Sehenswürdigkeiten gehören Riesenwälle aus prähistorischer Zeit ebenso wie mittelalterliche Erdbefestigungen, Hausberge und Tumuli. Kellergassen, »Hiatahüttl« und Weinkeller sind originale Denkmäler einer speziellen Dorfkultur.

Das Weinviertel ist ein Wandererland, und ein ideales Radfahrerland. Wie in allen seinen Büchern spürt Karl Lukan Kurioses, Interessantes und Unentdecktes auf. Genaue Wegbeschreibungen laden ein zum erlebnisreichen Nachwandern und Entdecken.

224 Seiten, Farb- und Schwarzweißfotos, Format 16 x 24 cm
ISBN 3-224-17 610-5

J&V

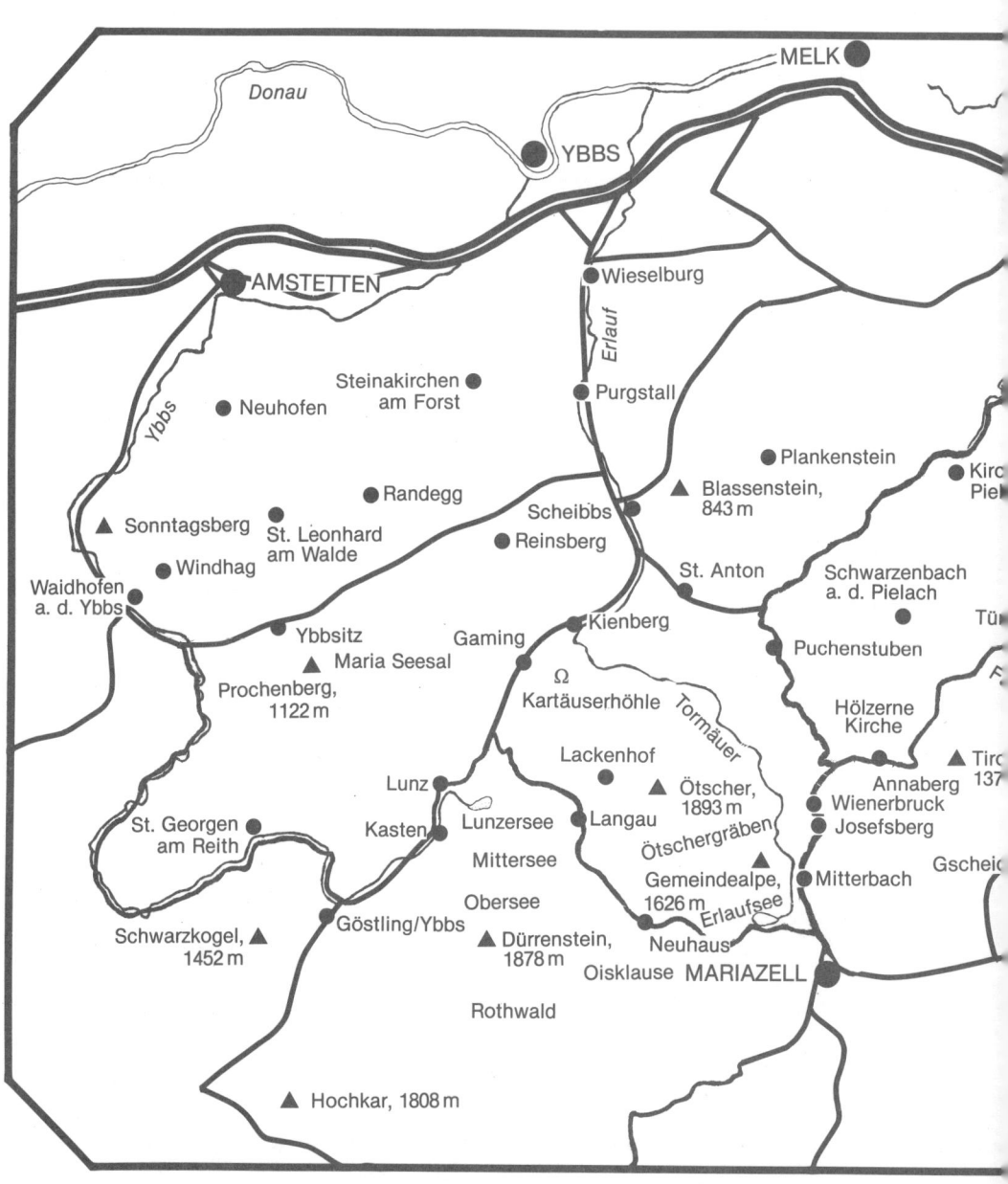